史上最強
カラー図解

世界服飾史のすべてがわかる本

能澤慧子［監修］

ALL ABOUT
WORLD
FASHION
HISTORY

ナツメ社

史上最強カラー図解
世界服飾史のすべてがわかる本　目次

【凡例】
イラスト内の用語の読み方は基本的にフランス語読みを使用。一般的に英語やラテン語など、フランス以外の国の言葉が使われているものは注釈としてその国の略文字を並列して記載している。

編集・取材・執筆	熊田麻代、滝澤加代（アーク・コミュニケーションズ）、牧田英子
執筆	柚原靖子、瀬沼健司
編集 担当	木村結（ナツメ出版企画）
本文デザイン	玉井真琴（エルグ）
取材撮影	清水亮一、片桐圭、山上忠
イラスト	木村図芸社
校正	山口智之

はじめに

人としての存在の実体である身体を、これまで人はいつくしみ、守り、尊び、活用し、また時にはさげすみ、忌み、ひた隠しにしようともしました。こうした身体への意識を表す「着る」という行いは、長い歴史の中で、殆ど1日も欠かすことなく、日々繰り返されてきたのです。そして、現代に比べて決して豊富とはいえない経済環境でのこの日常的な営みの中から、極めて創造的な発想や、それを実現する高度な技術、またそれらの内面的バックボーンとなる洗練された美意識が生み出され、豊かで多彩な文化を形成してきました。世界の服飾と歴史上の服飾に視野を広げると、その多彩さには驚かされるばかりです。服飾はまさに人間の創造力、そしてその可能性の証《あかし》なのです。そして、おそらく、作り手と着手《きて》とが真っ向から対峙して、創造力と技術力を競い合って生まれてきた服飾も少なくないでしょう。

経済的先進国においては、飽食ならぬ、「飽着《ほうちゃく》」の時代とでも呼ぶべき現在、創り手と着手との限界に迫ろうとするような衣服に人は興味を失い、ファストファッションと名付けられた消耗品化した衣服を、気負いも無く、気概も無く手に取ります。その便利さはあらゆる世代の消費者の暮らしを手助けして余りあるといえましょう。その魅力には抗いがたいものがあることも事実です。

しかし、他方では、こうした便利さに助けられた現代の着る営みの中から、果たしてかつて創造力や技術力の限界を競い合って生み出された服飾という文化が生まれ続けるのだろうかという、いささかの危惧《きぐ》の念を禁じえません。

本書を世に送り出すのは、「着る」という生活の中に、新鮮で豊かな創造の力が湧き続けることを祈り、世界の人々が長い歴史の中で作り上げた様々な服飾、その文化の面白さを、今多くの方々にお伝えすることこそが、服飾史を専門とする者の使命と、強く感じるからです。

監修者　能澤慧子《のうざわけいこ》

ファッション史を創るパイオニアに訊くI

HANAE MORI

日本人デザイナーの第一人者

日本が誇る世界的なデザイナー、森英恵氏。"東洋と西洋の融合"をテーマに創作活動を続け、ファッションデザイナーという職業を日本に広めた。また、東洋人でただひとり、パリ・オートクチュール組合に属するデザイナーとして不動の地位を確立した。ブランドを象徴する"蝶"のモチーフは世界中で知られており、フランスのメーカーとはライセンス契約をしてウエディングドレスや香水の展開を行っている。女性の気品や美しさを際立たせる服をつくり続けるバイタリティーは、創作活動60年を経た今も変わらない。

服を作る楽しみと着せたいという想い

――ご結婚されてからデザイナーの道に進まれたんですね。

はい。東京女子大学を卒業した直後に結婚し、初めは専業主婦をしていました。洋服に興味もあったのですが、学校に通うことは考えていなかったんです。でも、町には欲しい洋服がない。それで、自分が着たい服や生まれるであろう子どもの洋服くらいはつくれるようにと思い、服飾専門学校のドレスメーカー女学院へ入学しました。

学院では部分縫《ぬ》いや型紙の原型づくり、ボタンホールやポケットの取り付けなどを習いましたが、あまり興味をもてませんでした。でも、授業が進み服を制作する段階になり、自分が思い描いた服がつくれるようになって俄然《がぜん》面白くなったんです。ただ、思ってもみなかった変化として、自分が着たいというより、人に着せてみたいという気持ちが強くなりました。

マネキンが目印のアトリエをオープン

――卒業後はどのようにお仕事をされていたのでしょうか？

学院を卒業し、昭和26（1951)年に、東京・新宿にアトリエ兼店舗「ひよしや」を開設しました。店は2階で目立ちにくかったので、アメリカ製のマネキン2体をウインドーにおいていました。そのマネキンと、階段の上り口のウインドーに飾ったマネキンにも自分の作品を着せていましたね。

当時、新宿はアーティストが集まる場所で、彼らの中でこのマネキンとそれに着せた服がなにかと話題になったようです。といっても、酔っぱらった状態でうちの店の窓を見上げて、「あの美人は誰だ！」ということだったらしいんですが(笑)。とはいえ、このマネキンが反響を呼んだのは確かで、マネキンに着せた服を欲しいという声が上がるようになりました。

店の主な顧客に、進駐軍《しんちゅうぐん》の夫人たちもいらっしゃいました。彼女たちは、アメリカ軍専用の売店「ＰＸ《ピーエックス》」から型紙やファスナー、ボタンなどを購入し、服づくりを依頼してきたものです。実はこの型紙、立体的に服をつくれるようにできたものだったんです。学校で使用した型紙は平面上ので、ここで立体裁断を勉強できました。平面の型紙でつくるよりも立体的な仕上がりになったので、感動しました。

昭和53(1978)年、東京・表参道に建てられたハナエモリビル。当時のランドマーク的存在であった。平成21(2009)年閉鎖。

映画衣装の制作で広がったデザインの幅

——映画衣装の制作も行っていましたが、なぜ制作に携わるようになったのでしょうか？

店舗に映画の衣装担当と美術監督だと名乗る男性2人が訪れたのがきっかけです。男性が来ること自体珍しかったのですが、それが映画衣装の仕事の依頼ということでびっくりしましたね。戸惑《とまど》いもありましたが、文芸作品に必要な衣装ということで興味もわき、引き受けることにしたんです。

限られた時間と予算の中での制作は大変で、ハードな日々が続きましたが、多くのことを学べたので、今ではやってよかったと思っています。特に、監督は男性なので、男性から見た女性の魅力的な姿などを教えてもらいました。女性で人生経験の少ない私でしたが、それを知ることでデザインの幅を出せるようになったと思います。

映画衣装の仕事は約10年間続けました。映画衣装を始めた昭和29（1954）年には銀座に「ハナエモリ」ブティックもオープンしていたので、この時期は目が回るほど忙しかったのを今でも覚えています。

やがて映画はポルノ映画が流行りだしたので、需要が減ってしまいました。そして、映画衣装制作から引退することにしたのですが、その頃には心身共に余裕がなくなって疲れ果てていました。

昭和40（1965）年、ニューヨークのホテル「デルモニコ」にて初めて行われたショー。

パリ・ニューヨークで日本人初のショー開催

――このあとにパリやニューヨークへ行き、新しいチャレンジが始まりましたね。

仕事に疲れ果てた私に、夫がリフレッシュのためにパリ行きを勧めてくれました。

昭和36（1961）年に約40日間パリに滞在し、美しいものや人々に出会って元気になりました。そして、同じ年の夏休みにはニューヨーク行きの飛行機に乗りました。当時、日本からデザイナーが訪れることが珍しかったため、現地の新聞社からインタビューの依頼もありました。

しかし、インタビューは、終始話がかみ合いませんでした。彼らはまだ日本人はみんな着物を着ていると思っていたうえ、私を着物のデザイナーだと勘違いしていたんです。私は洋服のデザイナーだと話して笑い合ったりしました。

アメリカのマーケットをリサーチした際には、悔しい思いもしました。有名百貨店は地下1階～6階までの構成を取っていて、上層階へ行くほど高級ブランドが並んでいました。特に地下には安価なものが置かれていたのですが、そこに日本製のブラウスが1ドルで販売されていたんです。

また、現地の友人が連れていってくれたオペラ「マダムバタフライ」で、日本人役の歌手が着ている衣装にびっくり。色もどぎつくて着方《きかた》も間違いだらけで……。下駄《げた》をはいて畳《たたみ》の上を歩くというシーンにもがっかりしました。そのとき、私はこの国で百貨店の上層階に並ぶ作品をつくろうと決意したのです。周囲からは、せっかく日本でうまくいっているのに、アメリカで失敗したら……と反対されましたが、唯一、夫は賛成してくれました。

アメリカ市場に進出する際には、全て日本製で勝負しようと思い、素材開発から手がけました。そして、滋賀県の長浜《ながはま》で、幅広の鬼しぼりちりめんを見つけました。これは座布団《ざぶとん》にするための布地だったのですが、白地《しろじ》を買い占め、京都で染めました。西陣織《にしじんおり》の帯地《おびじ》なども少し軽いものを開発しました。3年半ほどかけて準備をし、再びアメリカに向かったのです。

アメリカでは、ファッションブランドが年1回プレス発表するプレス・ウィークがあります。外国人枠がひとつだけあるのですが、昭和40（1965）年に私が選ばれました。そこで、長年かけて開発した日本の素材を用い、「MIYABIYAKA」と題した日本の手づくりのコレクションをショー形式で発表しました。

このショーは大成功を収め、高級百貨店のバーグドルフ・グッドマンやニーマン・マーカスでの展開が始まりました。

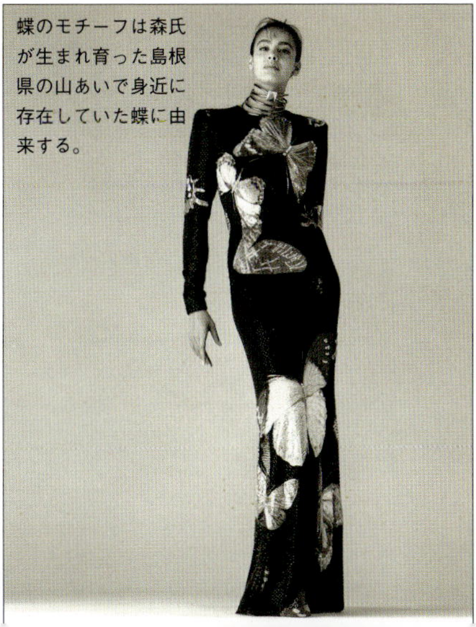
蝶のモチーフは森氏が生まれ育った島根県の山あいで身近に存在していた蝶に由来する。

平成16（2004）年にパリで開催されたショー（2004-2005年秋冬オートクチュールコレクション）。

ニューヨークからパリ、オートクチュールデザイナーへ

——東洋人初のオートクチュールデザイナーとして一躍有名になりましたね。

昭和50（1975）年にはモナコのグレース公《こう》妃《ひ》から、モナコに新しくできるホテルのオープニングにファッションショーを開いてほしいと誘っていただきました。そして、ショーは大成功を収めました。

ここまで来たのだからと、パリでもショーを催《もよお》しましたが、そこでも注目を集めたようです。そのときのショーを見たヘラルド・トリビューン紙の記者が、「あなたはパリで仕事をするべきだ」とアドバイスをしてくれました。ニューヨークで高級プレタポルテを展開して10年余り、いつかパリでやるならオートクチュールと考えていました。そして、友人でもありオートクチュール界の権威でもあるピエール・カルダン氏やユベール・ド・ジヴァンシィ氏などの後押しもあって、昭和52（1977）年、パリ・オートクチュール組合に唯一の東洋人として加盟を認められ、初めてオートクチュールコレクションを発表しました。以降平成16（2004）年まで年２回プレタポルテ、年2回オートクチュールを発表してきました。

世界で愛される「ハナエモリ」のために

――ライセンスビジネスの展開にも積極的ですが、その意図は？

昭和42（1967）年にアメリカのウエストポイント・ペパレル社とライセンス契約を結び、寝具やタオルなどのデザインをしました。当時は、日本でまだライセンス契約という概念が浸透していなかったのですが、丁寧なものづくりをしてくれる企業だったので、いい仕事ができました。

日本では、昭和48（1973）年に西川産業《にしかわさんぎょう》とライセンス契約を結び、同じく寝具やタオルを始め、現代のライフスタイルの中のさまざまなアイテムをデザインしてきました。今もライセンスは、「ハナエモリ」の感性を大切に、時代の感覚に合って、暮らしを楽しくするものをと願っています。

平成22（2010）年からはフランスのウエディングドレスメーカー、シンベリンとライセンス契約を結びました。フランスのみでの展開ですが、これはオートクチュールのショーでウエディングドレスが好評だったことがきっかけとなっています。

――今後、「ハナエモリ」はどのように変化していくでしょう？

「ハナエモリ」は、平成14（2002）年から三井物産と協力して進めています。商品の国境はどんどん低くなっていて、世界各国で安価なものが街にあふれていますが、それでは飽き足らない人も少なくありません。そういった人びとが満足できる商品を提供していけたらと思っています。

森英恵（もり・はなえ） *profil*

大正15年島根県生まれ。昭和22年東京女子大学卒業、昭和25年ドレスメーカー女学院卒業。昭和26年東京・新宿にアトリエ「ひよしや」開設。昭和29年東京・銀座にブティック＆サロン「ハナエモリ」オープン。昭和40年アメリカで初のショーを、昭和50年モナコとパリで初のショーを開催。昭和52年からパリ・オートクチュール組合に属する唯一の東洋人として活動を展開した。平成17年「森英恵ファッション文化財団」を設立し、若手の育成に力を注ぐ。

ショーでひときわ目を引いたウエディングドレス（2004-2005年秋冬オートクチュールコレクション）。

第1部

古代
服の誕生と古代文明

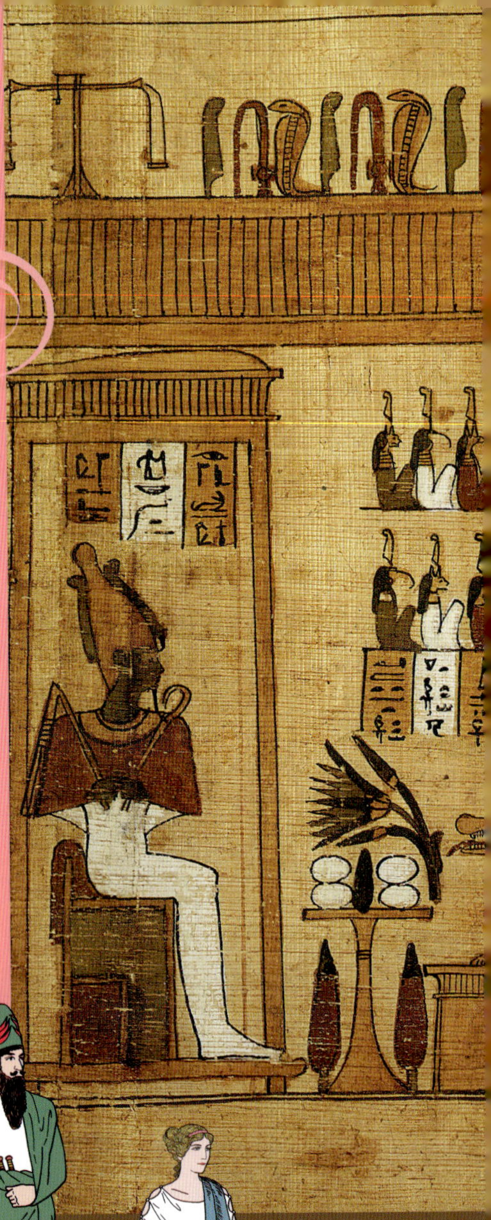

- 第1章 人間と衣服の関係
- 第2章 古代文明の衣服

人類が生きていくうえでなくてはならないもの、衣服。そもそもなぜ人類は服を求めたのか、初めにつくられた服はどのようなものだったのか。衣服のもっとも原始的な部分を見ると、今我々が身につけているものとの共通点が見えてくる。ここでは、人間と衣服の関係と、古代文明の衣服がどのような形であったかを解説する。

古代エジプト新王国時代のファラオの衣装。カラシリスという半透明の衣服を着用していた。

アッシリアの男性衣装。チュニックの上にショールを巻き付けた。

古代ギリシアの女性衣装。外衣にヒマティオンを着用していた。

古代エジプトで死者と共に埋葬されたパピルスでできた巻物『死者の書』。

写真提供 ユニフォトプレス

B.C.3000

- メソポタミア、カウナケスを着用
- エジプト、男性は腰衣のシェンティを着用

B.C.400

- ギリシア、キトンを着用
外套《がいとう》としてヒマティオン、クラミュスを着用
- ペルシア、カンディスを着用

B.C.200

- ローマ、女性、ストラの上にパルラを着用
- ローマ、男性、トガ、トゥニカを着用

第1章 人間と衣服の関係

人類は、いつ頃、なぜ衣服を身につけるようになったのだろう。その起源は未だ解明されてはいないが、先史時代から古代文明までさかのぼって考えてみよう。

アルジェリア南部にあるタッシリ・ナジェールの岩絵に描かれた人物。縞《しま》模様の衣服を着ており、左端の人物は立ち襟《えり》の衣服のように見える。

写真提供 ユニフォトプレス

衣服の成り立ち

原始社会で人類が身につけた最初の衣服とその目的

人間はいつ頃から服を着始めたのだろうか。約400万年前に登場した猿人から原人、旧人へと進化してきた人類の祖先は、石器を改良しながら、動物の毛皮や植物を利用した衣服をつくり、身につけていたと考えられている。約2万3000年前の遺跡であるシベリアのマリタ遺跡からは、フード付きのコートを着ているようなマンモスの牙製の女性像が発見されている。氷河期の当時、衣服は防寒や防護のためであったのだ。

氷河期が終わった約1万年前、クロマニョン人など現生人類は洞窟に住み、狩猟採集生活を営んでいた。紀元前7000年頃から、石器を発達させた細石器を用い、縫製や織物を行いだした。アルジェリアのタッ

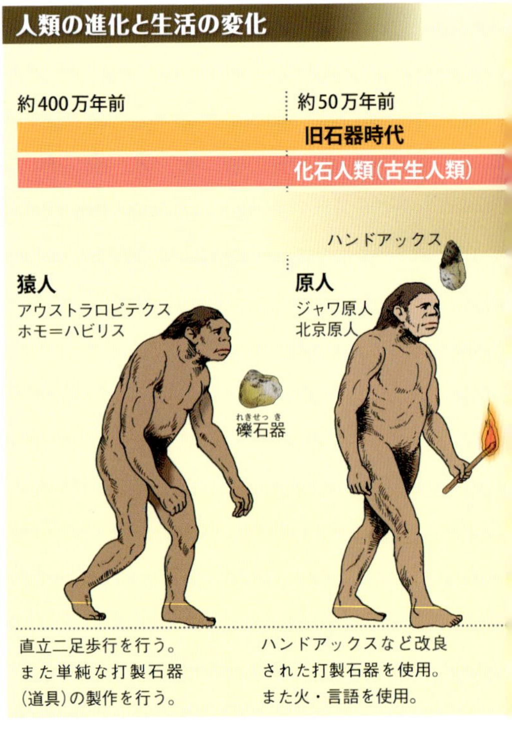

人類の進化と生活の変化
約400万年前
約50万年前
旧石器時代
化石人類（古生人類）
ハンドアックス
猿人
アウストラロピテクス
ホモ＝ハビリス
礫石器《れきせっき》
原人
ジャワ原人
北京原人
直立二足歩行を行う。
また単純な打製石器（道具）の製作を行う。
ハンドアックスなど改良された打製石器を使用。
また火・言語を使用。

シリ山地の洞窟には、2000点近い新石器時代の岩絵が残されており、なかには縞《しま》模様の衣服を着た人物も描かれている。

現在見つかっている最古の衣服は、ヨーロッパ・アルプスで発見された、約5300年前のミイラが着ていたものだ。アイスマンあるいはエッツィと呼ばれるミイラは、毛皮の上着やコート、帽子、草で編んだマント、内側に草を詰めた皮製の靴など、明らかに防寒用の衣服を身につけていた。

ヨーロッパ青銅器時代（3700 ~ 2800年前）には、衣服は現代のものに近い形に整う。ユトランド半島で発見された木棺《もっかん》の遺体の衣服から、男性は毛織物製の上衣と細いズボン、女性は襟《えり》ぐりの大きな上着に厚手の毛織物製のロングスカートをはいていたと推定されている。

3350 - 3100

1991年、アルプスのエッツ渓谷で見つかったアイスマンのレプリカ。氷漬けだったため、着衣や所持品は良好な状態で保存されていた。　写真提供 ユニフォトプレス

人類の祖先は簡単な石を用いた石器を使って、単純な道具を作りだした。人類の進化とともに道具は多種多様なものが作られ、精巧になっていく。頭に孔《あな》を開けた針を作りだした人類は、衣服を縫って形作るという縫製を行うようになった。

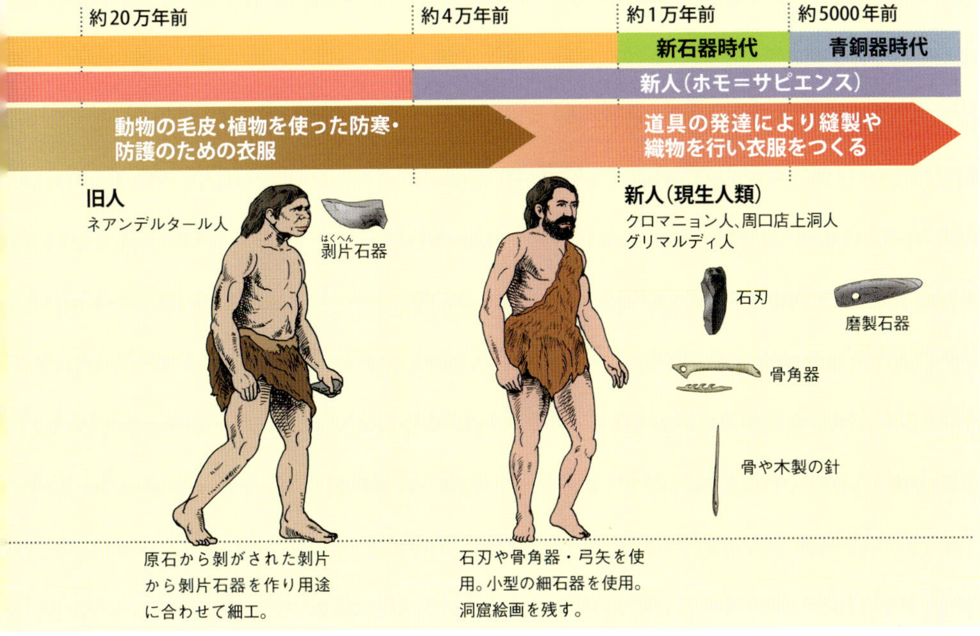
約20万年前
約4万年前
約1万年前
約5000年前
新石器時代
青銅器時代
新人（ホモ＝サピエンス）
動物の毛皮・植物を使った防寒・防護のための衣服
道具の発達により縫製や織物を行い衣服をつくる
旧人
ネアンデルタール人
剥片《はくへん》石器
新人（現生人類）
クロマニョン人、周口店上洞人
グリマルディ人
石刃
磨製石器
骨角器
骨や木製の針
原石から剥がされた剥片から剥片石器を作り用途に合わせて細工。
石刃や骨角器・弓矢を使用。小型の細石器を使用。洞窟絵画を残す。

防御、防寒目的から発展、身を飾る服飾の起源

人類にとって衣服は、防護・防寒という目的のみならず、社会生活を営むうえで、さまざまな目的をもってつくられてきた。実用という点では、狩猟の道具や獲物をぶら下げるために、裸体の腰に紐《ひも》を巻いた**紐《ちゅう》衣《い》**がある。紐とはいえ、これも衣服の一種であり、人類はここから織物の技術を生み出したと考えられている。

こうした実用的な目的以外にも、集団の長としての権威の象徴とするためであったり、敵と味方、あるいは部族を区別するためにも、衣服は用いられた。また、悪霊から身を守るために特殊な衣服を着用したり、美しくありたいという思いから衣服を着たという説もある。

身を飾る装飾の原型は人体を使った身体装飾

衣服とは人間の体を飾るものであるが、衣服以外にも人体を飾る方法がある。**入れ墨**や皮膚にさまざまな色を塗るなどの**身体装飾**や裸装と呼ばれるものや、纏足《てんそく》など人体の一部を改造する**身体変工**である。

入れ墨は**刺痕文身《しこんぶんしん》**ともいい、古代から世界各地で行われていた。現代でも、ニュージーランドの先住民族であるマオリ族は、集落や身分で異なる入れ墨を施している。また、針で肌を傷つけたあとの肉の盛り上がりで文様を残す**瘢痕《はんこん》文身**もある。こちらは呪術的意味をもち、アフリカやオーストラリアの先住民族の間で行われている。

熱帯地域の原住民に多いのが**皮膚彩色**であり、土や植物の色素を使って顔や体に色

伝統的なマオリの入れ墨はモコと呼び、顔面に施した。男性は、血族や社会的な所属集団を表す伝統的な文様を顔の中心部分に施した。現在は、装飾として身体の各所に入れ墨をするマオリの男性も多い。

エチオピアのムルシ族の女性。身体に瘢痕文身を施している。ムルシ族は、下唇に素焼きや木製の円盤を入れて、唇を広げる風習ももっている。

を塗る。パプアニューギニアでは現在でも、部族の儀式において行われている。

身体の一部を改造する身体変工の代表的なものに、中国で近代まで行われていた纏足がある。またミャンマーのパダウン族の女性たちが、真鍮《しんちゅう》の輪を首に何重にもはめて首を長くする風習も同様だ。纏足の足は小さければより美しく、首はより長いほうが美しいとされるように、身体変工は美の表現であることが多い。

ミャンマー東部のパダウン族の女性は、10歳頃から真鍮の輪を首、腕、足にはめる風習をもつ。首の長さは美しさの度合いとされている。

パプアニューギニア、南ハイランドのタリに住むフリ族の男性。顔には彩色をして、鳥の羽などで飾った儀式用のかつらをかぶった正装の男性を「ウィッグマン」と呼ぶ。

写真提供 太平洋諸島センター

ファッションこぼれ話

グルジアの洞窟で発見された世界最古の繊維

2009年９月、グルジアの丘陵地帯の洞窟にある旧石器時代の地層から、約３万年前に人類が使ったと考えられる繊維素材が発掘された。ハーバード大学など国際研究チームが洞窟の調査中に、偶然発見したものだという。

アメリカの科学雑誌『サイエンス』に発表された記事によると、この古代繊維は亜麻の繊維で、糸に加工されたものや、黒や灰色などに染められたものもあった。用途は石器を柄《え》に結ぶための紐や、籠を編んだり、衣服にもされていたらしい。放射性炭素による年代測定によると、洞窟は３万2000～２万6000年前と推定されている。

この発見まで、最古の繊維は２万8000年前のものとされてきた。チェコのドルニ・ヴィエストニッツェ遺跡で発掘された繊維で、粘土製の物体の表面に付着していたものだった。

衣服の基本形態

天然繊維とシンプルな織機で布を作り出した人類の知恵

人類が最初につくった布は、亜麻や大麻から取った繊維で織ったものだと考えられている。布＝織物をつくるため、人類は植物や獣毛などの繊維を紡《つむ》いで撚《よ》りをかけ、糸をつくった。そして、並べた経《たて》糸に緯《よこ》糸を交差させて布をつくり出したのである。

初期の織機は**竪機**《たてはた》と呼ばれる垂直織機と、水平織機があった。竪機は、地面に対して垂直に並べた経糸に石などの重りをつけてピンと張らせ、緯糸を組んでいく織り方だ。現在の竪機と違い、布は上から下へ向かって織られていた。水平織機は地面に水平に経糸を並べて織っていくものである。どちらも最初は手指で緯糸を通していたが、のちに木切れに緯糸をつけて通すようになった。この木切れを**杼**《ひ》といい、杼の登場によって、より速く布が織れるようになったのである。

巻衣と縫製服に分類される布から発展した衣服の原型

布ができたことにより、その後の人類はさまざまなデザインの衣服をつくり出してきた。形態的には、**巻衣**と**縫製服**の２つに大別される。巻衣は１枚の布を身体に巻き付けるタイプの衣服であり、腰回りや身体全体に巻き付けるものである。縫製服はいわゆる縫われた衣服のことで、裁断や縫製で身体に合わせた**窄衣**《さくい》や、ゆったりした**寛**《かん》**衣**《い》などがある。

亜麻は亜麻科の一年草で、元々の原産地は小アジア（トルコ主要部）といわれている。現在はフランス北部、ベルギー、ロシア、中国など、比較的寒い地域が主産国になっている。

中世の竪機のレプリカ。人類が織物を行った初期の製織法の名残をとどめる織機。

写真提供 ユニフォトプレス

巻衣型①
腰布形式

腰回りを布で覆ったり巻いたりして、着衣とする形式である。熱帯地方の先住民に多く見られる衣服であり、古くは、古代エジプトの男子の衣服である**シェンティ**(P.33)などが腰布形式の代表といえる。

東南アジアの国の中には、伝統的に腰布を下衣として着用する国がある。インドネシアやシンガポールでは男女共に、木綿製の**サロン**(P.196)という腰布を現在も着用している。中南 米のメキシコやペルー、グアテマラの女性の民族衣装にも腰布形式がある。

巻衣型②
ドレーパリー形式

1枚の布を、肩、胸、頭から腰などにわたして体に巻き付ける形式である。巻布形式や**ドレーパリー形式**ともいわれ、古くは古代ギリシアで男女が身につけた**ヒマティオン**(P.40)や、古代ローマの**トガ**(P.43)などが代表的だ。トガはローマ市民の象徴であり、着付け方や色調などが厳しく規定されていた。つまり、身分標識としての意味をもつ衣服であった。

現代でも、伝統衣装として着用される巻布形式の衣服としては、インドやネパール、スリランカなどの女性が着用する**サリー**がよく知られている。とりわけインドにおけるサリーは、伝統衣装でありながら流行性やファッション性をもつ衣服となっている。現代ではデザイナーズブランドのサリーがつくられているほど、インドでは国民的衣装となっている。

古代エジプトの壁画に描かれた人物がつけているのが、シェンティ(腰布)。

写真提供 ユニフォトプレス

インドをはじめとする、南アジアの女性が着用する伝統衣装のサリー。布の長さは5～6m程度で、ブラウスと短いパンツなどをつけた上に巻き付ける。

写真提供 ユニフォトプレス

縫製服①
チュニック形式

衣服の形式のひとつに**貫頭衣**がある。長方形の布を二つ折りした中央部に穴を開け、そこから頭を通して着用するとされる。単純な形式のため脱ぎ着は容易だが、両脇がオープンで被覆性が低く、外套《がいとう》として用いられることが多い。現在も中南米で着用されている**ポンチョ**は、アンデス山地に住む先住民の衣服であり、貫頭衣の原型をそのまま残したものである。

ペルーの人々の間で、現在も日常着とされているポンチョ。
写真提供 ユニフォトプレス

日本の弥生時代（紀元前４世紀から紀元３世紀頃）の女性は、貫頭衣を着ていたとの記述が『魏志』倭人伝にあるが、これは現代では、頭と腕の出る部分を残して２枚の布を縫い合わせた衣服と考えられている。このように、１枚ないし２枚の布を用い、腕を通す袖をつくり、両脇を縫い合わせたものを**チュニック形式**と呼ぶ。古代ローマ末期やビザンティンの**ダルマティカ**（P.50）のほか、現代のTシャツもチュニック形式の衣服であり、洋服の基本形ともいえる。

縫製服②
前開形式

前開きの衣服の左右を打ち合わせて着用する形式。袖と襟《えり》がつき、腰を紐《ひも》や帯で締める。別名を**カフタン形式**といい、トルコの民族衣装であるカフタンに由来する。カフタンはウエストを締めず、ローブやガウンのように羽織る男性の上衣である。

典型的な衣服としては、日本の着物のほかに中国の**旗袍**《きほう》（P.193）、韓国の**チョゴリ**（P.194）、ブータンの**ゴ**（P.197）などがある。前開形式はアジアの多くの地域で見られる衣服で、袖や襟、帯に民族による特徴があるとされる。

前の打ち合わせ方には右前と左前があり、日本の着物が右前なのは、唐代の中国の合わせ方に倣《なら》ったことによる。

オスマン・トルコ時代からの伝統衣装のカフタンは、ゆったりしたガウンのような形をしている。

縫製服③ 体形衣形式

人間の体に合わせて造形された形式で、身頃と袖からなる**上衣**と**脚衣**であるズボンの組み合わせとなる。動きやすく機能的なため、現代の衣服の原型となっている。

ズボンは遊牧民族が馬に乗るため、足の分かれた脚衣を必要としたことから始まった騎馬服である。筒型にした布(円筒衣)の股下に当たる部分を縫い合わせたり、２つの円筒衣を縫い合わせてつくられた。

初期のズボンは、北方型と南方型に大別することができる。北方型は、中央アジアにいた遊牧騎馬民族のスキタイや匈奴《きょうど》の人々が用いた、細身で下半身の形に合ったものだ。南方型は布幅をたっぷり用いてつくり、ウエストと裾《すそ》を紐で締めるため、膨らみをもたせたシルエットになる。イスラム文化圏で現在も着用されている、**シャルワール**が代表的なものである。

パキスタンの民族服シャルワール・カミーズの女性。シャルワールはだぶだぶのズボンのことで、カミーズがトップスを指す。

ファッションこぼれ話

麻・ウール・木綿・絹…… 布地の歴史

衣服の素材として先史時代から使われたのが亜麻布で、古代エジプトでは“月光で織られた布”と呼ばれていた。亜麻布は神事に使われ、またミイラの体を巻く用途にも使われた。

次いで古いのが羊毛である。紀元前4000年頃のメソポタミアで、衣服用の織物が使われていた。また木綿も前3000年頃の遺跡から織物が見つかっている。

絹は古代中国で前2560年頃につくられるようになった。絹糸を生み出す技術は国外不出とされたため、輸入したローマでは人々は同じ重さの金と取引したという。絹をつくる技術がインドやヨーロッパに広まったのは、2000年後の６世紀になってからだった。

伝統的な羊毛の手紡ぎ。はるか昔から現代まで世界各地で使われている。

古代中国が起源とされる絹を紡ぎ出す、蚕の繭。

第2章 古代文明の衣服

原始生活を終えて文明を築いた人々は、服飾文化も開花させた。最初の文明であるメソポタミアからエジプト、そしてローマ帝国まで、古代文明の服飾の歴史を追ってみよう。

シュメール人の都市国家ウルで発見された、「ウルのスタンダード」と呼ばれるモザイク壁画。戦争と平和を描いたもので、服飾を含めたシュメールの文化がよく分かる。
写真提供 ユニフォトプレス

メソポタミア文明~シュメール

肥沃なメソポタミアに興った都市国家シュメール

チグリス川とユーフラテス川に挟まれた肥沃《ひよく》な三日月地帯に、初めて生まれた文明がメソポタミア文明である。メソポタミアは“川の間”という意味であり、そのふたつの川に挟まれた地域は現代のイラクにあたり、紀元前5000年頃には牧畜と農耕を主体とした社会が形成された。

前2600年頃、メソポタミアに最初の都市国家を築いたのがシュメール人である。彼らはウル、ウルク、ラガシュなどの多くの都市をつくり、豊かな文化を築いた。

シュメール文化は高度なものであった。農耕に適した太陰暦を用い、楔形《くさびがた》文字を発明した。また我々が使っている時間の定義、１時間＝60分とする考えは、もともとシュメール人が定めたものであった。

メソポタミアは西洋における毛織物の最古の産地である。また前2000年頃には、地中海の国々と毛織物中心の交易も始まっている。シュメール人の衣服の素材も、羊毛を用いた独特のものが使われていた。

楔形文字は粘土板に楔形にした葦《あし》のペンを押し当てて、文字を刻む。シュメール語の記録のために発明され、次第に近隣の民族も使うようになった。イギリスのローリンソンが、ペルシアのダレイオス１世の戦勝を記念したベヒストゥーン碑文を研究し、解読に成功した。

紀元前7世紀前半の古代オリエント

アッシリアが最初の世界帝国となったのが、紀元前７世紀の前半であった。ペルシア湾の河口付近にシュメールが興ってから2000年の間に、バビロンを首都とした古バビロニア王国、現トルコにヒッタイト、アッシリア北部にミタンニ、東部にカッシートが興亡するなど、多くの国が興っては滅んでいった。メソポタミア文明と同時期に興ったエジプトも、前663年にアッシリアに征服されている。

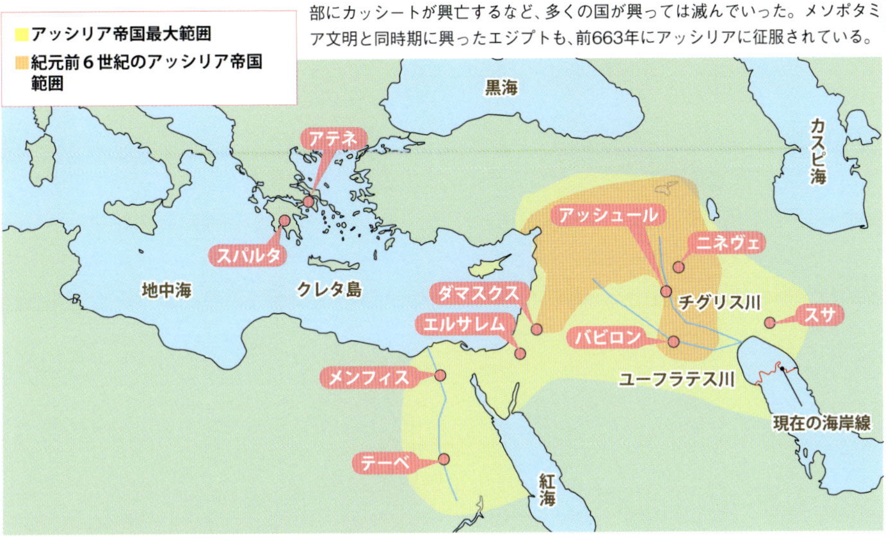
アッシリア帝国最大範囲
紀元前６世紀のアッシリア帝国範囲
黒海
カスピ海
アテネ
スパルタ
地中海
クレタ島
アッシュール
ニネヴェ
ダマスクス
エルサレム
チグリス川
スサ
バビロン
メンフィス
ユーフラテス川
現在の海岸線
テーベ
紅海

カウナケスを素材としたシュメールの服飾

彫像などに見られるシュメールの服飾は、男性は下半身を覆う腰布形式（P.21）のほか、肩から斜めに布をかけたものや、全身を覆うドレーパリー形式（P.21）もある。これらの衣服はシュメール特有のもので、**カウナケス**と呼ばれていた。

カウナケスは羊毛の束を房のようにして重ね、毛皮のような外観に模したものである。本来、シュメールでは衣服の素材に毛皮を用いていたが、次第にカウナケスを使うようになっていった。毛皮と羊毛以外には亜麻布も使われていたようである。

マリ（現シリアのテル・ハリリ）のイシュタール神殿から出土した監督官エビ・イルの像は、長い腰布形式のカウナケスを着用している。腰布の上にショールやマントをつけたりもした。女性はローブ風のカウナケスを着ていた。

紀元前2400年頃の像。マリの監督官エビ・イルが台に腰かけて祈っている。マリはシュメールの都市国家のひとつ。ロングスカート状のカウナケスには、羊毛の束が重なっているのが見える。　写真提供 ユニフォトプレス

シュメール文化を継承した古バビロニア王国

シュメールのあと、アッカド人が都市国家を征服して王国を建てるが、長くは続かず滅亡。紀元前1900年頃に興った古バビロニア王国(バビロン第一王朝)が、その後のメソポタミアを支配した。6代目のハンムラビ王はメソポタミア南部から中部までを征服し、王国最盛期を築いた。

ハンムラビ王といえば、ハンムラビ法典が有名だ。シュメール法を継承した成文法で、全282条の内容は、家族法、商法を中心に、刑法や税法も含んでいる。このように、古バビロニアはシュメールの文化を多く継承していたのであった。

フリンジと帽子が特徴的な巻衣型の男性の衣服

王国初期の古バビロニアの男性は、長方形の長い布を巻衣（P.21）として着用していた。左肩を包むように布を巻き、右肩は露出するようにしていた。布の縁には飾り房の**フリンジ**がついていたものもある。頭にはターバンか毛皮の帽子を被った。

ハンムラビ王の時代から古バビロニア末期には、巻衣のつけ方が変化する。ゆったり巻いていた布は、ややタイトなシルエットでらせん状に巻き付けるようになる。その上にフリンジ付きのスカーフを肩にかけた。末期の頃の王の服装は、後にオリエントを統一するアッシリア風になっている。

古バビロニア初期の男性の服装と着方

左肩と左腕に布をかけて垂らし、背中側の布を右脇を通して身体に巻き、左肩にかける。右肩は覆わずに右手が自由に使えるようにし、左腕を覆った布でドレープをつくった。紀元前2200年頃、シュメール最後の王であるグデアの像は、長いショールを身体に巻き付けた姿をしていた。古バビロニアでも初期は、同様の服装だったと考えられる。

古バビロニア初期の女性の服装と着方

身体の前面に大きな一枚布を広げ、両脇の下を通して背面で交差させる。布のあまった部分を両肩から腕にかけ、身体の前に垂らすようにする。

長丈チュニックとショールの王国後期の女性の衣服

古バビロニアの女性の衣服は、王国初期は大きな布で全身を覆うドレーパリー形式である。男性と同じように、右肩を露出する着方をしていた。また同じく一枚布を使って、後ろで交差させた布の端を両肩から前に垂らすような着方もされていた。

後期になると、長い丈のチュニック（P.22）と巻衣のショールを併用した。古バビロニア文化の影響を受けていた隣国エラム中王国（紀元前1600 ~前1100年頃）の王妃ナビルアスの立像が同様の服装をしている。チュニックの裾には長いフリンジがつき、フレア状に広がっていた。ショールは腰に巻いて帯で固定したり、肩にかけたりなど好みの形に巻いていたようだ。

中央のアッシュールナジルパル２世（在位紀元前883〜前859年）は、長丈のチュニックに、ショールを左肩から腰にかけてらせん状に巻いている。髪や髭《ひげ》は、特製のコテでカールさせる習慣があった。踵《かかと》に覆いのあるサンダルをはいている。

写真提供 ユニフォトプレス

全オリエントを征服した アッシリア帝国

アッシリアはメソポタミア北部の都市国家を主体とする民族で、一時期は強国として周辺国を支配下に置いたこともあった。ミタンニ王国に征服されたが、交易の要衝《ようしょう》だったアッシュールを保持し、ミタンニを圧迫するヒッタイトと結んで、紀元前2000年頃に独立を勝ち取った。以降、前612年に滅亡するまで、1400年間にわたって繁栄と衰退を繰り返した。

前８世紀のサルゴン２世以降、アッシリア帝国は周辺諸民族を次々に征服する。そして最も発展したのが、前７世紀前半のアッシュールバニパル王のときであった。先王の時代にエジプトを支配下に置き、長く敵対したエラム王国を征服して、史上初の世界帝国をつくりあげたのである。

北方系の民族であったアッシリア人の衣服は、短い袖のついた長丈のチュニック（P.22）と**ショール**の組み合わせが基本であった。このスタイルは、アッシリアを滅ぼしたメディア王国も同様であった。

アッシリアの男性の服装とショールの巻き方

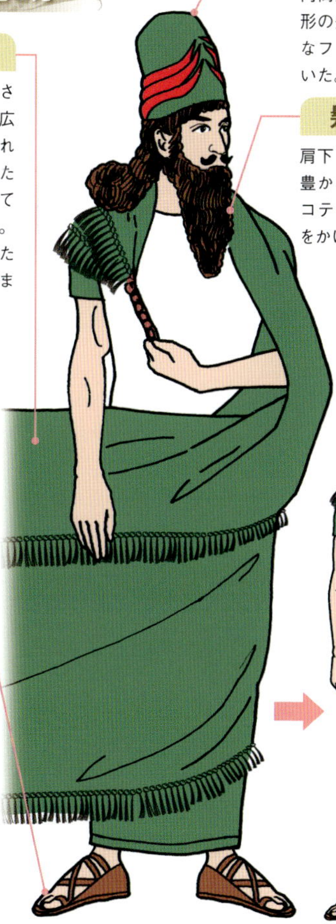

ショール

生地には豪華な模様が施され、色も多彩であった。幅広のフリンジは、本来はほつれを防ぐためのものであったようだが、次第に装飾として用いられるようになった。より優美に、豪華に見せるため、結び方や長さにも、さまざまな工夫がなされた。

帽子

円筒形、あるいは円錐形の先端を切ったようなフェルト帽を被っていた。

髪型・ヒゲ

肩下まで伸ばした髪、豊かな顎鬚《あごひげ》は、特製のコテできつくウェーブをかけていた。

サンダル

踵に覆いのあるサンダルをはく。

二つ折りにしてフリンジを2段にしたショールを、右肩から左肩にまわし、そのまま身体にらせん状に巻き付けていく。

余ったショールは左肩から腕を覆うように前へ垂らし、ショールを締める帯に巻き込んで垂らす。右肩のショールと帯を留め具でつなぐ。

ショールを巻いた後ろ姿。腰から下の二重のフリンジや右肩にかかるフリンジが、優美な装飾となっている。

男女の衣服の基本はチュニック&ショール

アッシリア人の男性が着用したチュニックは膝上や踝《くるぶし》丈で、その上にフリンジ(P.26)のついたショールを巻き付けたり、肩からさげた。幅が広く優美なフリンジは、アッシリアの衣服の最大の特徴であった。

紀元前9世紀前半のアッシュールナジルパル2世の像は、長丈のチュニックに、ショールを左肩から腰にかけてらせん状に巻いている。前7世紀前半のアッシュールバニパル王の時代になると、丈の短いショールを羽織るスタイルも見える。

女性の衣服も男性と同じく、チュニックとショールが基本構成である。チュニック袖は男性のものより長く、ショールの巻き方も工夫されていたようだ。またネックレスやイヤリング、ブレスレットなど、さまざまな服飾品も身につけていた。

古代イランに興った大帝国 アケメネス朝ペルシア

紀元前609年にアッシリアがメディア王国に滅ぼされると、オリエントは、メディア、新バビロニア、リディア、エジプトの四国分立時代となった。この4ヵ国を征服したのがアケメネス朝ペルシアである。前522年に即位したダレイオス1世のときには、西北インド、中央アジアからマケドニアまでオリエント全域を支配した。新都ペルセポリスの建設にも着手し、王国は最盛期を迎えていた。しかしダレイオス1世の死後、王国は衰退し、前330年にアレクサンダー大王によって滅ぼされた。

アケメネス朝ペルシアは、新バビロニアに捕らわれていたユダヤ人(バビロン捕囚)を解放し、支配した諸民族に対しても信仰の自由や祭祀《さいし》、習慣の継続を許可するなど、柔軟な民族性をもっていた。服飾文化も同じく、多民族の文化を取り入れながら独自のスタイルを生み出した。

首都ペルセポリスの遺跡の、「百柱の間」入口の高い壁に刻まれたレリーフの一部。50人の兵士が4段にわたって刻まれている。

アケメネス朝ペルシアが支配した紀元前6世紀末のオリエント世界

キュロス2世がメディア、新バビロニア、リディアを征服、その子のカンビュセス2世がエジプトを併合し、アケメネス朝ペルシアはオリエントを統一。4代目のダレイオス1世により、東は北西インド、西はトラキア、マケドニアまで領土が広がった。

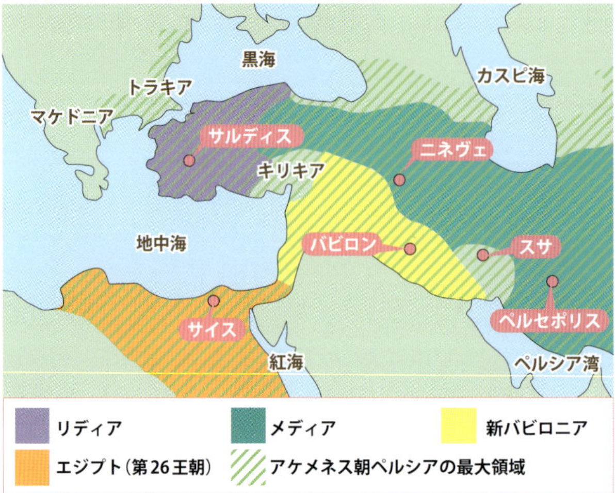
黒海
トラキア
カスピ海
マケドニア
サルディス
ニネヴェ
キリキア
地中海
バビロン
スサ
サイス
ペルセポリス
紅海
ペルシア湾
リディア
メディア
新バビロニア
エジプト(第26王朝)
アケメネス朝ペルシアの最大領域

スサ、バビロンと並ぶ都のひとつペルセポリス。現イランのファールス地方北部にある。ダレイオス1世の子のクセルクセス1世の代に完成したが、アレクサンダー大王によって破壊された。

スサの王宮の壁面を飾ったフリーズ（装飾帯）は、バビロニア様式の彩釉煉《さいゆうれん》瓦《が》でつくられている。槍と弓を持った2人の男性は、幾何学模様や花柄を織りだしたカンディスを着ている。裾からは細いズボンが見えている。頭にはバンダナのようなものを巻き、髪と髭《ひげ》は短いがアッシリア人のようにコテでカールさせている。足には踝《くるぶし》までのブーツをはいている。 写真提供 ユニフォトプレス

袖付きローブとズボンにアッシリアの装飾性をプラス

アケメネス朝ペルシアの衣服の最大の特徴は、**アナキサリデス**と呼ばれるパンツ形式の脚衣である。ゆったりとしたシルエットで、踵《かかと》のあたりで細くなっており、その上から脚絆《きゃはん》を巻くこともあった。保温効率のよい脚衣をはいていたのは、もともと彼らがイラン高原の寒い地域に住んでいたためである。一般男性や兵士の衣服は、このアナキサリデスとチュニックの組み合わせが基本であった。

上層階級の男性は、**カンディス**と呼ばれる袖付きの**ローブ**を着ていた。カンディスは、もともとメディア人が着ていた衣服で、両脇と前中心に美しいドレープをつくって着用する。またアッシリア的装飾の刺繍や房飾りが施された、美しい衣服であった。カンディスの下には、脚衣としてタイトなズボンをはいた。なお、女性の衣服については現代に残る資料が少ないため、よく分かっていない。

ファッションこぼれ話

紫～王のカンディスに用いられた高貴な色

多彩な文様と色彩をもったカンディスだが、王のものには非常に高価だった紫の染料が使われていた。

古代における紫の染料は、地中海で取れる紫貝の鰓下腺《さいかせん》（通称パープル腺）からの分泌液を使っていた。この分泌液で繊維を染めて太陽光を当てると、酸化して紫に近い深紅色に変わる。これがティリアンパープル（Tyrian purple）、ティル紫とも呼ばれる紫色である。紀元前15～前8世紀に栄えた、都市国家フェニキアのティルスで多く生産されたことに由来する。1gの染料を取るために2000個の貝が必要だったといわれるほど、古代においては貴重で高価な染料であった。

古代ギリシア、ローマ帝国時代になっても貴重な紫色素として珍重され、これで染められた衣服を着られるのは王侯貴族に限られていたという。

【ローブ】袖のついた長丈のゆったりした外衣のこと。

古代エジプト

ナイル川が育んだエジプト3000年の歴史と文明

古代エジプトは、ナイル川の氾濫《はんらん》がもたらした肥沃《ひよく》な土地に世界最長の統一国家を築いた。紀元前3000年頃、ナイル上流の上エジプトと下流の下エジプトを統一した王朝が誕生する。前2650年頃からの古王国時代には、安定政権の下でサッカラやギザのピラミッドを建設した。その後、内乱を経て、中王国時代に再び平和を取り戻す。

王国誕生から1400年ほど経った頃、エジプトは東方から侵入してきた遊牧民族ヒクソスに支配されるが、約150年後にヒクソスを駆逐《くちく》。エジプト最盛期となる新王国時代に入った。領土はナイル川流域を越えて最大となり、写実的なアマルナ美術など新たな文化が発展する。領土の拡大は服飾にも変化をもたらし、周辺国の影響を受けたと見られる衣服も登場した。

古代エジプトは、服飾史のうえでは古王国時代を中心とする中王国時代までの前期と、第18王朝からの新王国時代の後期に大別される。

写真提供 ユニフォトプレス

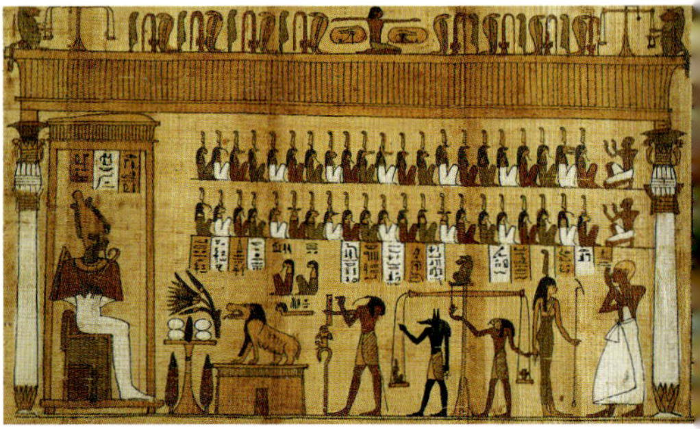

死者と共に埋葬された『死者の書』の一部。『死者の書』はパピルスの巻物で、死後に冥府の国に入るまでの過程が絵とヒエログリフ(古代エジプトの象形文字)で描かれている。

古代エジプト年表

年	王朝	主な出来事	服飾史
B.C.3000頃〜	初期王朝時代 第1、2王朝	メネス王が上下エジプトを統一	前期
B.C.2650頃〜	古王国時代 第3〜6王朝	●ジェセル王がサッカラにピラミッドを建設 ●ギザに3大ピラミッド建設	前期
B.C.2180頃〜	第1中間期 第7〜11王朝	政治的内紛	前期
B.C.2040頃〜	中王国時代 第11、12王朝	●メンチュヘテプ2世がエジプトを再統一	前期
B.C.1785頃〜	第2中間期 第13〜17王朝	●遊牧民族ヒクソスが侵入	前期
B.C.1565頃〜	新王国時代 第18〜20王朝	●イアフメス王、ヒクソスを追い出しエジプトを再統一 ●アメンホテプ3世が即位し、エジプト最盛期を迎える ●ツタンカーメン王が即位・ラムセス2世が即位	後期
B.C.1070頃〜	第3中間期 第21〜24王朝	上エジプトはアメンの大神官が、下エジプトはリビア系の王が支配	後期
B.C.750頃〜	末期王朝時代 第25〜30王朝	●シャバカ王がエジプトを再統一 ●アレクサンダー大王がエジプトを征服	後期
B.C.305〜B.C.30	プトレマイオス朝時代	●マケドニアのプトレマイオスが王朝を興す ●クレオパトラ7世とプトレマイオス13世が共同統治 ●アレクサンドリア戦争で、カエサル・クレオパトラ連合がプトレマイオス13世派に勝利。カエサルが暗殺される ●クレオパトラが自殺してプトレマイオス朝は滅ぶ	後期

古王国から中王国時代の男女の服

髪型

酷暑のエジプトでは体温発散と衛生面から、男性は髪を剃り上げ、女性も短髪が多く、男女ともにかつらを使用した。素材は亜麻や羊毛、人毛で、染めたものもあった。

被り物

第4王朝以降、王はクラフト[klaft：英]と呼ばれる縞《しま》柄の頭巾を被った。額の部分には聖蛇《せいじゃ》ウラエウスがついている。王妃は翼を広げた黄金のハゲワシが頭に覆い被さるような形の冠を被っていた。

庶民

庶民のシェンティ [schenti]は単純な腰巻き状、股を包む形、ベルトをつけたもの、肩から1本の紐で支えるものなどがあった。

王妃

胸下から着用する巻衣型は女性の基本的な衣服であった。素材は基本は白麻だが、上流階級は柄物やビーズを編んだものも用いた。

王

シェンティに三角形のプレートをつけた王の服装。王の衣服はこのほか、前垂れをつけたもの、赤・黄・緑・白の縞柄などがあった。

古王国から中王国時代のエジプト男女の衣服

古代エジプト前期の男性の服装は、シェンティ（**ロインクロス**：英）と呼ばれる、聖なる色の白い麻の腰布で下半身のみを覆うものだった。庶民のシェンティは膝上丈で、そのまま腰に巻き付ける簡単な形であった。上流階級の衣服も基本はシェンティだが、布地を多く使って、一部または全体にプリーツをとるなど、装飾が施されていた。丈も膝下の長めのものが見られる。

王のシェンティは全体に細かなプリーツをとり、前面に黄金製の三角形のプレート装飾をつけていた。女性は庶民も上流階級も、胸の下から踝《くるぶし》まである巻衣型（P.21）の体にぴったりした衣服であった。これを1本か2本の幅広の肩紐で吊していた。

新王国時代の
王と王妃の服装
王冠
上エジプト王の白冠と下エジプト王の赤冠を合わせた二重冠。神聖な儀式などで用いられた王冠で、プトレマイオス朝まで使用された。
王妃の冠
第一王妃は、天空の女主人と呼ばれる高貴な女神ムトの冠を被った。その他の王妃はナイルの女神アンケトを象徴するガゼルを模した冠をつけた。
カラシリス
古代エジプトで初めて登場した全身を覆う衣服で、小アジア、あるいは西アジアから入ってきたといわれる。上流階級や官僚、宮廷の女性たちが着用した。
王
王妃

古代エジプト最盛期 新王国時代の男女の衣服

新王国時代に入ると、**カラシリス**という新しい衣服が登場し、男女ともに着用した。幅の広い一枚布を用いた衣服で、両脇は腰から裾まで縫い合わせたものである。丈の長さはさまざまだが、ごく薄い半透明の白い亜麻布で作られていた。男性が中に着たシェンティは、ふくらはぎまでの長い丈のものも見られるようになった。

女性は、前期から着用している巻衣型の服の上にカラシリスを着用した。男性より優雅な着方で、袖部分から胸にかけて、またウエストから裾にかけて細かなプリーツをつくり、幅広の帯で締めた。ほかには大きな一枚布をショールのように巻き付けたり、肩からはおったりする衣服もあった。

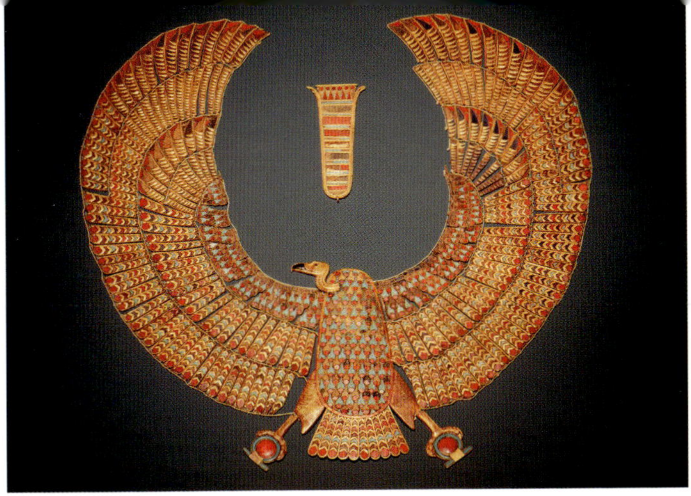

ネクベト神型襟飾り。紀元前1350年頃。王族がつけた襟飾りで、ネクベト神の化身であるハゲワシが翼を広げた姿をモチーフにしている。当時の彫金技術の高さがわかる。

写真提供 ユニフォトプレス

古代エジプト人が好んだアクセサリーと王の装飾

上流階級の男女は共に、幅の広い襟《えり》飾りやネックレス、二の腕や手首のブレスレット、アンクレットなど多くの装飾品を身につけた。素材は金、銀、ガラス、七宝焼などで、陶器でつくったビーズやエメラルド、トルコ石、アメシスト、ガーネットなどの貴石を加えた豪華なものである。

王権の象徴である王冠には、多種多様なデザインがあった。古代エジプト王は「上下エジプトの王」という称号を使っていた。これは、王国創始時に統一した上エジプトと下エジプト、2国の支配者という意味である。上エジプト王は白冠(ヘジェト)、下エジプト王は赤冠(デシュレト)を用いたため、上下エジプト王は、その2つを組み合わせた二重冠（プスケントまたはセケムティ)をつけた。王冠はほかに、青色のケペルシュ冠、角と羽で飾られたアテフ冠などがある。顎《あご》のつけ髭《ひげ》も王権の象徴であり、女性で王となったハトシェプストも、即位後はつけ髭で王の姿をとっていた。

ファッションこぼれ話

古代エジプト人のおしゃれ術

壁画や彫像に見る古代エジプト人は、太いアイラインやアイシャドウで、男女共に目を強調した化粧をしているのが特徴的である。切れ長の目を縁取った黒いアイラインは、方鉛鉱の粉末を水や油で溶いたものを使い、アイシャドウには緑色の孔雀石（マラカイト)の粉末を溶いたものを塗っていた。

目の化粧は美しく見せる目的のほかに、邪悪なものの侵入を防ぐという呪術的な意味と、強い太陽光線から目を守る目的もあった。また、目を狙って卵を産もうとするハエなどの害虫から保護する目的もあった。

古代エジプト人は、清潔と衛生を重視していた。男性も女性も体のむだ毛を剃り、香油を入れた風呂で沐浴をし、精油を肌に塗り込んだ。強い日差しと乾燥した気候のエジプトでは、皮膚の保護のために精油を塗る習慣は庶民にも浸透していた。

ギリシア~エーゲ文明

エーゲ海の海上交易で栄えたクレタ文明とミュケナイ文明

紀元前3000年頃のエーゲ海の島々で、オリエントの影響を受けて誕生したのがエーゲ文明である。前2000年頃からはクレタ島を中心にクレタ文明が、その後にギリシア本土を中心にミュケナイ文明が、地中海交易ルートを支配して大いに栄えた。

クレタ文明は、オリエントの錫《すず》、銅、青銅をヨーロッパに中継する海上交易に加え、ブドウ酒やオリーブ、羊毛、織物の生産地として莫大な富を築いた。クレタ島にはクノッソスをはじめとする宮殿が建造され、そこには豊富な物資を保存する倉庫群や、交易品を加工する工房がつくられている。また宮殿の壁画には、クレタの男女の姿とその生活の様子がいきいきと描かれた。

クレタ人の服装は、とりわけ女性服に特徴がある。宮殿の壁画や彫像に描かれた女性は、胸を露出した上衣とスカートを組み合わせた、クレタ特有の姿をしている。なおミュケナイ文明の女性服は、クレタスタイルを基本に発展させたものであった。

写真提供 ユニフォトプレス

クレタ島イラクリオンの宮殿から発掘された石棺。紀元前1400年頃。石灰岩の棺の上に塗った漆喰《しっくい》に、フレスコ画法で死者の慰霊を描いている。右側の３人の男性はシュメールのカウナケスのような長い腰衣を着ている。左の２人の女性はワンピース風の袖付きチュニックを着ており、これはやがてミュケナイの女性服に見られるようになる。

紀元前1200年頃の地中海とエーゲ文明
マケドニア
テッサロニキ
メテオラ
トロイア
エーゲ海
ヒッタイト
(小アジア)
アナトリア
ミュケナイ
デルフォイ
アテネ
スパルタ
ペロポネソス半島
地中海
ハニア
イラクリオン
クレタ島
クノッソス
現在のギリシア

クレタ文明は紀元前15世紀にアカイア人に滅ぼされ、地中海交易はミュケナイの人々が掌握した。ミュケナイ文明も前12世紀頃に、気候変動や海の民と呼ばれる移民集団の襲撃により滅んだといわれる。エーゲ文明はアナトリアからヨーロッパへ鉱物や貴石、象牙などを中継し、両地へ陶器やブドウ酒、オリーブなどを輸出していた。

クノッソス宮殿の遺跡

クレタの男女の服装

クノッソス宮殿の回廊から発見されたフレスコ画「ユリの王子」。紀元前1600 ～前1500年頃。細くくびれたウエストにベルトを巻き、腰衣をまとっている。頭には鳥の羽根をあしらった王冠を被っている。兵士などは長靴をはいていた絵が残るため、靴を用いていたようだが、屋内では裸足だったようだ。

腰衣

王族は一般のシェンティではなく、短いダブルエプロン型のヒップカバーをつけ、右の太股に飾り帯を巻いている。

上衣

上衣は半袖で、前を大胆にデコルテしている。胸の下から腹部はコルセットのように紐で締めている。

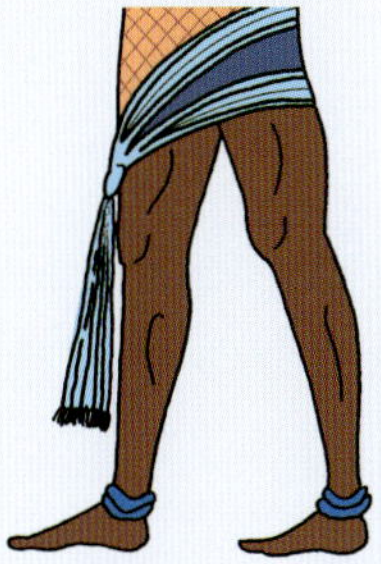

クレタの一般の男性は膝上から太股くらいの丈のシェンティを着用していた。前後の布の中心が長くなっているものや、房飾りがついたものなどがあった。また黄金細工のネックレスやブレスレット、アンクレットなどの装身具を身につけていた。

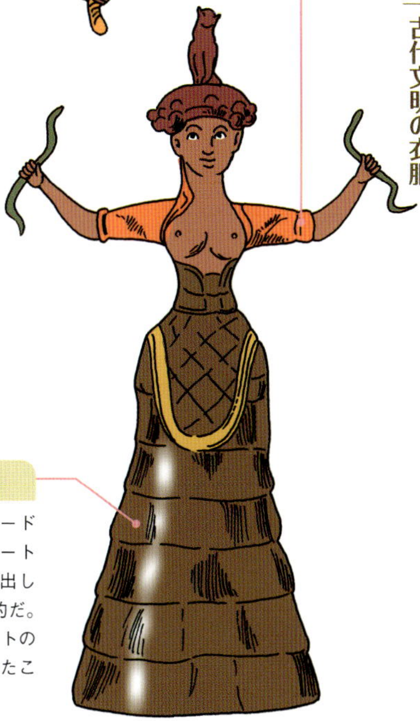

スカート

襞《ひだ》飾りを段々につけたティアード型で、その上にオーバースカートを重ねている。ヒップを張り出した釣鐘《つりがね》型のシルエットが特徴的だ。壁画などから、襞のないスカートのほか、いくつかの形式があったことが分かっている。

クノッソス宮殿出土の、両手に蛇を持つ「蛇女神」の像。紀元前1600年頃。同時期の古代文明のゆったりした衣服と大きく異なり、クレタの身体にぴったりした上衣と釣鐘型のスカートのシルエットは近代的なファッションといえる。このようなスカートの形はルネサンスまで出現していない。

鍛えた肉体を誇示したクレタの服飾文化

クレタの男性の衣服は腰衣型で、布の端を前に垂らしたり、二重にしたものなどがあった。上半身は裸で、鍛えた肉体と非常に細いウエストが特徴的である。これがクレタ人の理想体形とされていたため、男女ともに、幼い頃からガードルのようなものでウエストを締めていたようだ。

女性の短い上衣は露出した胸の下で紐締めにしていた。スカートはティアード型で、前後に垂れ下がるエプロンのように見えるオーバースカートを重ねている。

ミュケナイでは、男性はチュニックと半ズボン状のものを着用した。女性はクレタと似た衣服から、次第にチュニック型の長衣を着るようになったようだ。

大小の都市国家が共有し発展させた独創的文化

ミュケナイ文明が滅んだあとのギリシアは、混乱した暗黒時代が400年ほど続いた。紀元前８世紀頃、ギリシア各地で複数の集落が連合したいくつかのポリス(都市国家)がつくられ、人々が定住する。ポリスでの安定した社会が続くと、人口も増加し、地中海と黒海の沿岸各地に植民都市が建設される。これにより交易が活発化し、富裕な市民が力をもつようになった。

ポリスは独立を維持し、統一国家とはならなかったが、言語と神話を共有することがポリスの枠組みを超えた民族意識を育て、市民たちによる独創的な文化が築かれたのである。その合理主義的精神と人間中心的な文化は、文学や哲学、自然科学を発達させ、建築や彫刻、絵画など優れた芸術作品を生み出した。それは服飾においても発揮された。絵画や彫刻に見るギリシアの衣服は、布の柔軟性とドレープの自由性を最大限に活かし、まさに芸術の域まで高められたものである。

多彩なドレーパリーをもつ基本の衣服キトン

古代ギリシアでは男女の衣服に大きな違いはなく、一枚布を使った巻衣型であった。代表的なものが**キトン**であり、男性は巻き付けた布を左肩で留め、ウエストを帯で締め、右肩を出して着用した。女性は二つ折りにした長方形の布の中に身体を入れ、前後の布を両肩で留めて着用した。

女性は当初、毛織物の布を用いた**ペプロス**を着ていた。紀元前６世紀頃に、イオニア人のアテネの女性たちが、薄手の麻やリネンでつくられた、繊細なドレープが出せる**イオニア式キトン**を着るようになり、ギリシア全土で流行する。イオニア式キトンと区別するため、ペプロスは**ドーリア式キトン**と呼ばれる。

アテネのアクロポリス。アクロポリスは「高いところ、城山」の意味で、都市国家ポリスの中心となった。古代ギリシア美術を代表するパルテノン神殿がある。

パルテノン神殿の北側に位置するエレクティオン神殿。カリアテッドと呼ばれる柱廊の柱になっている６人の少女像は、ペプロスを着ている。

ドーリア式キトン（ペプロス）

ペプロス[peplos]あるいはドーリア式キトン[chiton]と呼ばれる衣服。長方形の布を折って体を挟んで着る。一方の脇は縫いつけず、開いたままにして着用した。ウエストを紐で締めて丈を調節した。

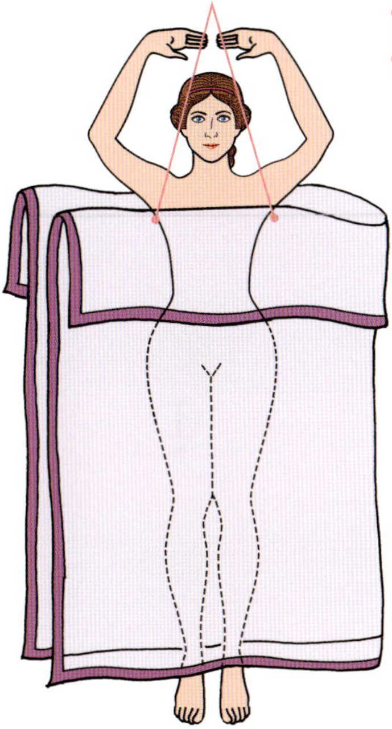
肩の辺りで前後の布をフィビュラで留めて着用した。

フィビュラ

キトンの肩を留めるのに使われたのが、フィビュラ[fibula]と呼ばれるブローチ。左は紀元前4～後3世紀、右は後4世紀頃のもの。どちらも青銅器製。（ボタンの博物館蔵）

イオニア式キトン

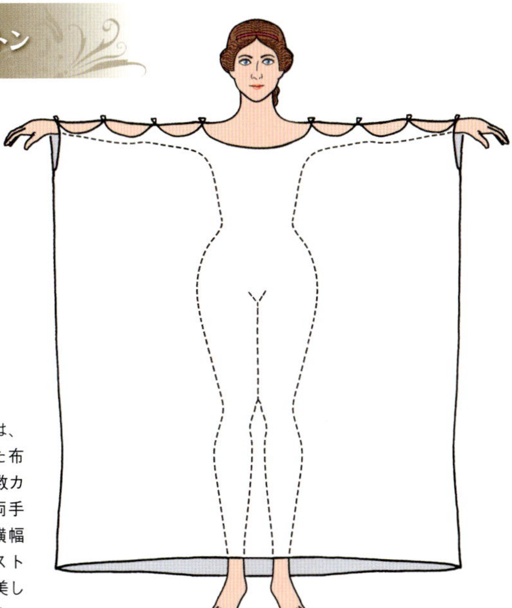

イオニア式キトンは、筒型に縫い合わせた布を、肩から手首まで数カ所を留めて着た。両手を伸ばしたほどの横幅があるため、ウエストをベルトで締めて、美しいドレープをつくった。

ヒマティオンを着た男女

髪型

女性の一般的な髪型は、長い髪を真ん中で分け、後ろで髷《まげ》をつくる「ミロのヴィーナス」のようなスタイルであった。リボンでまとめたり、細いヘアバンドで押さえたりした。

ヒマティオン [himation]

男女共にキトンの上に重ねて着用した外衣。ほかに男性用のクラミュス[chlamys]などがある。

髪型

紀元前5世紀頃までは男性も長い髪をしていたが、その後は成人すると断髪した。一般の男性は髭《ひげ》を剃ったが、哲学者や知識人は威厳を出すために髭をたくわえた。

履き物

初期は木や革の底に、足を固定するための革の紐をつけた、シンプルなサンダルをはいた。サンダルは発展して革製の編み靴クレピスとなり、また軍事や旅行の際には深靴も登場した。

着こなし方は好みでさまざま 男女の外衣ヒマティオン

男女共に、キトンの上に着たのが、外衣のヒマティオンである。約2m×3～5mの長方形の厚手ウールの布であり、白色のほか、緋《ひ》色や青系統の色で縁に模様や刺繍をしたものもあった。

ヒマティオンの着方はさまざまであった。脇の下から巻き付けて左右どちらかの肩で留めたり、肩から全身を覆うように巻き付けたりなどして着用した。女性はショールのようにゆったりはおり、ドレープをつけて二の腕に巻いたり、頭からフード状に被ったりもしている。貧困層のほか、哲学者や雄弁家、軍人などは、禁欲的精神を表現するため、キトンをつけずに肌に直接ヒマティオンを着用することを好んだ。

ヒマティオン以外の外衣と現代の帽子の原型ペタソス

外衣にはいくつかの種類があり、ヒマティオン同様多用されたのが**クラミュス**である。戦士や若い男性、旅人が着用したクラミュスは、1m×2mほどの小さな外套《がいとう》で、片方の肩か前中心で留めて着用する。ヒマティオンより小型で丈の短いクラミュスの中には、やはり丈の短いキトンを着た。

一般的に男女ともに室内では裸足でいたが、外出の際には木や革の底に革紐のついたシンプルなサンダルをはいていた。

古代ギリシアの男性が旅行の際に用いた**ペタソス**と呼ばれる帽子は、現代の帽子の原型といわれる。帽子の山(クラウン)が低く、つば(ブリム)が広いフェルト製で、暑いギリシアで日差しを避けるために用いられた。ほかにパピルスの茎などで編んだトリアという円錐形の帽子もあった。

紀元前5世紀頃の赤像式の壺絵。描かれた人物は、短い外衣のクラミュスを着用し、頭にはペタソス[petasos]を被っている。クラミュスはもともと、テッサリアやマケドニアの軍人が着ていた外套に由来する。

写真提供 ユニフォトプレス

ファッションこぼれ話

古代ギリシアの文様

古代ギリシアの衣服や織物、建築装飾に用いられた文様は数多い。代表的なものには、雷文や絡縄文のほか、月桂樹、オリーブ、扇形の葉をモチーフにしたパルメットなどがある。

雷文は方形の渦巻き状の文様で、連続して用いるのが特徴である。絡縄文も縄を撚《よ》った文様で、連続している。これらは織物や家具の縁飾り、建築装飾に多く用いられた。また月桂樹は勝利や成功の、オリーブの花や葉は平和の象徴とされていた。

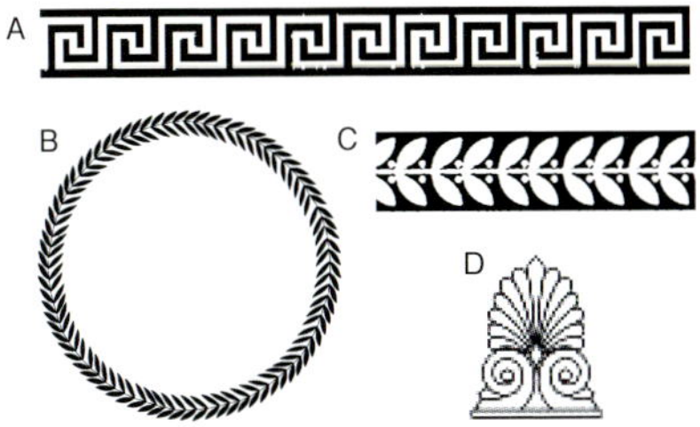

Aは雷文、Bは月桂樹、Cはオリーブ、Dはパルメットと呼ばれる文様。

ナポリ南東にある古代都市ポンペイの遺跡から発掘された邸宅の壁画。ポンペイは紀元前79年のベスビオ火山の噴火で埋没した。壁画からは当時の女性の服装を知ることができる。

写真提供 ユニフォトプレス

イタリア半島に誕生したエトルリア文明の服飾

紀元前８世紀頃のイタリア半島中・北部では、小アジアから移住してきた海洋民族のエトルリア人が、いくつかの都市国家を建設していた。エトルリア人は、オリエントの文明の影響を受けたのち、ギリシアの植民都市との交流によって、その文化に大きな影響を受けた。服飾についても両方の文化の影響が見られる。

男女ともに東方系のチュニック風の衣服を着て、その上にショール風の**懸衣**《けんい》を巻き付けたり、はおったりしていた。また壁画に描かれた楽士の男性は、素肌に懸衣の**テベンナ**だけをまとっている。この懸衣は、長方形､半円形､弓形などさまざまな形があり、色彩も赤や青、緑など華やかなものであった。男性のチュニックは短い丈で、女性のものは踝《くるぶし》丈であった。

タルクィニア、モンテロッツィ墓地の壁画に描かれた『笛を吹く男』。紀元前510年頃。楽士たちが素肌につけている懸衣は、ローマ人の主要な衣服のトガ（P.43）の原型となる、エトルリアの衣服テベンナである。

写真提供 ユニフォトプレス

ローマ帝国の最大領域

都市国家を征服していったローマは、紀元前264年からカルタゴとの３回にわたるポエニ戦争に勝利して領土を拡大。前133年から内乱の時代に入るが、98年に帝位についたトラヤヌス帝のときに領土は最大となった。

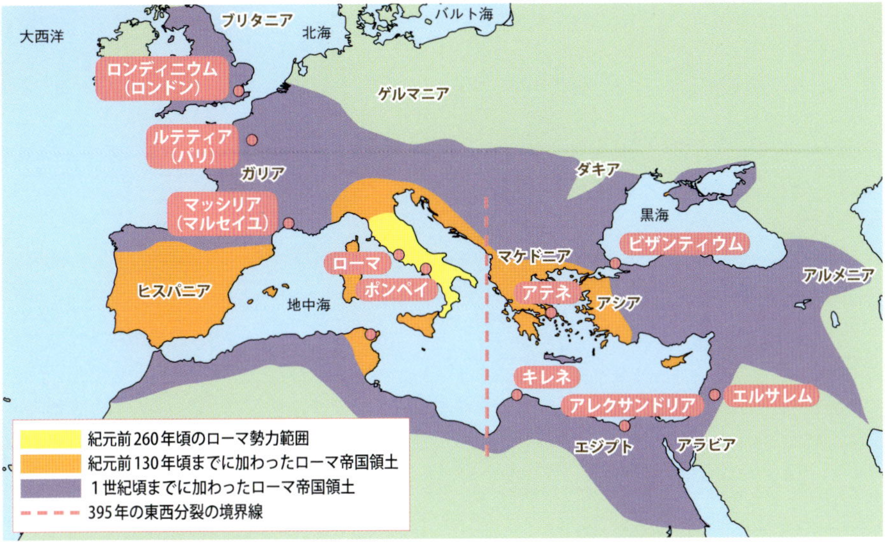

大西洋
ブリタニア
北海
バルト海
ロンディニウム（ロンドン）
ゲルマニア
ルテティア（パリ）
ガリア
ダキア
マッシリア（マルセイユ）
黒海
ビザンティウム
マケドニア
ローマ
ポンペイ
ヒスパニア
地中海
アテネ
アシア
アルメニア
キレネ
アレクサンドリア
エルサレム
エジプト
アラビア
紀元前260年頃のローマ勢力範囲
紀元前130年頃までに加わったローマ帝国領土
１世紀頃までに加わったローマ帝国領土
395年の東西分裂の境界線

エトルリアには高度な工芸技術があり、精巧な細工を施したネックレスやイヤリング、ブレスレットなどを身につけていた。

共和制から帝政ローマへ 世界帝国として繁栄

エトルリア人が都市国家を建設していた頃、イタリア中部の一都市国家であったローマは、前509年に王政を打倒して共和制となり、元老院を中心とした市民参加の政治体制を確立する。その後、周辺の都市国家を次々に征服し、前２世紀半ばには地中海全域をほぼ制覇した。

その後ローマは100年ほどの内乱時代を経て、前60年からカエサルたちが政権を握った三頭政治の時代となる。しかし独裁を進めたカエサルは暗殺され、その養子のオクタビアヌスにより２回目の三頭政治が行われる。そして前27年、オクタビアヌスは元老院からアウグストゥス（尊厳者）の称号を与えられ、帝政ローマ時代が始まった。以降の約200年間は空前の繁栄と平和な時代が続き、トラヤヌス帝（在位98～117年）のときに領土は最大となった。

古代ローマの衣服は、初期には市民服であり、のちに男性服となったトガに代表される。トガはローマの市民の象徴であり、また社会的地位を表すものとして、単なる衣服を超えたものであった。

紀元前６世紀頃から293年まで、ローマの政治・経済の中心地であったフォロ・ロマーノの遺跡。

弓形のトガの着方

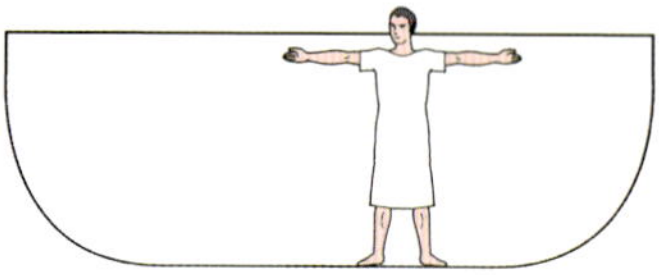

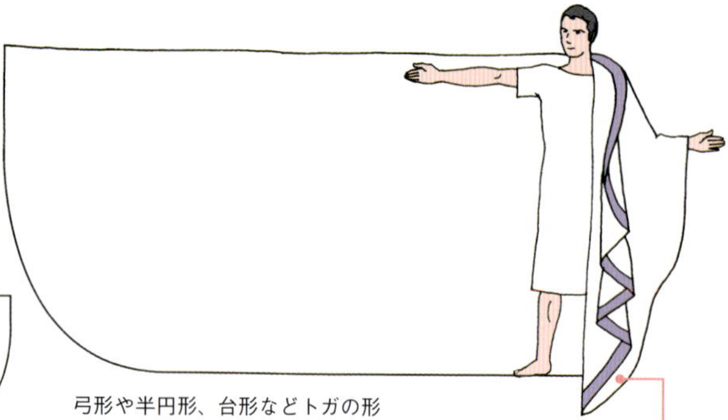

弓形や半円形、台形などトガの形はいくつかあるが、いずれもまずは左肩にトガの端を乗せて、両足の間に垂らしてラキニアをつくる。

ラキニア [lacinia]
左肩から両足の間に垂れた部分の布。

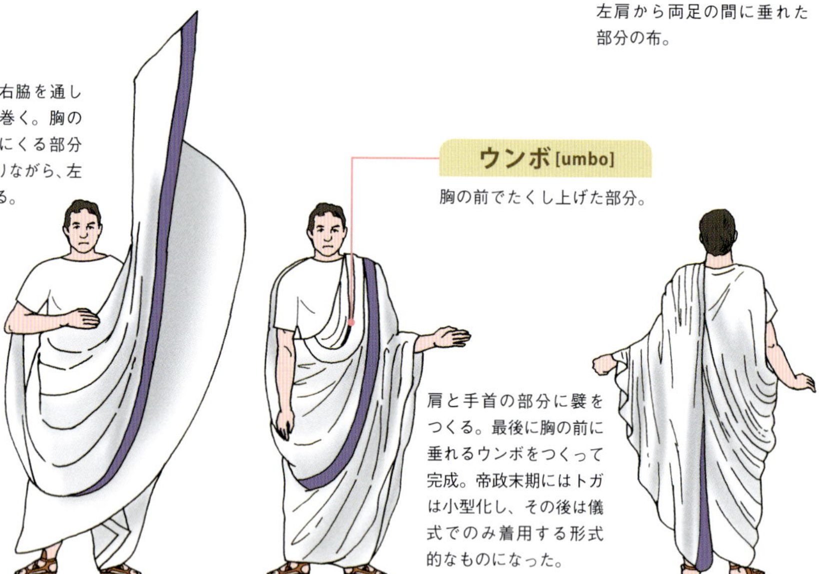

背部から右脇を通して身体に巻く。胸の前あたりにくる部分に襞《ひだ》をとりながら、左肩にかける。

ウンボ [umbo]
胸の前でたくし上げた部分。

肩と手首の部分に襞をつくる。最後に胸の前に垂れるウンボをつくって完成。帝政末期にはトガは小型化し、その後は儀式でのみ着用する形式的なものになった。

市民服として始まった古代ローマの代表服トガ

古代ローマの代表的な衣服であるトガは、シャツ型の**トゥニカ**の上に着るもので、さまざまな巻き方が工夫された。初期には市民服として男女ともに着用したが、共和制中期には男性のみの服となる。形は弓形、半円形、台形などがあり、時代とともに大型化し、最大となった帝政期には、長辺が４～５m、高さが２～３mと推定される。

帝政期にトガは公式の服装として格式が整えられる。一般市民のトガは羊毛の自然色、貴族や執政官のものは白色に赤紫の縁飾り付き、皇帝や凱旋将軍は赤紫の生地に金糸の刺繍が施されたものなど、身分によって厳格に定められた。素材は毛織物のほか、中国から輸入した絹も用いられた。

女性の衣服 ストラとパルラ

ストラ [stola]
ギリシアのキトンと同様の衣服で、ドレープをつくってゆったり着た。毛織物や麻、木綿製のほか、貴族や富裕層は、シルクロードを渡ってきた絹を用いた。ストラの下に肌着としてトゥニカを着た。
髪型
さまざまな髪型を楽しんでいたローマの女性は、キプロス・カールと呼ばれるかつらを多用していた。それは針金の枠に取りつけた巻き毛の集合体で、顔の周りを額縁のように取り囲むものだった。その名の通り、キプロスから伝わった流行であった。
パルラ [palla]
ストラとの色合いやドレープのつけ方など、パルラの巻き方もさまざまに工夫された。2世紀頃から、パルラを頭からヴェールのように被る姿も見られるようになる。
サンダル
女性には柔らかい子牛の革製のスリッパのようなものが愛用された。一般的なはき物として、サンダル式で編み靴のクレピーダがある。

古代ギリシアを継承した女性の衣服ストラとパルラ

トガをつけなくなった女性は、素肌に着ていたトゥニカの上に**ストラ**を着た。トゥニカは男性のものより丈が長く、ストラはイオニア式キトン（P.39）とほぼ同じ形式のものである。その上に外衣として、ヒマティオン(P.40)に似た、ショール状の**パルラ**やパリウムを巻いた。ストラやパルラは毛や麻、絹などを素材としており、美しいドレープをつくって着用した。また色彩も赤、青、黄、紫など多彩で、ストラとパルラの色合いを考えながら重ね着していた。

こうした服装は、ローマ帝国が衰退する頃には見られなくなる。3世紀以降は、トゥニカが変化したダルマティカを男女共に着るようになったのである。

第2部

中世
豪華な装飾の時代

商業が飛躍的に発展した中世ヨーロッパ。文化も次第に成熟、衣服のつくりは複雑になっていき、使われる素材も多岐にわたっていく。また、国ごとに意識が高まり、服飾はそれぞれ独自の発展を見せ始める。人間が服を着始めた頃に比べ、服飾により自己表現や流行が見え始めた中世ヨーロッパという時代に注目してみよう。

フランク王国の男性。タイトな袖のトゥニカと脚衣に大きなマントを羽織った。

13～14世紀ゴシック文化の女性衣装。コットとシュルコ・トゥベールを着た。

15世紀の女性衣装。ハイウエストのローブとエナンという円錐形の頭飾りが特徴。

マンタ城のフレスコ画

400～

- 遊牧民のズボンがヨーロッパの衣服に影響を与える
- ビザンティン、タブリオン装飾のパルダメントゥムが着用されるように

800～

- バイキングのオルセベニア号が交易品にダウン製品を取り扱う

1200～1500

- 男性がコタルディなどの短い上衣を着用し始める
- シュルコとコットの重ね着がされるように

第1章 新しい文化の衣服

ローマ帝国の文化を引き継いだビザンティン帝国では、織物技術の発達により、服飾は荘厳でまた華やかな意匠となる。続くロマネスクの時代は、男女共に新しい衣服が登場した。

ユスティニアヌス１世（在位527～565年）の皇后テオドラ（左から３番目）と従者たち。イタリア、ラヴェンナのサン・ヴィターレ大聖堂。テオドラは紫のパルダメントゥムをはおり、中にストラを着ている。侍女たちの衣服には美しい文様が見られる。

写真提供 ユニフォトプレス

ビザンティン文化（5～10世紀）

ローマ帝国を継承したビザンティン帝国興亡の歴史

３世紀の終わりになると、かつて広大な領土を誇ったローマ帝国は次第に勢力を失っていった。395年、死に瀕したテオドシウス大帝によって、ローマは東西に分割される。その結果、ゲルマン人の侵入を許した西ローマ帝国は衰退していくが、東ローマ帝国は繁栄への道をたどる。

東ローマは、首都のあったコンスタンティノープル（現在のイスタンブール）の旧名であるビザンチュームにちなんで、ビザンティン帝国と呼ばれた。６世紀に帝国は全盛期を迎え、コンスタンティノープルはアジアとヨーロッパを結ぶ世界貿易の中継点として繁栄を謳歌。しかし11世紀から始まった十字軍遠征（P.52）により、以降、国土はたびたびの戦火に襲われ、首都も占領と奪還が繰り返される。1453年、コンスタンティノープルはオスマントルコ軍に占領され、ビザンティン帝国は滅びた。

写真提供 ユニフォトプレス

ビザンティン時代の織物（10世紀）。ビザンティン様式では、十字架、鳩、羊、幾何学文、円輪文、連珠《れんじゅ》文、網紐《あみひも》文などがよく使われた。

ビザンティン帝国勢力図

ビザンティン帝国は6世紀、ユスティニアヌス1世の時代に全盛を迎え、領土は最大となるが、その死後、財政の悪化などで領土は縮小。11世紀にノルマン人やセルジューク朝トルコの侵略をうけ、さらに13世紀末に勃興したオスマン帝国により1453年、ビザンティン帝国は千年の歴史に幕を下ろした。

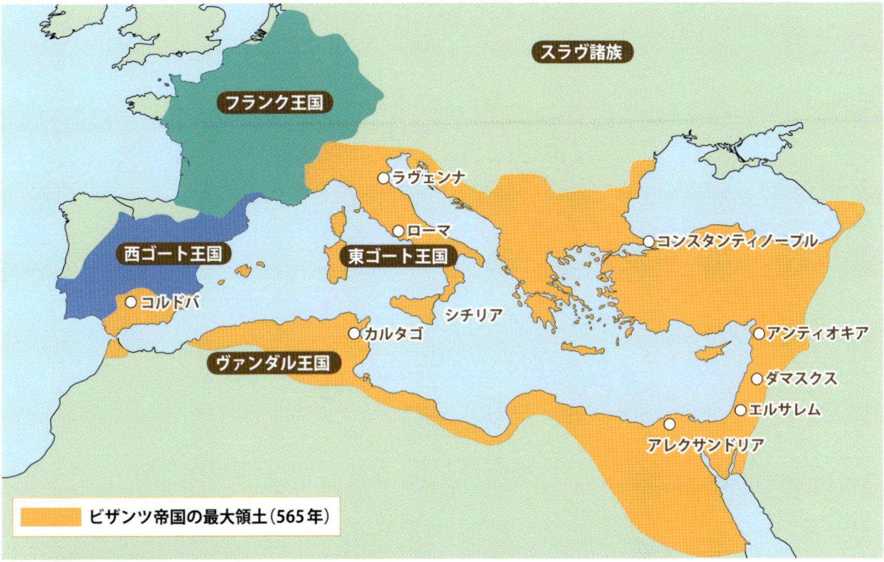
スラヴ諸族
フランク王国
ラヴェンナ
ローマ
コンスタンティノープル
西ゴート王国
東ゴート王国
コルドバ
シチリア
カルタゴ
アンティオキア
ヴァンダル王国
ダマスクス
エルサレム
アレクサンドリア
ビザンツ帝国の最大領土（565年）

模様織技術の発展と絹の生産で絢爛豪華な服飾文化が誕生

ビザンティン帝国は、アジア～オリエント～ヨーロッパを結ぶ貿易の要衝《ようしょう》に位置したため、西洋と東洋の文化が融合した、絢爛《けんらん》豪華な服飾文化を誕生させた。その原動力になったのが、模様織と染色の発達、そして絹の生産である。

西洋の模様織は、3世紀にシリア人が織機と杼《ひ》(P.20)を使った模様織を生産したことから発達。4～7世紀にかけては、キリスト教化されたエジプト人であるコプト人たちが緻密《ちみつ》な文様の**コプト織**※を生み出した。また552年にペルシアの僧が中国から蚕《かいこ》の繭《まゆ》を持ち帰り、それを元に西洋初の蚕の飼育に成功した。それまでシルクロードを通って中国から輸入していた高価な絹織物を、西洋でも生産できるようになった。さらに絹糸に色糸や金糸銀糸を織り込む**交織**技術も発達し、豪華で荘厳なビザンティン様式の服飾文化が花開く。コンスタンティノープルでは、宮廷直属の工房で多くの絹織物が生産されるようになった。

ローマ帝国時代から着られていたダルマティカ

ダルマティカはローマ帝国末期にダルマシア地方から導入された上質の毛織物で仕立てたT字型の衣服。貴族、市民に広まった。ビザンティン帝国でも用いられていた。

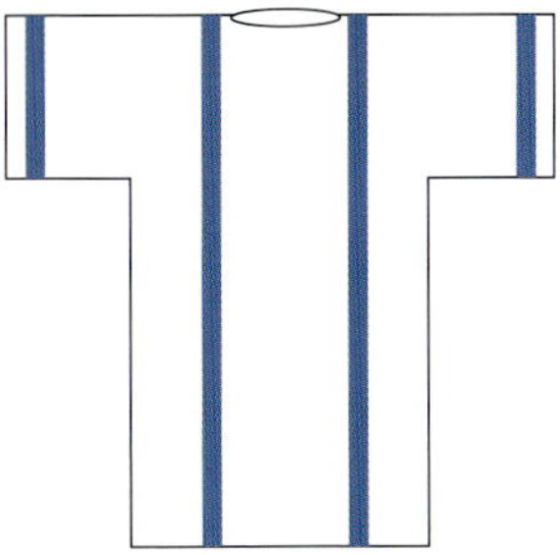

【コプト織】麻布の地に、毛・絹・麻を緯《よこ》糸として用いて美しい模様を織り出した綴織《つづれおり》。模様は水鳥や植物、聖書に登場する人物や場面、あるいは幾何学形など。

ビザンティン帝国皇帝の代表的な衣服

5～6世紀頃の皇帝の服装

パルダメントゥム [paludamentum]

長方形または台形の大きなマント。右肩でブローチで留めてまとう。ローマ時代は上級軍人が着用していたが、やがて皇帝や将軍の儀礼服となり、ビザンティンに引き継がれた。

タブリオン [tablion]

パルメダントゥムの前後につけられた四角形の装飾。皇帝のタブリオンは金地に刺繍を施した豪華なものだった。

トゥニカ [tunica]

初期の男性のトゥニカは膝丈で、袖口や裾に縁取りがあったり、円形や四角形の飾りがついたものもあった。庶民はトゥニカにダルマティカを重ねて着ていた。

ショース [chausses]

ペルシアを起源とするタイトなパンツ形式の脚衣。

ディアデム [diadem]

宝石を散りばめ、真珠の紐を垂らした王冠。皇妃も同じく豪華な王冠をつけた。

9～11世紀頃の皇帝の服装

ロールム [lorum]

ローマ帝国末期に形式化した巻衣形式のトガを継承する垂れ帯。精緻で豪華な織文様や宝石などの装飾が施された長さ5m、幅25cmほどの帯で、肩から腰へ巻き付けた。

ダルマティカ [dalmatica]

トゥニカの一種。ローマ時代のキリスト教徒たちが用いたのは、袖口の広いもので、肩から裾にかけて縦に2本のクラヴィ（筋飾り）が入っていた。ビザンティンでは綴織《つづれおり》や刺繍を施した華やかなものとなった。

ローマ帝国の様式を継承した豪華なビザンティンの衣服

ビザンティンの衣服は、ローマ帝国末期の様式を継承していた。男女共に、長袖のトゥニカを下に着て、男性はその上にダルマティカを着た。外衣には、初期にはローマ時代からあるパリウムを巻いていたが、やがて大きなマントである**パルダメントゥム**に変わっていく。皇帝のパルメダントゥムは皇帝の色である紫のシルクでつくられ、**タブリオン**という金地に刺繍を施した四角形の装飾がついていた。女性もダルマティカにローマ風のパルラ(P.45)を巻いたり、トゥニカの上にストラを着たりした。

9世紀以降、皇帝のダルマティカの丈が足首まで長くなると、金糸や宝石で飾った**ロールム**という垂れ帯を巻くようになる。

ゲルマン民族とフランク王国

ゲルマン人の衣服に見る ジャケット&ズボンの原型

中世ヨーロッパ世界はゲルマン人の移動と侵略で始まった。ローマ化される以前のゲルマン人の衣服は、2本の足を別々に包む男性用の脚衣である**ブレ**が特徴である。上衣のチュニックにブレをはき、現在のジャケットとズボンというスタイルの原型となっている。

ヨーロッパに移動したゲルマン人の国家の中でも、フランク王国は独自の発展を遂げた。8世紀、フランク王国カロリング朝の宮廷では、ビザンティン風の衣服が着られていた。しかし国王カール大帝が好んだのはチュニックにブレをはき、**マント**をはおるというものだった。カロリング朝の女性は、ダルマティカから変化した長丈のチュニックを着用した。そしてローマのパルラに由来する、長方形の大きな布である**マフォール**を頭から被って外套とした。

フランク王国の男性服

チュニック
タイトな袖の膝丈チュニックには絹の縁取りが施されており、ウエストを帯で締めていた。

マント [manteau]
半円形のマントは片方の肩で留めていた。

ブレ [braie]
2本の脚を別々に包むズボン形式の脚衣。革バンドを巻いている。

ファッションこぼれ話 ビザンティンで開花した七宝焼き

七宝焼きは、金属の表面にガラス質の釉薬《ゆうやく》をのせて焼き付けたもので、いわゆるエナメルである。その起源は古く、古代エジプトやバビロニアなど、紀元前2000年頃にまでさかのぼる。有名なツタンカーメン王の黄金のマスクをはじめ、ルクソールなどの遺跡から多くの七宝焼きを施した宝飾品が発見されている。

ヨーロッパ世界に伝わった七宝焼きの技術は、5～6世紀のビザンティン帝国で大きく花開いた。ビザンティン七宝とも呼ばれたその技術は、王冠や装飾品のほかに聖遺物容器の装飾にも多く用いられ、ビザンティン美術の傑作とたたえられている。その後、七宝焼きはシルクロードを経て日本に伝来した。

七宝焼きが施された聖杯。10世紀作。

ロマネスク様式（11～12世紀）

台頭するイスラム勢力と戦う十字軍の遠征と都市の発展

11世紀初め、西アジアに進出したセルジューク朝トルコにより、ビザンティン帝国は小アジアからシリアまでの地域を奪われてしまう。そこで皇帝アレクシオス1世はローマ教皇に救援を要請する。そうして1096年、多数の諸侯や騎士からなる**十字軍**が組織され、2世紀にわたるイスラム勢力との戦いが始まった。

十字軍の7回にわたる遠征は最終的には失敗に終わったが、結果としてヨーロッパとアジアを結ぶ東方貿易が発展、多くの都市国家が発達した。なかでもヴェネツィアやジェノバは、香辛料の輸入によって莫大な利益を得て経済力を高めていった。ミラノやフィレンツェでは手工業が発展。アントワープをはじめとしたフランドル地方の諸都市では毛織物工業が成長し、ニュールンベルク、ケルン、パリ、ルーアンなどは国際的な商業都市となっていった。

十字軍遠征年表

	遠征年	原因または目的	結果
第1回	1096～1099年	聖地エルサレム占領	エルサレムを奪還し、エルサレム王国と3つの諸侯国を建設
第2回	1147～1149年	聖地エルサレム圧迫	シリアで敗退。失敗に終わる
第3回	1189～1192年	アイユーブ朝エジプトのサラディンがエルサレム占領	十字軍の内紛により失敗するが、サラディンと巡礼許可の協定を結ぶ
第4回	1202～1204年	ヴェネチア商人の商業的利害	ビザンティン帝国のコンスタンティノープルを占領し、ラテン帝国を建国
第5回	1228～1229年	アイユーブ朝エジプトからのエルサレム回復が目的	外交交渉により一時エルサレム回復
第6回	1248～1254年	エジプトがエルサレムを陥落	エジプト軍に敗北。フランス王ルイ9世が捕虜になる
第7回	1270年	聖地エルサレム奪回が目的	チュニジア遠征中にルイ9世が病没し、挫折

十字軍の遠征路

十字軍の遠征は第1回～第3回の前期と、第4回以降の後期に大別される。前期はキリスト教徒としての信仰心が強かったが、後期は複雑に絡み合う各国の利害関係と、経済的目的が主要な動機であった。

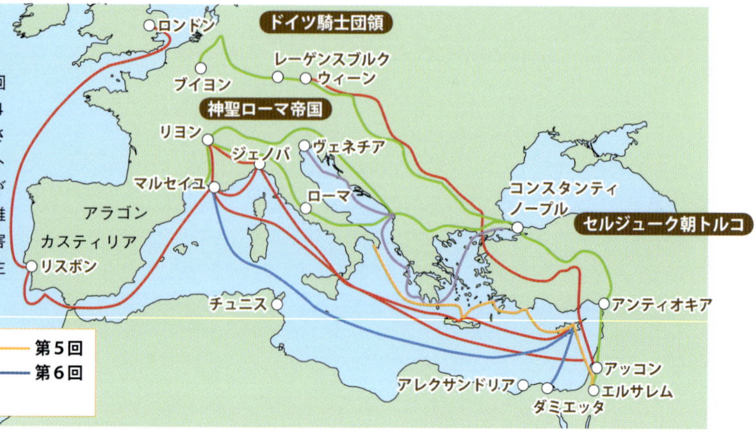

ロマネスク様式という新しいモードの誕生

11～12世紀の西ヨーロッパは、聖地エルサレムを奪還するために、たびたび大軍を送り出すほど、キリスト教の宗教的権威が強大になっていた。このため数多くの教会や修道院が建設され、キリスト教的な生活や文化が人々の暮らしに深く根づいていく。同時に十字軍の遠征により、東方の文化や技術がもたらされ、これらが融合した新しいモードや芸術、建築様式が生まれた。これらを**ロマネスク**と呼ぶ。

ロマネスクとは「ローマ風の」という意味で、ゲルマン民族が古代ローマ風を取り入れ、東方の影響も加わって生まれた建築様式を指し、絵画や彫刻にも影響を与えた。たとえば絵画は文字の読めない人々にキリスト教の教えを伝える役目を担ったため、素朴な信仰心を表現したものが多い。織物や刺繍、金属工芸なども教会が学校の役割を果たし、技術は格段に進歩していった。

バイユーのタピスリーに描かれた11世紀頃の男性は、丈の短いブリオー(P.54)にマントをはおり、ズボン形式のブレ(P.51)をはいていた。バイユーのタピスリーは、ノルマンディー公ウィリアムによるイングランド征服(1066～1077年)を描いた刺繍画。

写真提供
ユニフォトプレス

ファッションこぼれ話

ロマネスク建築の特徴

11世紀以降、フランス南部とイタリア北部を中心に発展したのがロマネスク建築である。ローマ時代の建築に多用された、半円アーチの窓やドアなどの開口部に特徴がある。ひとつのアーチを何層にも重ねた重層アーチは、ロマネスク建築の典型的なスタイルといわれる。

次代のゴシック建築(P.58)に比べると小振りな建築物が多いのは、石積みの厚い壁と柱で自重を支える構造のため。それゆえ窓が小さく、広い壁面には多くの壁画が描かれた。代表的な建物には、斜塔で知られるイタリアのピサ大聖堂やイギリスのダラム大聖堂などがある。

ピサ大聖堂。11世紀に建築が始まり、12世紀に完成。内装はビザンティンのモザイク画や古代ローマの列柱など各時代の様式が融合され、ロマネスク様式の傑作といわれる。大聖堂隣の鐘楼はピサの斜塔として有名。

ロマネスクの男性ファッション

ブリオー[bliaud]

丈長の表着で、ゆったりしたスカート部をもつ。袖口は初期はタイトだったが、のちに広めのものになる。スリットが入った襟あきや袖口、裾には装飾的な縁飾りがつけられることが多い。この上にマントをはおる。

シェーンズ[chainse]

長袖の丈の長いチュニックで、素材は白い麻や薄手のウール。下着として着用し、表着のブリオーを重ねて着た。

ブレ

ゆったり仕立てたズボン形式の脚衣。脛《すね》や足首丈のもので、ウエストを帯で留めていた。

ショース

ブレの上にはいた靴下状のもので、麻やシルク製。色無地や縞《しま》柄、模様織のものなど装飾性が高かった。長さはつま先から膝上ほどで、脚全体にフィットする形。ブレを覆うようにはき、ブレのベルトに紐で結びつけて留めていた。

トゥニカとマント

庶民は膝丈の短いチュニックと、フードつきのマントをはおる。

脚絆

庶民も脚衣はブレーとショースを用いたが、ショースの上から革の脚絆を巻いていた。

男性は新しい衣服ブリオーにブレとショースが定着

上流階級の男性は、まず下着として**シェーンズ**を着た。素材は白麻や薄手のウールで、丈は踝《くるぶし》ほど、袖口はゆったりと広がった形だった。その上に表着として、シルクやウール製のワンピース形の**ブリオー**を着て、マントをはおる。脚衣はゲルマン人を起源とするズボン形式のブレを着用。その上に靴下状の**ショース**をはいた。丈長のブリオーが広まると、ブレは短縮化して見えなくなり、下着化していく。

一般庶民の男性は、膝丈のトゥニカを着てベルトでウエストをブラウジングさせ、フード付きの短いマントをはおる。脚には上流階級同様にブレーとショースをはき、その上から皮の脚半《きゃはん》を巻いていた。

ロマネスクの女性ファッション

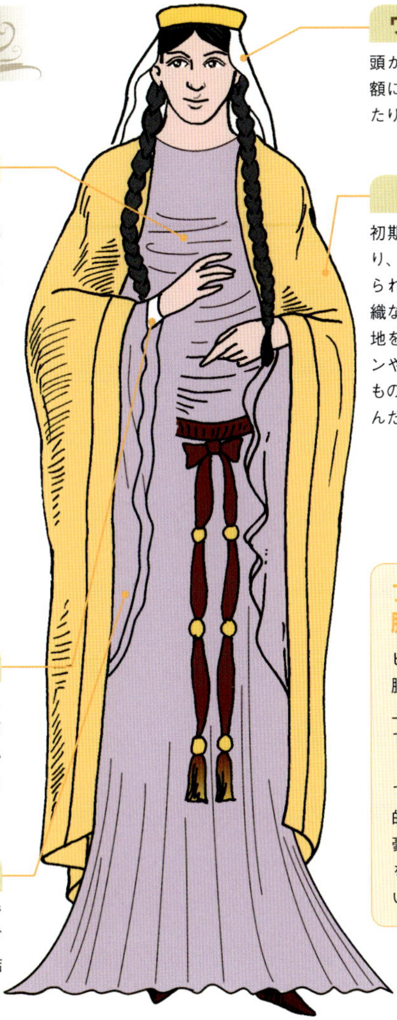

ウィンプル[winple 英]

頭から首を覆う小型のヴェール。額に花冠やバンド状の飾りをつけたりもした。

ブリオー

上半身は身体に緊密に着装され、スカート部は繊細なプリーツが施された。袖は装飾品の一種と考えられ、身頃と一体ではなく、1枚の身頃に数枚の袖があったようだ。

マント

初期は膝丈だったが次第に長くなり、踝《くるぶし》丈や引き裾まで長いものも見られた。シルクの緞子《どんす》やダマスク織など豪華な布地を用い、表地と裏地を対照的な色合いにしたり、白テンや黒テンの毛皮で裏打ちされたものもあった。飾り紐でゆったり結んだ着方が多かった。

シェーンズ

白麻やシルク、ウールで仕立てられた下着。丈長で身頃はタイトだがスカート部はゆったりとしている。タイトな長袖の袖口や襟もとに刺繍を施すこともある。

袖

ラッパ型、じょうご型、袖口近くで垂直に垂れ下がる広袖などさまざまな形がある。長い袖の下部で結び目をつくったものもある。

ブリオーの上に胴着を着ることも

ヒップ丈で袖なしの刺し子風胴着[corsage]をブリオーの上に着ることもあった。背中で紐を締めて上半身にフィットさせた。身頃には色糸などでステッチを施すなど、装飾的な衣服であった。この上に豪華な飾りのついた紐や細帯を、腰の後ろで交差させて巻いたりした。

女性はタイトな上半身と細かなプリーツのスカートに

上流階級の女性の衣服も男性同様に、下着にシェーンズ、表着としてブリオーを着用していた。薄手のシルクで仕立てられた女性用のブリオーは、上半身はタイトな形で、紐で締め上げて細腰を強調するスタイル。一方、スカート部は薄布に繊細なプリーツを施した優美なシルエットが特徴的だ。袖のデザインは多彩で、袖口付近で垂れ下がる広袖や、じょうごのような形に開いたものも見られる。

ブリオーの上には、コルサージュと呼ばれるヒップ丈の袖なしの胴衣を着て、その上に豪華な飾りのベルトを巻くこともあった。さらにその上に、長方形や半円形のマントをはおることもある。

第2章 華やかな衣服の流行

織物産業が発展した13世紀以降、各国宮廷に集う人々の間では、豪華で贅を尽くしたモードが流行。男性も女性も華やかなゴシック時代のファッションを楽しんだ。

イタリアのピエモンテ州にあるマンタ城のフレスコ画。中世の騎士物語を描いたもので、人々は当時の最先端ファッションを身につけている。

写真提供 ユニフォトプレス

繊維業と市場の発達(13～15世紀)

ヨーロッパの経済発展と王国の中央集権化の始まり

十字軍がもたらした遠隔地交易が活発になると、ヨーロッパ内にも交易圏が発生し、商業は飛躍的に発展。貨幣経済が浸透した各国では封建社会が衰退し、王国の中央集権化が進んでいった。1251年にはイベリア半島でポルトガル王国が独立。1492年にはスペイン王国がイスラム政権を滅ぼし、イベリア半島を統一する。

イギリスは、1215年にイギリス憲政の根幹となる大憲章マグナカルタを制定。1259年には王によって議会が招集される。

一方、諸侯の力が強かったフランスは、13世紀初頭にフィリップ２世が国内のイギリス領を奪回して王権を拡大する。14世紀には、フィリップ4世が毛織物産地であり豊かなフランドル(現：オランダ南部、ベルギー西部、フランス北部にかかる地域)へ進出を図り、フランドルの都市市民と彼らを支援するイギリスと争った。

西ヨーロッパの交易圏と商業の発達

交易圏	主な交易品	中心地
地中海交易圏 (東方のイスラム商人との交易)	輸入：香辛料 絹織物 綿織物 輸出：毛織物	ヴェネチア、ジェノバ、ピサの都市
バルト海・北海交易圏 (ポーランドやロシアとの交易)	輸入：木材 海産物 毛皮 穀物 輸出：毛織物 羊毛	フランドル地方の諸都市、ハンザ同盟諸都市
内陸貿易 (ヨーロッパ都市間の交易)	地中海交易、バルト海・北海交易の中継交易	フランスのシャンパーニュ、ドイツのアウグスブルクなど

15世紀のヨーロッパ世界

スコットランド王国
デンマーク王国
カルマル
イングランド王国
ロンドン
ケルン
リトアニア大侯国
ポーランド王国
神聖ローマ帝国
パリ
ウィーン
ブダペスト
フランス王国
ハンガリー王国
ワラキア
ヴェネチア共和国
カスティリャ王国
教皇領
アラゴン王国
ナポリ王国
コンスタンティノープル
マドリード
ジェノヴァ共和国
オスマン帝国
ポルトガル王国

英仏の百年戦争（1339～1453年）の結果、フランスは領土的統一を果たし、王権が強化される。一方のイギリスは諸侯の対立から起こったバラ戦争（1455～1485年）の結果、テューダー朝が成立し、中央集権化が進む。広大な領土をもつ神聖ローマ帝国は、15世紀にはハプスブルク家が帝位を独占するが、実態は諸侯の連合体であった。

毛織物産業の発展と服飾技術の進歩

13世紀はヨーロッパの産業や芸術が飛躍的に発展した時期であった。十字軍の戦火によって、それまでファッションの主流であったシルクの輸入が減少。代わって毛織物が貿易の花形商品となる。なかでもフランドル地方やシャンパーニュ地方では毛織物産業が大きく発展し、ヨーロッパにおける供給の中心地として栄えた。

一方、商人や職人は**ギルド**（同業者組合）を組織するようになった。こうした職人組織の発展により、14世紀以降、裁断や縫製の技術は大きな進歩を遂げる。各地で定期的に開かれる市では、東方の奢侈《しゃし》品や生活品が取引され、都市の生活は豊かになった。とりわけ毛皮が装飾用として貴族や富裕層のファッションに取り入れられ、広く流行した。

写真提供 ユニフォトプレス

「聖マルティヌスの慈愛」は、裸の貧者に自分のマントを切り裂いて与えたという話を描いている。マルティヌスのマントは、シベリア産のリスの毛皮で裏打ちされた非常に高価なものだ。当時、さまざまな動物の毛皮が衣服の裏に多用されていた。

ミラノ大聖堂は、1386年の着工から戦火による幾度かの中断を経て、約500年の歳月をかけて完成した世界最大のゴシック建築。135本の尖塔、2245体の聖人像など、精巧な内外装の装飾も美しく、高い芸術的価値を誇る。

ノートルダム大聖堂のステンドグラス。入口、北、南の３ヵ所に配置された円型のばら窓は特に美しく、それぞれのステンドグラスにはキリストの一生が描かれている。

フランス・パリのノートルダム大聖堂南正面。西正面の２つの塔、壮麗なステンドグラスなど、ゴシック建築の特徴を備えた、最高傑作のひとつ。

ゴシック文化と服飾

12世紀以降の教会建築に見るゴシック様式の荘厳な美

中世の教会建築は当時の美術を代表するものであり、重厚で荘厳な**ゴシック様式**は「美の極限」とも評される。

12世紀半ばから現れたこのゴシック様式は、13世紀になるとヨーロッパ各地に広がっていった。まず教会や寺院などの建築に取り入れられ、キリスト教世界と結びつき、さらに芸術や服飾においても発展していく。

ゴシック様式の建築物の特徴は、この時代の塔や尖塔《せんとう》アーチに見られる、鋭角的なデザインにある。また壁を薄くする技術の進歩によって、ロマネスク様式と異なり広くとられた窓は、美しいステンドグラスで飾られた。それは内部に描かれた壁画や外壁や柱の彫刻と共に、あつい信仰心の象徴となっている。

旧約聖書の彩色写本より。13世紀の制作。長いコットをベルトでブラウジングさせて着ている。女性のコットは丈長だったが、男性のコットは長いもので踝丈、短いものでは膝丈だった。上段の短いコットを着た男性は、脚にフィットするように裁断したショースを履いているのがわかる。下段の青いコットを着た女性はヴェールをかぶり、首をバルベッドで覆っている。これは既婚女性のスタイルであり、後には修道院の尼僧の服装となった。

写真提供
ユニフォトプレス

コットとシュルコが登場したゴシック初期の男女の衣服

ゴシック様式がヨーロッパに広がった13世紀、男女の衣服として新たに**コット**と**シュルコ**が登場した。コットは毛織物のチュニックで、腕にぴったりした長袖に特徴がある。シュルコは「コットの上に着るもの」という意味で、袖なしの脇が大きく開いたもので、緞子《どんす》や錦織の生地でつくられていた。また下着・肌着として、男女共に**シュミーズ**を着た。

女性のシュミーズはシルクや薄い麻などで仕立てたもの。ゆったりとしたシルエットで、細い袖付きであった。その上に、T字形のワンピース形式のコットを着用した。コットは身体のラインにフィットした上半身に比べ、スカート部分はマチが入ってゆったりとしている。ウエスト部分をベルトで締めて、スカートにふくらみをもたせた。

男性は麻で仕立てたシュミーズを着て、その上に、踝《くるぶし》丈のウールでできたコットを着た（上図：旧約聖書の彩色写本を参照）。脚衣としては短いブレをはき、脚の形にフィットするように裁断して仕立てたウールのショースをはいた。のちには、革底付きのショースも登場する。これらの上に、半円形あるいは４分の３円形のマントをはおった。

14世紀に登場した新しい女性ファッション

ヘッドドレス

ロマネスク時代は髪を長く垂らしていたが、ゴシック期は編んだ髪を両のこめかみのあたりでまとめ、ヘアネットで形を整えた。ヘアネットにはつけ毛や詰め物を加え、宝石などを散りばめた。

コット [cotte]

女性のコットはT字型に裁断したサーキュラースカート状のワンピース形式の衣服。背中の紐を締めて上半身にフィットさせて着用する。腕にもぴったりさせるため、肘から袖口にかけての袖下を着るたびに糸で縫っていたようだ。ローウエストにベルトをした。

ファッション豆知識

サーキュラースカート

[circular skirt]

サーキュラーは「円形の」という意味。フレアスカートよりもたっぷり布を使い、広げると円形になるデザインのスカート。美しいドレープがエレガントな印象を与える。

シュルコ・トゥベール [surcot-ouvert]

袖ぐりが腰まで開いた袖なしのシュルコで、「開いたシュルコ」という意味。前後の身頃は胸当てのような形で、高価な毛皮で覆われたり、身頃中央に宝石の飾りボタンがつけられたりと、豪華な衣服であった。

コットの下に着た下着のシュミーズ

シュミーズ[chemise]は前時代のシェーンズの流れをくんだ下着で、肌着としてコットの下に着た。薄地の麻や絹製で、細い長袖がついていた。丈の長いものにはスリットがあったようだ。

豪華で洗練されたデザインの14世紀の女性の服飾

14世紀に入ると、服飾はより洗練されたデザインと構成に変化する。シュミーズとコットの上には、シュルコの一種である**シュルコ・トゥベール**を着るようになった。

シュルコ・トゥベールは、袖ぐりが腰のあたりまで大きく開いた袖なしのシュルコである。宝石や毛皮の胸飾りをつけたりした、豪華なデザインであった。さらにコットに対して「奇抜なデザインのコット」という意味の**コタルディ**が流行する。コタルディは、上半身の身体の線が露わになるようにタイトな身頃となっている。大きく広がるスカートはサーキュラースカート状で、襟《えり》あきは大きく、ぴったりした袖には肘のあたりに垂れ布をつけたりもした。

14世紀に大きく変化した男性ファッション

コタルディ

男性のコタルディは膝上からヒップ丈の短いジャケットで、身体の線を強調したデザインであった。前ボタンで着脱し、袖口から肘までボタンで留めるようになっている。腕にティペット[tippet]という飾り布をつけたものも多い。

ショース

短くなったズボン状のブレの上にはいた、麻やウール、絹製の靴下。長衣を着ていた前時代は膝上程度の長さだったが、上衣が短くなるにつれてショースは長くなり、腰に近いあたりでブレと留めあわせた。

ブレとショースのはき方

短くなったブレは単なる腰まわりの肌着となる。その上に履いたショースは腰を包むほど長くなり、紐でブレのベルト部分に留めていた。

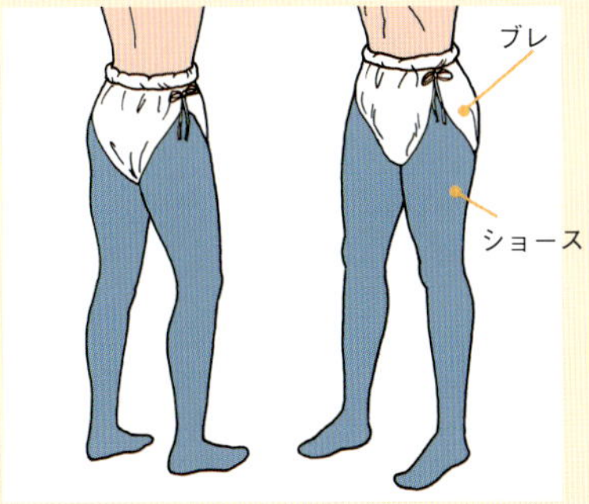

短い丈の上衣と脚衣の2部式に変化した男性の服飾

男性の衣服は14世紀半ばに大きな変革を迎えた。丈の長かった衣服は短いジャケットとショースの組み合わせになり、活動性が大きく向上した。この上衣と脚衣からなる２部式の衣服が、現代の衣服の原型となった。

男性の下着もシュミーズで、ズボン形式のブレをはく。そしてシュミーズの上にはコタルディを着用した。男性のコタルディはコットまたはシュルコのうち、特に奇抜なデザインのものを指したが、やがて短い上衣を指すようになった。丈はヒップ丈ほどに短く、ウエストよりも少し低い位置で絞った形だ。袖は腕にフィットしたデザインで、肘から袖口までボタンあきとなっている。

豪華な外衣 ウプランドの流行

14世紀のイタリアから始まった**ルネサンス**は、芸術・文学・科学などヨーロッパの文化的な革命であった。しかし服飾にその影響が及ぶのは15世紀末からで、14～15世紀は後期ゴシック様式の時代であった。

この時代を代表するモードのひとつが、1360年頃に登場した新しい形の外衣《がいい》である**ウプランド**だ。金糸などが織り込まれた絹織物や毛織物、ビロードなどで仕立てられた豪華な寛衣《かんい》である。1390年頃には新しいモードとして流行するようになり、国王から羊飼いまで、幅広い階層で人気を集めた。

女性のウプランドは男性用に比べると丈が長く、立襟《たちえり》でベルトをハイウエストに締めた。男女ともに袖は広くて大きく、袖口には**ダッギング**という鋸刃《のこぎりは》状に切り込みが入った縁飾りをつけた。襟や袖口、ダッギングの裏にも毛皮をたっぷり使い、袖口を折り返して着たりしていた。

14～15世紀に流行したウプランドファッション

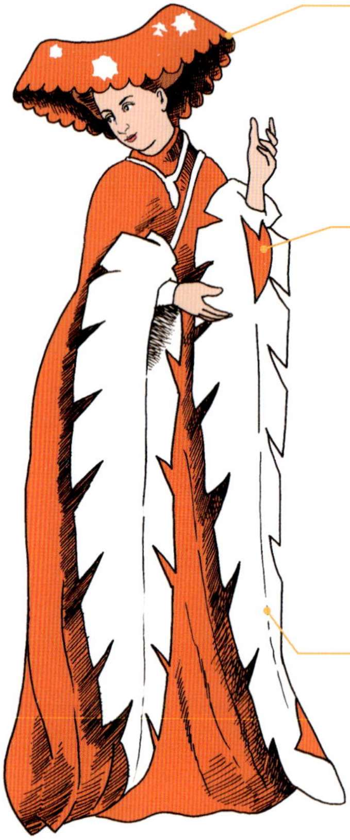

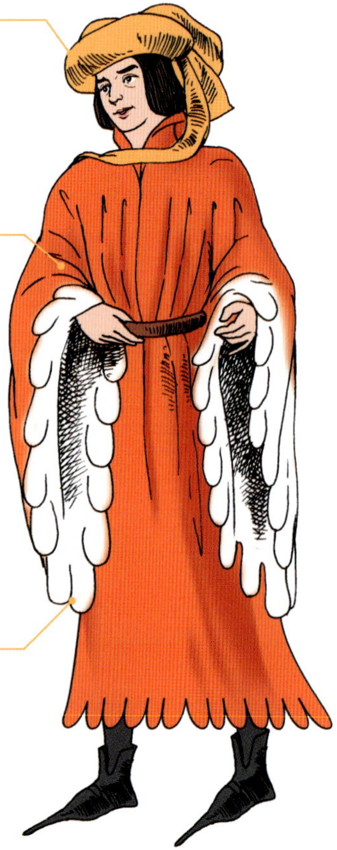

被り物

髪を束ねてネットでまとめた女性は、さまざまなデザインの頭飾りをつけた。男性も頭部をさまざまなデザインの被り物で覆っていた。

ウプランド[houppeland]

初めは男性の室内着であったが、のちに外衣となり女性も着用するようになった。高い襟と長く広い袖が特徴。男性はふくらはぎ丈や長丈のものを着て、ウエストをベルトで締めた。女性は裾を引くほど長い丈で、胸下をベルトで締めていた。男性はジャケットの上に、女性はコットの上に着用し、模様織や毛皮の豪華さを競った。

ダッギング[dagging]

床に引きずるほど広がった袖口や裾に施した、鋸刃状の切り込み装飾。ゴシック時代の特徴的な装飾法である。切り込みの形は波形、城壁形、稲妻形、帆立形などいろいろあった。

ミ・パルティと紋章ファッション

ミ・パルティは「半分に分けた」という意味の言葉で、14世紀に流行した左右色違いに仕立てた衣服をいう。そもそもは芸人や道化師など、当時の社会では蔑まれていた職業の人が着る衣服であり、また使用人の職業服としてのお仕着せにも用いられた。これらが次第に、貴族の間での趣味的な装いとして広がり流行となる。

貴族の間で着られたミ・パルティには、**紋章**をデザインしたものが多く見られた。女性の場合は、左に父の紋章、右に夫の紋章をつけたものが多かった。こうした貴族の紋章は、騎士の盾に描かれたのが始まりで、戦場での装飾や識別用に用いられた。それらの武具が親子の間で受け継がれるようになり、象徴的な図柄が世襲となっていったのである。16世紀以降、貴族の紋章制度はなくなるが王家には残された。

貴族たちに流行した紋章を用いた服飾

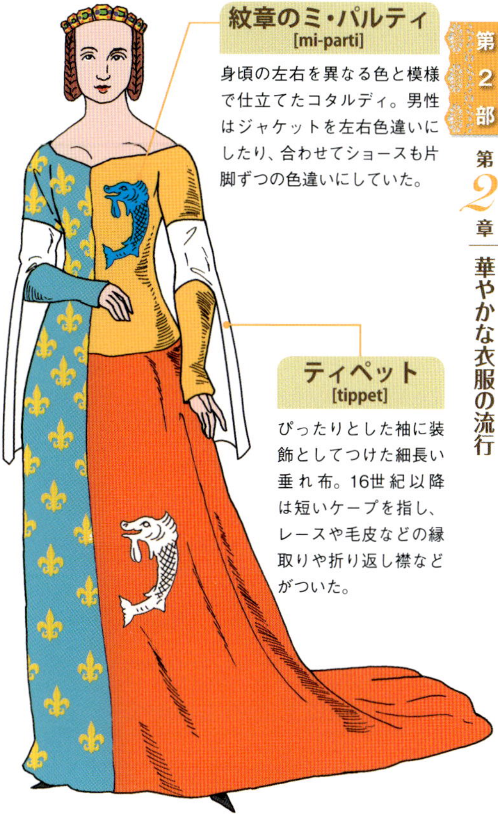

紋章のミ・パルティ [mi-parti]

身頃の左右を異なる色と模様で仕立てたコタルディ。男性はジャケットを左右色違いにしたり、合わせてショースも片脚ずつの色違いにしていた。

ティペット [tippet]

ぴったりとした袖に装飾としてつけた細長い垂れ布。16世紀以降は短いケープを指し、レースや毛皮などの縁取りや折り返し襟などがついた。

ファッションこぼれ話

機能性と装飾性を兼ね備えた中世のボタン

14～15世紀にヨーロッパで流行した男性のコタルディ（P.61）は、身頃と袖口に小さなボタンをたくさんつけて身体にフィットさせていた。ただし、当時の衣服にボタンホールはなく、ループにボタンを通して留めるというものだった。装飾性も高く、繊細な細工が施されたものや、宝石や七宝など素材も高価なものが使われた。

16～17世紀のジャーマン・トグルボタン。銀製。ドイツやオランダを起源として、ヨーロッパ貴族に愛好された。衣服に開けた穴にバーのほうを通して使用した。

半球体の厚みがあるハンガリアンボタン。銀製。18世紀。内部は中空で、細密な透かし彫りが施され、宝石もつけられている。

ボタンの博物館蔵

ロワゼ・リーデッド作「ルノー・ド・モントーバン物語」に描かれた婚礼の場面。1460～78年頃の制作で、当時のフランス宮廷で流行していたファッションが描かれている。花婿は非常に短い丈のプールポワンに、つま先が長いプーレーヌをはき、花嫁は三角帽のエナンを被っている。
写真提供 ユニフォトプレス

奇抜なデザインが登場した後期ゴシック

各国宮廷を中心に流行した常識はずれのニューモード

15世紀のヨーロッパでは、宮廷に華やかな服飾文化が展開され、流行はブルゴーニュとフランスを中心に発信された。多様なデザインを取り入れ、素材も多岐にわたっていた華やかな服飾文化の時代であった。また、衣服の形式や構成の変化だけではなく、センスや着こなし、社会的な受け取り方も変化。それまでの常識から大きく外れるニューモードが次々と登場し、保守的な聖職者は非難の声をあげた。

この時代、男性のジャケットを指していたコタルディは**プールポワン**という名前となって定着し、その丈は極端に短くなっていく。立派な上半身に見せるため肩や胸にパッドを入れ、ウエストを細く絞り、またふくらませた袖も特徴的だった。衣服の中でも靴はかなり重視されるようになり、つま先が細く長い**プーレーヌ**が流行する。女性の間では**エナン**と呼ばれる、円錐形の高く大きな帽子が流行するようになっていった。

15世紀半ばに描かれた、黒のベルベットのエナンを被る女性。ペトルス・クリストゥス作。きれいに剃った額にエナンを起こすためのループが見える。エナンは三角錐だけでなくさまざまなデザインがあった。

写真提供
ユニフォトプレス

宮廷を舞台に華を競った男性ファッション

プールポワン [pourpoint]

袖付け部分を大きくふくらませたり、上腕部に入れたスリットから腕を出すようなものもある。また長袖だけを別に仕立てたものを数種類用意し、身頃との組み合わせを楽しんだりした。

プーレーヌ [poulaine]

14世紀中頃から流行した、つま先が細く尖った形で上に反り返った靴。ポーランドから伝わったためその名がついた。長いつま先には鯨の骨の支えを入れたり、布屑などを詰めて形を整えた。つま先に鈴をつけたり、もちあげた先端をショースのガーターに留めたりした。

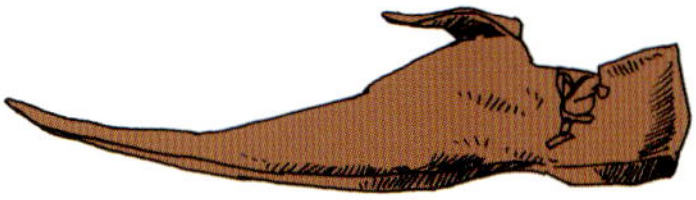

髪型と被り物

15世紀初めの頃の男性の髪は、耳の上で切り揃えた椀型スタイルが多かったが、やがて肩の上まで伸ばすようになる。頭の被り物は、装飾性の高いターバン様のシャプロンが14～15世紀に広く流行したが、1460年代に廃れ、ブリム(つば)が小さく丈の高いフェルトやビーバーの帽子が用いられるようになった。

ブレとショース

上衣プールポワンの丈が短くなるにつれ、ブレは短く、ショースは長くなった。前時代でもすでに長くなっていたショースは腰の近くでブレに留められていたが、やがて上衣の裾にショースを留める紐がつき、ズボンと靴下の両方の役割をもつようになった。

男性の衣服プールポワン 体形の誇張もゴシックの特徴

プールポワンは、騎士が鎧や鎖帷子《くさりかたびら》の下に着た、皮膚の保護用ジャケットが元。素材は絹やビロード、錦織などで、ヒップが隠れる程度の短丈である。たくましい上半身と細いウエストという、騎士の理想的な姿を演出するため、胸や肩には羊毛や麻屑のパッドなどを入れて体形を誇張した。

下衣には肌着・下着としてシュミーズとブレを身につけ、脚にぴったりフィットしたショースをはいた。上衣が短くなるとブレも短くなり、そのぶんショースは長くなり、やがてズボンと靴下の両方の役割を担うようになる。初期は先端が尖っていただけのプーレーヌは、15世紀後半には60～70cmもの長さになっていった。

宮廷を舞台に華を競った女性ファッション

髪型

この時代は髪が見えないことが美しいとされたため、髪はエナンの下にすべて隠し、隠しきれない髪の生え際を剃っていた。

エナン [hennin]

後期ゴシックを代表する女性の頭飾り。錦織やビロード、絹などを用いて円錐形やラッパ形に仕立てた。教会の尖塔《せんとう》のような円錐形のエナンは、高さ60cmになるものもあった。エナンの上部から床まで届くほど長いヴェールや、糊《のり》づけした麻布を垂らした。額の前部のループはエナンを着脱する際に使う。

ローブ [robe]

上半身はぴったりしたデザインでハイウエスト。スカート部はサーキュラー状に広がり、長い引き裾になっていた。V字に開いた襟と裾、袖口などに豪華な毛皮の縁取りをしている。V字に開いた胸元には三角形の別布を当てた。袖は細いが袖口はやや広めで、手の甲に少しかぶるくらいの長さだった。

後期ゴシックの女性たちの華やかなファッション

ウプランド（P.62）の流行のあと、1430年代以降に流行したのがローブである。ローブは上半身は身体にフィットし、腰から下はサーキュラースカート状に広がり、長い引き裾になっていた。折り返した襟から前後にV字型の襟あきがつくられていた。　ローブはその後、袖が細くなり、袖口や引き裾、襟ぐりなどに毛皮の縁取りがされるようになる。生地にはサテンやビロード、絹、錦織など豪華な布地が使われ、また宝石や真珠などのアクセサリーで華やかに装った。頭部には詰め物などでさまざまな形につくり上げた帽子、の**エスコフィオン**や、この時代を象徴するような円錐形の奇抜なデザインであるエナンを被っていた。

多彩なデザインが登場した男女のヘッドドレス

14世紀末から15世紀は、男女共に**ヘッドドレス**が激しく変化した時代である。女性では、網目状のクレスピンから発展したコウル、厚くパッドを入れたターバン、二重エナンともいえる二本の角を生やしたような巨大な角型頭巾なども現れた。

男性のヘッドドレスは、まずケープ付きフードの**シャプロン**が流行する。1420年頃にはフードの垂れ布である**リリピプ**が伸びて地面に着くまでになり、ケープを頭の上でまとめたターバン風のものも現れた。その後、詰め物をした布地をドーナツ状に整えた**ブルレ**付きも登場する。

女性のヘッドドレス

詰め物を入れた輪型の被り物ブルレは、模様織のビロードで、頭頂から垂れ下がった布も真珠の縁取りがある。ブルレを支える山高でかっちりした頭飾りは髪をすっぽり覆い、贅沢に宝石を散りばめた。

ハート型のエスコフィオンの一種。まとめた髪は、宝石を散らした網目状のぴったりした帽子に包まれている。幅広くつくられたブルレにもたくさんの宝石がつけられた。

男性のヘッドドレス

フードに肩覆いのケープがついたシャプロン[chaperon]。12世紀頃から存在していたが、ゴシック時代に流行した。頭巾の先端のリリピプは当初は短かったが、次第に長く伸ばすスタイルが流行した。

ブルレの内側に、シャプロンのケープとリリピプをつけたもの。ロールの片側からケープを、もう片側からリリピプを長く垂らすのが流行し、若者たちは長いリリピプを肩にかけていた。

縁のある棒砂糖形のフェルト帽。宝石や飾り紐をつけ、ダチョウやクジャクの羽根を飾った。帽子に羽根飾りをつけるのは中世で登場した。ビーバーの毛皮で覆ったフェルト帽は、上流階級の人々の象徴でもあった。

古代から中世の戦士・騎士の軍装

人間の歴史には数々の戦いがあり、その戦いの数だけ兵士の衣服は誕生した。このページでは、兵士が身につける衣服の中から甲冑《かっちゅう》に注目する。

ヘルマン・アントン・スティルク『Joan of Arc in Battle』1843年。

写真提供 ユニフォトプレス

変化してきた兵士の服装

現在の兵士の服装といえば、カモフラージュ効果の高い迷彩服や、防弾チョッキ、ヘルメットが一般的。しかし、戦争は古代から行われており、新しい武器が発明されれば、戦い方も一変してきた。武器を手にした接近戦では、相手と味方を区別するため、目印として目立つ色を身につける。しかし銃が使用されるようになれば、目立たない服装が登場するといった具合だ。

長い歴史の間にさまざまな戦闘服が誕生してきたが、さまざまな形、装飾があったのはやはり甲冑である。甲冑はときに防御力を、ときに美術品のような美しさを求められその姿を変えてきた。

鎧に刻まれたリアルな肉体美

紀元前2000年頃に始まり、さまざまな文明を生み出した古代ギリシア。ホプリテスと呼ばれる兵士は、武具、武器を調達できる裕福な市民から構成されていた。

その武具の中でも注目すべきは、青銅でできた鐘《かね》型の胴鎧《どうよろい》だろう。上半身を守る胴鎧には、乳首や腹筋、へそまでリアルに描かれていた。これらの鎧は身体にフィットするよう、オーダーメイドでつくられたという。もともとスポーツ大会を開催し、参加者は裸で競技していたというギリシア。鍛え抜かれた裸体を披露することは、強さを誇示《こじ》することでもあり、鎧にも同じ意味を求めていたのだ。

レギオーの甲冑。チュニカの上に鎧を着用。

ホプリテスと呼ばれる戦士の甲冑。上半身を忠実に再現した裸体の鎧を着用した。

プレートメイルを着用した戦士。

金属プレートを紐で結んだ鎧

紀元前753年に建国された古代ローマは王政ローマ、共和制ローマ、帝政ローマと続き、地中海沿岸を広く支配下においた。この古代ローマを支えたのが、レギオーという軍隊だった。

レギオーの甲冑といえば、ロリカ・セグメンタタとよばれる金属製の鎧だ。この鎧は数枚の金属プレートを紐で結び、胴部、腹部と肩を覆っていた。鎧の下にはトゥニカという服を着用。また、股間を保護するように何本もの紐が下がったベルトもつけていた。胴部の前後を紐で結ぶために着用するのに時間がかかることや、一人で着脱するのが難しいところが欠点だった。

見た目と裏腹に繊細な騎士の甲冑

中世ヨーロッパで活躍した騎士。当初は鎖帷子で全身を覆っていたが、次第に鋼鉄製の甲冑が着用されるようになった。

驚くべきはその工夫である。兜《かぶと》と面頬《めんぼお》で覆った頭部から、指先、足元まで全身を防護。その姿はまるでロボットそのもので、これを着たままで身体を動かすのは難しそうに見える。しかし、当時の甲冑は実に細やかにつくられており、肘、膝、手首などの関節部分は、何枚もの板金を重ねて動きやすくなっていた。そして、甲冑の内部は、いくつもの部品をつなぎ合わせるために蝶《ちょう》番《つがい》、皮ひもなどを使用し、体の動きを損ねないよう工夫していたのだ。

ファッション史を創るパイオニアに訊くⅡ

HIROKO KOSHINO

アートとデザインを融合させた女性

自らが描くデザイナー像を具現化するため、新たな道を切り開いてきたコシノヒロコ氏。得意分野であるデザイン力をストイックに高め、オンリーワンに近い存在を目指すべく、分業や提携にいち早く取り組んできた。常に時代の潮流を俯瞰《ふかん》で捉え、プロデューサー的能力を発揮しながら新たなことにも挑み続けている。自分が一番得意なこと、やらなければいけないことを常に考え続けたコシノ氏だが、デザイナー生活55周年を迎えた今もその姿勢は揺らぐことがない。

絵画から洋服へ 絵の表現方法の変化

――デザインという仕事を意識するようになったきっかけを教えてください。

私は大阪・岸和田で育ったのですが、母が洋装店を営んでいたんです。子どもの頃から衣服に関わることが多い環境で育ち、三姉妹の長女であったため、洋装店の跡継ぎとして期待されましたが、私自身は継ぐ気はありませんでした。当時の服のデザインは、ヨーロッパの服や雑誌を参考にしたものだけで、それを上手に縫って販売することが洋装店の役割だったんです。

その頃の私は画家を目指していて、高校2年生頃までは跡継ぎにはならず、絵を自分の職業にすると母に伝えていました。縫うことだけが服飾の行為だと思っていたし、裁縫が得意でない私は興味がもてなかったんです。

それがあるとき、洋服の世界でも絵を必要とすることが分かったんです。ヨーロッパの真似をし続ける必要なんてなかったんですから当然といえば当然ですが、その発見は私にとっては衝撃的でした。しかし、絵の表現力がないとデザインの世界で通用しないことはすぐに理解しました。それでも『デザインすること、絵を描くことによって、洋服のイメージがどんどん変わっていく』という表現方法がとてもおもしろかったので、純粋美術の世界をやめ、イラストの世界で洋服のことを表現する勉強をしようと上京しました。

東京では文化服装学院のデザイン科へ進みました。パリで立体裁断の技術を習得し帰国したばかりの小池千枝講師（現文化学園顧問）が指導していて、立体裁断を初めて習ったんです。

学院では、それまで裁縫の仕事を専門に行うお針子《はりこ》さんといったような洋裁師を育成する勉強を教えていましたが、7期生の私たちからは立体裁断というクリエイティブな洋服をつくる環境があったのです。この技術のおかげで、自分がデザインした服を精巧《せいこう》に再現できるようになりました。

裁縫を分業してデザインに専念

——デザイナーとしてデビューした経緯について教えてください。

学院を卒業後、一度大阪へ戻りました。学生時代からデザイン画の評価が高かったので、文化服装学院系列の洋裁学校でデザイン画の講師として招かれて2年間はたらいていたんです。そこでは服のためのイラストを教えていました。しかし、やはり自分で服をデザインしたいと思い、再び上京して昭和36（1961）年に銀座小松ストアー（現ギンザコマツ）のヤングレディスコーナーの専属デザイナーになりました。そこで販売する衣服は、布地などを輸入に頼らず、国産の新しい布や美しいプリントがされたものでつくりました。ボタンなどの付属品がイメージに合ったものが少なかったので苦労したのを覚えています（笑）。自分でスーツに合うボタンをつくるため、大学生の制服

コシノ氏によるデッサン画。純粋美術を目指していたということもあり、デッサン段階で細かく描き込むことが多い。現在でも事務所スタッフにデッサンをやらせて表現の幅を広げるトレーニングを怠らないという。

のボタンに炭を塗り、削って光沢感《こうたくかん》を出したりしましたね。飾りつけで使うブレード（テープ状のひも）も、かぎ針編みでつくったものを施したことがあります。

しかし、私はこのときにはすでにデザインだけをしていました。本来、デザインと縫う行為は一体にするべきだと思いますが、やはり縫製《ほうせい》に興味がわかなかったんです。もともと学生時代からデザインに専念しようとしていたので、縫う部分は友人にお願いしていたこともあり、分業制の取り入れは私にとって自然なことでした。早い時期に自分の得意分野を確立するのも大切なことだと思いますよ。

銀座小松での仕事は順調でしたが、母からは家業を継いでほしいと言われ続けていました。ただ､何度も言うようですが､私はデザインを専門に行いたかったので、大阪に戻る条件として家業は継がず、アトリエを開設することを提案し、承諾してもらいました。そして、昭和39（1964）年に大阪心斎橋でアトリエ「クチュール　コシノヒロコ」を開設したんです。オーダーメードのみの扱いで、室内に布を並べてその場でお客様と相談ができるなど、画期的なアトリエだったと自負しています。

（写真上）心斎橋にあった「クチュール　コシノヒロコ」の外観。（写真左）アトリエの中は広々としており、客とゆっくり商談が行えた。

新しいビジネス方法と「ヒロココシノ」の誕生

——提携という新しいビジネスが生まれた経緯はなんだったのでしょう？

私には2人の子どもがいましたが、子ども服をつくってもどんどん成長して着られなくなってしまうことが悩みでした。そこで、子ども服メーカーと提携し、私がデザインした子ども服を展開すればいいと思ったのです。子ども服メーカーはデザイン料だけを支払えばいいし、私も自分がデザインした全サイズの子ども服が手に入るので、相互利益が生まれる仕組みでした。発端は自分のためでしたが、そのしくみは合理的で面白いと感じました。自分が会社をもたなくとも、提携することで自分のアイデアでものがつくれるなんて素敵ですよね。そんな経緯があって、下着など衣料に関する提携も始めました。ロンシャンやワールドなど、大手企業とも提携しましたね。

しかし、提携は相手企業のブランドデザインが基本だったので、虚しさも感じるように。提携というビジネスとしては完璧でしたが、そこはデザイナーとしてのジレンマがあったんです。そこで、自分のブランド「ヒロココシノ」を立ち上げようと決意。オートクチュール（高級注文服）をつくりながらプレタポルテも提案するのは労力がいりますし、自分たちで企画から生産、販売をするには大きな組織が必要ですよね。それなら、私はデザインに専念して、生産・販売ができる会社と提携して別会社をつくればいいと思ったんです。最終的にその考えに共鳴《きょうめい》してくれた大手アパレル企業のイトキンと合弁会社ヒロココシノインターナショナルを昭和57（1982年）に設立しました。

1970年代のオートクチュール作品。

1980年代のオートクチュール作品。

日本ブランド育成のため パリコレに参加

——海外コレクションに参加するようになった、当時のお話を教えてください。

まず初めに、コロネット商会という企業がヨーロッパの著名テキスタイルメーカーのオーナーを紹介してくれたんです。そのオーナーはデザイナーに会社の布地を使用して服をつくらせ、雑誌「ハーパース・バザー」に載せるという販売活動を進める計画をもっていました。そのオーナーが私の作品を気に入ってくれたんですね。そして、初めて日本のデザイナーとものづくりを進め、世界に生地を販売することが決まりました。昭和53（1978）年にはローマコレクションに日本人として初めて参加し、コレクションは雑誌「ハーパース・バザー」で30ページにわたって紹介されました。

昭和57（1982）年から、パリのプレタポルテコレクションにも参加しています。日本発信の世界ブランドを育成したいというイトキンの狙いもあり、10年間パリで販売を行っていました。

現在も、パリで縫製《ほうせい》やカッティング、テキスタイルなどを、間近で見て触ってもらえる展示会形式の発表を行っています。私の原点であるアートとテキスタイル、デザインを融合したモード作家としての作品を見てもらえるのでとてもやりがいがありますし、続けていきたいと思っています。

昭和59（1984）年には、パリのデビューコレクションを中国・上海《シャンハイ》でも披露しまし

昭和57（1982）年パリのプレタポルテコレクション。リハーサル風景から見ることができ、デザイナーを目指す若者が勉強する姿が見られる。

た。当時、上海の縫い子さんたちにも仕事をお願いしていたので、彼女たちが手がけたものを形にして見せてあげたかったのです。ショーは、リハーサルを含め1日11回行っていて、リハーサルも関係者が見ていたのでトータルで8000人は見たことになります。中国のテレビ局も取材にきていたので、中国で私の名は一躍有名になりました。ショーを見たあとの縫い子さんたちの反応も大変よく、自分の技術やセンスを磨く向上心が芽生えたようです。作業も自主的に行うようになってくれました。

2011年-2012年・秋冬コレクション

オリジナルを守り 洋服に生き方を表す

——「ヒロココシノ」が30年以上も愛され続けている秘訣と、先生の考えるデザイナーとは何かを教えてください。

30年続けることができたのは、自分のオリジナルにこだわり続けてきたからでしょうね。ファッションは、自分の人格を高めるためにあると私はいつも思っています。私は、洋服にポジティブな生き方を表現していきたいと思っているのですが、それがうまく伝わっているのか、お客様にも元気な方が多いんですよ。

ただ、自分が表現したいものを表現するだけがデザイナーであるとは思いません。デザイナーとは、時代の潮流を感じ、マーケッターやプロデューサーにもなる必要があります。テレビショッピングやECサイト※など新流通にも興味を抱いて、そこに向けた取り組みも必要だと感じています。しかし、新しいものだけでなく、日本の禅の思想や文化など、日本のよいものを世界に伝えていいけたらいいですね。

今は、世界的に混沌とした時代ですが、ピンチには最大のチャンスがいつもあるんです。逆境に強く、それを楽しめることも良いデザイナーの条件かもしれませんね。

profile

コシノヒロコ
(こしの・ひろこ)

昭和12年大阪岸和田で誕生。昭和33年文化服装学院卒業。昭和36年銀座小松ストアーの専属デザイナーに。昭和39年大阪心斎橋にアトリエ開設。昭和53年ローマコレクションに日本人として初めて参加。昭和57年ヒロココシノインターナショナル設立。同年パリプレタポルテコレクションに参加。昭和63年ヒロココシノデザインオフィス（現ヒロココシノ）設立。平成13年第13回大阪芸術賞受賞。平成21年台湾実践大学名誉教授を授受。平成22年北京服装学院名誉教授を授受。平成24年デザイナー生活55周年を迎える。

【ECサイト】自社の商品やサービスを、インターネット上で独自のドメインを使用して販売するサイト。ECとは“electronic commerce”の略。

第３部

近世

イタリア・ルネサンスをきっかけに近世ヨーロッパは新しいものを見つめ、古いものを打破する動きに変化。そして、国ごとの交流が深まり、服飾の流行はますますめまぐるしく変化、貴族の衣装は豪華さを増していく。また、イギリスで産業革命が始まり、衣服の大量生産がされるようになった時代でもある。

国同士で影響し合う服飾

1500～

- スラッシュがヨーロッパ全体に広がる
- スペインのモードが流行し、スラッシュ入りの服飾が登場
- プールポワンの詰め物の大きさが最大となる

1600～

- オランダのモードが流行し、プールポワンの詰め物がなくなる
- 男性のかつらの着用が一般化する

1700～

- ローブ・ア・ラ・フランセーズとアビ・ア・ラ・フランセーズが流行
- パニエが流行
- サン・キュロットが登場

16世紀後半の女性の衣装。首周りのラフというという飾りが特徴。

17世紀バロック時代の男性の衣装。大仰で荘厳なシルエットが流行した。

18世紀ロココ時代の女性の衣装。モードにおける女性の時代が幕を開けた。

ピーテル・パウル・ルーベンス『画家とその妻、イザベラ・ブラント』1610年。

写真提供 ユニフォトプレス

第1章 国民性が服飾に表れる時代

国家を越えて起きたルネサンス運動は服装をより華やかなものにした。
近代以降の服飾の変化を見ていこう。

ヴィットーレ・カルパッチョ『オルソラとエレオの出会いと、巡礼への旅立ち』
1495年。ルネサンス期の服飾が描かれている。

写真提供 ユニフォトプレス

ルネサンス最盛期の豪華絢爛《けんらん》な衣装

人文主義・ルネサンスと国家意識の高まり

14世紀のイタリアでは、文化・芸術が発展した。人々のもつ概念は人文主義へ移行し、フランス語で再生を意味する言葉である**ルネサンス**という運動が始まった。

ヨーロッパ全域に広がったルネサンスは、地域で独自の発展を遂げ、各地の国家意識も次第に強まった。地域によって大差なかったヨーロッパのファッションだったが、国家意識が高まるにつれ、全体のフォルムは似ているもののその国ならではの個性的なファッションが生まれるようになる。

一方で、通信や交通の発展にともない、文化交流のスピードは速くなった。また、各国の宮廷《きゅうてい》間での婚姻《こんいん》により、離れた国々の間での文化交流も深まるようになった。

さらに、文化の交流はヨーロッパ内だけでは終わらなかった。15世紀末の大航海時代の到来により、16世紀初頭にヨーロッパ諸国はアメリカやアフリカ、アジアの国々との交流を深めるようになる。しかし、この時代は、国同士が互いの文化の発見と発展をしつつも、戦争が次第に激しくなっていった時代であった。

イタリア・ルネサンスの発展の裏側

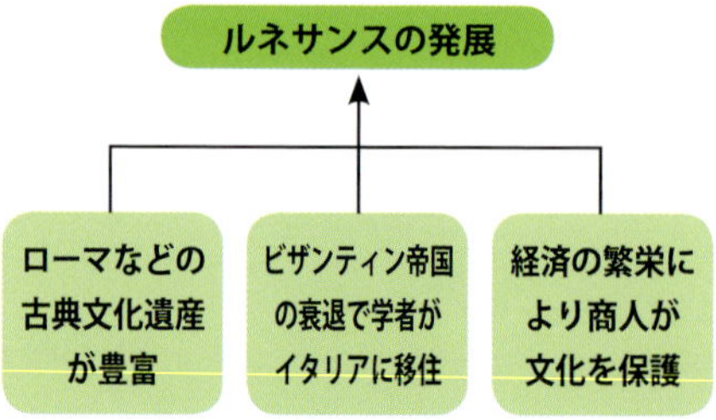
ルネサンスの発展
ローマなどの古典文化遺産が豊富
ビザンティン帝国の衰退で学者がイタリアに移住
経済の繁栄により商人が文化を保護

ギリシア・ローマの古典文化を復興させる運動「ルネサンス」。この運動が発展した理由には、3つの大きな要素があった。

ルネサンスが生み出した自由闊達《かったつ》なアクセント

中世の宗教的な権威主義から解放された、人間中心の自由な文化である**ルネサンス**は、モード上の表現にも大きな変革を見せた。ファッションにおいて宗教的な権威が薄れ、動きやすいゆとりのある形態が見られるようになる。こうしたルネサンス期のファッションに現れたのが、**スラッシュ**や**ラフ**、**詰め物**である。

スラッシュは、スイスやドイツの傭兵《ようへい》たちが戦場で敗走する敵軍の旗などの切れ端で破れた服につぎ当てしたのが始まりといわれている。人々は競《きそ》ってスラッシュのある衣服を着て、その流行は男性を中心にヨーロッパ全体に広がった。

初期のスラッシュは布の端がこてなどで焼き切られたが、後に布の周囲を別の布で縁取ったり宝石や飾り紐で結んだりと装飾が施されるようになる。そして、スラッシュは中流市民階級にも流行し、16世紀特有の装飾技法となった。

ラフは襞《ひだ》状の飾り襟《えり》で、詰め物は胸や肩に入れたり、スカートに枠を入れて膨らませることが行われた。

ラフの作り方

準備

ネックバンドと細長い帯布を用意する。ネックバンドの幅はラフの高さによって、帯布の長さは襞の密度によって異なる。帯布は二つ折りにするため、幅はラフの約2倍となる。

1

帯布を横に二つ折りにし、縫い合わせる。

2

襞の折り目を付ける。

3

襞の山となる部分に印を付けておく。

4

ネックバンドの印にあわせて帯布を上下につけていく。このとき、襞のふくらみが均等になるよう注意する。

完成

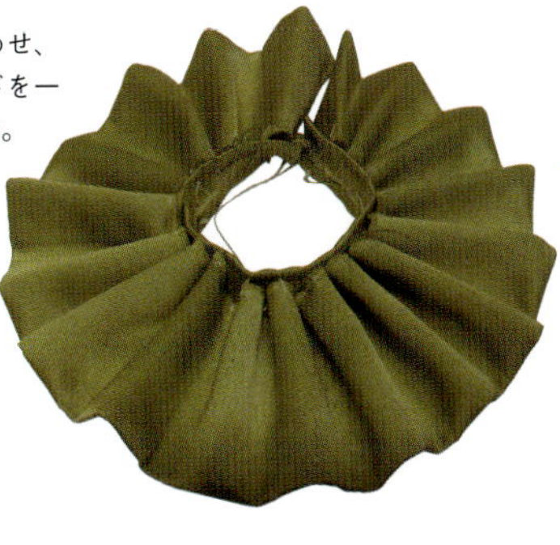

襞を縫い合わせ、ネックバンドを一周させて完成。

16世紀前半の男性のファッション

プールポワン[pourpoint]

スラッシュが入り詰め物がされたプールポワン。この上着はもともとは中世に防寒用胴着として鎧《よろい》の下に着られていたが、次第に身体に密着した表着となり、丈も短くなっていく。また、ショース（P.54）という腰まで伸ばせる靴下と組み合わせて着られた。

スラッシュ[slash 英]

スラッシュとは、動きやすさや装飾性を追求するために工夫されたとされる独特の裂け目。スラッシュから下着を引き出して見せることが流行した。

靴

幅広く四角形の靴に変化し、甲やつま先にもスラッシュ飾りがつけられた。そのほか、スリッパ型のミュールや革でつくられたブーツも流行。

帽子

この当時の被り物はビロードやフェルトでつくられたものが流行。このため、この時代特有のベレー帽が誕生する。さらに、この帽子には羽根飾りや金のモールなどがつけられる。また、男性は屋内外でいつでも帽子を被っており、手放すことはなかった。

上衣

プールポワンの上からはおられたガウンやジャーキンといったアウターは、肩の部分で盛り上がっていく。これは、ルネサンス時代に誇《こ》張《ちょう》表現が流行したことに由来する。

技巧的なデザインの発達と毛皮の流行

ルネサンスの時代、貴族の間では衣服の布地として**ベルベット**や**タフタ**、**ブロケード**などが人気を集めた。ただし15世紀に見られるような、文様を複雑に織り出したものではなく、無地の色物が好まれるようになる。女性の衣装では刺《し》繍《しゅう》の入った**サテン**や**ビロード**、**ダマスク**など、贅沢で技巧を凝らしたデザインが流行した。

また、キリスト教的世界から解放された結果、ルネサンスの時代は動物の毛皮が広く流行する。男性のマントルの襟《えり》飾りや、女性のローブの首筋から胸元にかけてのデコルテ部分、もしくは袖口などの縁取りに毛皮は使用された。その毛皮も、繊細な技術によって加工されたものであった。

16世紀前半の女性のファッション

髪型

ヴェネチアでは金髪が好まれ、女性たちは長い時間をかけて自分たちの髪型を染めたという。髪を金色に染めたあとはウェーブをかけ、未婚女性は髪を垂らし、既婚女性は髪をアップにした。

ローブ[robe]

ローブは女性のワンピースドレス型の上衣で、胸元や背中が大きく開かれ、女性らしい胸や腰の膨らみが強調されたものが多かった。特に、肩のラインの美しさと引き裾に威《い》厳《げん》と豪華さを込めている。

ビロードの生地

16世紀初頭の女性の衣服は、刺繍の入ったビロードやサテン、ダマスク、金の織物などでつくられており、大変豪華であった。また、装飾には金や銀の糸でつくられたレースやバラの花飾り、頭や爪つきの動物の毛皮の襟巻きなどが用いられた。

貴婦人らがはいたチョピン[chopines英]

女性が背を高く見せるためにはいたはき物チョピン。20～25cmほどの高さがあり、上げ底となる部分は木製で表面を革かエナメルで装飾した。

ファッションこぼれ話

17世紀はレースの時代

ヨーロッパのファッションにレースが初めて登場したのは、16世紀中期のイタリアである。レースのもととなったオープンワーク刺繍では、刺繍の地となる布を必要とした。この布を使わず、糸だけで文様を作り出す「プント・イン・アリア」という技法が誕生する。この技法はラフや襟の縁などに盛んに用いられ、エリザベス1世のワイヤー入りのベールにも使われた。

17世紀になると、以前の宝石で覆い尽くしたような衣装は次第に衰退し、レースの時代が到来する。初期の「プント・イン・アリア」は、より繊細な「ローズ・ポイント」や、「グラウンデッド・ヴェネシャン・レース」へと発展していく。

16世紀イタリアのレース。オープンワーク刺繍にいっそうの軽快感を与え人気を博した。

写真提供 ユニフォトプレス

より人工的で贅沢さを増す衣服

ルネサンスの終焉《しゅうえん》と激しい宗教改革の時代

ルネサンスの原動力となった人文主義と芸術や文芸の発達は、一方で教会の世俗化《せぞくか》や腐敗《ふはい》を進めた。教皇レオ10世が贖宥状《しょくゆう》(免罪符)を販売し、それを批判したルターにより、1517年から宗教改革運動が始まる。同じ頃、宗教改革派のカルヴァンは、亡命先のスイスで宗教改革を主導するようになった。

ヨーロッパ各地における宗教改革は、カトリック、ルター派、カルヴァン派、イギリス国教会も交え、激しい宗教対立を生み出し、数多くの宗教戦争が勃発《ぼっぱつ》する。

宗教戦争（1529～1648年）という時代背景のもと、ヨーロッパのファッションは、明るく鮮やかなものから、時代の空気を映した、ダークで落ち着いたシルエットへ変化をしていく。

ファッションこぼれ話

エリザベス1世が愛した扇《おうぎ》

1558年に25歳でイングランドの王位を継いだエリザベス1世。「よき女王」、「グロリアーナ」と呼ばれた彼女は多くの肖像画に残されており、当時のイギリスの服飾の流行を見ることができる。

16世紀後期、イギリスの貴婦人の肖像画には、扇や手袋、ハンカチーフを持たせることが多く、エリザベス1世の肖像画には特に羽根扇を持たせたものが多かった。羽根扇は宝飾品として臣下から女王への献上品として好まれたもののひとつであるとされている。柄の部分には女王を賞賛し忠誠を誓うといった象徴的な意味が込められていたのだ。また、彼女は若い頃から自らの手の美しさを自慢していた。そのため、女王の美しさを称える贈り物として扇が選ばれたのだ。

16世紀後半、ヨーロッパには折りたたむことができる扇、いわゆる扇子《せんす》が流行する。イギリスにおいても、1570年代以降の肖像画には扇ではなく扇子を持った姿が描かれるようになった。

16世紀に描かれたエリザベス1世(1533～1603年)の肖像画。彼女はファッションに強いこだわりを持っており、女王専用の衣装は数千着あったと王立衣装管理部には記録されている。

写真提供 ユニフォトプレス

高雅なスタイルとダークな色調の流行

人間性の回復と解放を謳歌《おうか》したルネサンスが終焉に向かい、宗教間の激しい対立が繰り返された宗教改革の時代。ファッションでは、渋く落ち着いた色彩のものが好まれた。特に**黒**は衣服の色としては最高のものとされ、16世紀後期のヨーロッパ世界に行き渡った。

黒や**暗色**の流行の背景には、**カトリック**と激しく対立した新教の、「人間の原罪《げんざい》を思い起こさせる衣服や装飾は不浄《ふじょう》なもの」、「衣服の色は、暗色や白であるべき」、「明るい色彩は不道徳」といった、倫理観があった。

また、イスラム教徒のムーア人がスペインをかつて征服していたことも影響しているというとらえ方もある。

色彩とともに、全体のシルエットも厳粛で洗練された高雅なスタイルが好まれるようになった。ただし、暗色や厳粛なシルエットといっても、それらは決して地味というわけではなく、むしろ宝石をはじめとするアクセサリーを際だたせるための色彩であった。

イタリアの画家ティツィアーノ・ヴェチェッリオによる『皇帝カルル5世』(1548年)。　写真提供 ユニフォトプレス

ファッションこぼれ話

南蛮貿易によって渡来したビロード

ビロード(天鵞絨《てんがじゅう》)は、針金を縦または横に差し込んで、織り上げてから針金を抜き、織目にできた輪奈《わな》を切って毛羽立《けばだ》てた布地。16世紀のビロードは、フランスやイタリアが主な生産地であった。

16世紀の半ばから17世紀の初めにかけて、日本とスペインやポルトガルの間で行われた南蛮貿易では、このビロードが貴重な交易品となっていた。当時の日本は、安土桃山時代から江戸時代の初めの頃で、ビロードに見られる異国趣味が武将たちの人気を集めた。輸入されたビロードの生地は、武将が鎧《よろい》の上にはおる陣羽《じんば》織《おり》や脚衣《きゃくい》などに用いられる。

狩野内膳『南蛮屏風』17世紀初頭の一部より。ポルトガル人の服装。　写真提供 神戸市立博物館

16世紀後半の男性のファッション

ラフ[ruff 英]

スラッシュは次第に落ち着きを取り戻し、控えめになっていくが、大きく固いラフが男性につけられるようになった。しかし、やはり女性のほうがラフについては発展しており、ひとつひとつのうねりが大きく広がったラフが流行した。

髪型

それまで女性と同じくらい長かった男性の髪型だったが、16世紀にはショートカットが流行した。しかし、綺麗に整ったあご髭《ひげ》と口髭の人気は衰《おとろ》えなかった。

オー・ド・ショース[hant-de-chausses]

ショースは上下に分離し、バ・ド・ショースとオー・ド・ショースに別れる。下部分のオー・ド・ショースは腰回りにぴったりと合うようになった。そして、腿《もも》の部分ではゆったりとした膨らみがもたされ、その生地も柔らかいものでつくられていた。この時代は特にオー・ド・ショースは膨張し、パンプキン・ブリーチズとも呼ばれた。

スペインからはじまった人工的な衣装の流行

16世紀後半、絶対王政を敷《し》いたスペインは世界最大の領土と植民地を有し、「太陽の沈まぬ国」と呼ばれた。

この時代のスペインでは、**コルセット**や**ヴェルチュガダン**を使って、ほっそりとした胴とふくよかな腰を強調し、厳格《げんかく》な雰囲気を表現する貴族様式の服装がつくり出される。

ウエストの細さは、貴族女性にとってもっとも関心が高かった。このため、細いボディラインをつくり出すコルセットが必需品となる。一般的なコルセットはリネン製で、クジラの骨や細いスチールバンドでできていたが、中にはフランス王アンリ２世の妻である、カトリーヌ・ド・メディチが使ったような鉄のコルセットなどもあった。

16世紀後半の女性のファッション

髪型

16世紀後半、女性の髪型は詰め物を入れた高いものになった。また、エリザベス1世やスコットランド女王メアリーなどファッション・リーダー的存在の女性はカツラも使用。

バスキーヌ[basquine]

金や宝石、真珠で埋められた上半身のシルエットを整えるための上衣、バスキーヌが着用される。始めは固い布製だったバスキーヌだったが、バスクと呼ばれる堅木《かたぎ》や鯨の髭、象牙《ぞうげ》などの細片《さいへん》などを布で包んで胴衣の麻布の間に挟み、胸部を逆《ぎゃく》円錐形《えんすいけい》にするようになった。

ローブ[robe]

ローブは女性らしい胸や腰の膨らみが強調されたものが多かった。特に、肩のラインの美しさと引き裾に威厳と豪華さを込めている。

ヴェルチュガダン[vertugadm]

スカートの円錐形を保つために、籐や鯨の髭、鋼鉄線の輪を段々に敷いて縫ったものをドレスの下に着用している。

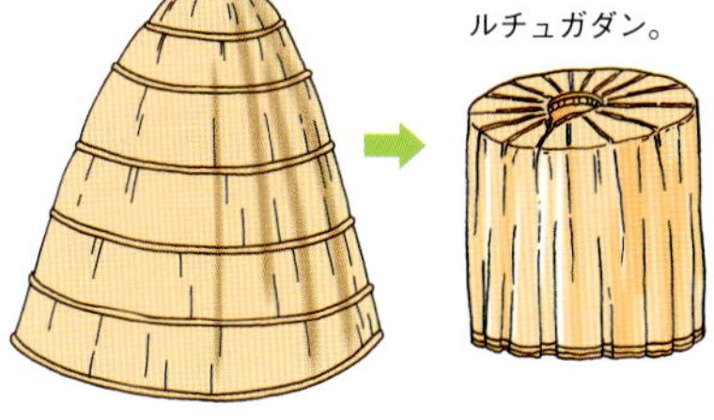

1550年頃にスペインで生まれたヴェルチュガダン。

フランスで生まれた新型のヴェルチュガダン。

コルセットと共に、貴族女性のファッションに欠かせないものがヴェルチュガダンである。1550年頃にスペインで生まれたヴェルチュガダンは、腰から裾へ鯨《くじら》の骨や籐《とう》で作られた輪を順に重ねたアンダースカートだった。1575年頃、フランスではさらに巨大なヴェルチュガダンが好まれるようになっていき、ヨーロッパ全土で流行したという。

第2章

最盛期を迎える貴族衣装

国王を中心に栄えたヨーロッパ諸国。貴族の衣装はバロック芸術、ロココ様式とさまざまな文化に影響されていく。また、裕福な商工業者ブルジョワジーが誕生した。

ピーテル・パウル・ルーベンス『画家とその妻、イザベラ・ブラント』1610年。ルーベンス自身の新婚時代の肖像画。

写真提供
ユニフォトプレス

ブルジョワジー好みの衣装が誕生

オランダの隆盛とバロック様式の流行

1609年、スペインから独立したオランダは、東インド会社を設立して世界規模の貿易を展開する。香辛料などの東方貿易を独占し、加工貿易も発達させて、オランダは商人国家になっていく。このオランダの目覚ましい発展は他国の注目を集め、その市民的な価値観や美意識がヨーロッパ諸国に影響を及ぼすようになる。この国に集まる巨万《きょまん》の富が、新しい時代の**ブルジョワジー**を生み出したのだ。

そして、17世紀は国王の偉大さを象徴する貴族文化によって**バロック様式**が育まれた。華々しく大きく、豪華で壮大な装飾趣味をもつバロック様式は、ヴェルサイユ宮殿がその典型と言われる。こうした表現様式は、ファッションにも色濃く反映され、衣服はレースやリボンで飾られた。

17世紀半ばの男性の衣装には、「ギャラント」と呼ばれる色鮮やかなリボンの束がつけられていた。

写真提供
ユニフォトプレス

バロック時代の女性のファッション

髪型

バロック時代の髪型は、横の髪を短く切り、耳の上に巻き毛にしていた。

襟元

女性の上衣は襟《えり》ぐりを広く低くしてデコルテを見せるようになった。1634年、1637年、1640年と禁止令が発せられたが、流行は衰えず、17世紀後半には胸の形があらわになるまで広がった。襟にそってレースの縁取りがされるようになった。

袖

袖を等間隔でリボンで結びふくらませた袖をビゴラ・スリーブという。ふくらみの間にはバラの花をかたどったリボンがつけられたことも。

スカート［skirt 英］

ローブはハイウエストになり、ローブだけでなく3枚の色違いのスカートでボリュームを出すようになった。スカートはフランス語で中側からスクレット（秘密）、フリポンヌ（浮気女）、モデスト（淑《しと》やかな人）と呼んだ。モデストはたくし上げたり、前を開いたりして見せることが多かった。

靴下

女性の靴下は絹やウーステッドといった糸で編まれていて、色は緑や赤、白、黄褐色《おうかっしょく》、赤褐色《せきかっしょく》などさまざまであった。靴は引き続きチョピン（P.81）やスリッパを使用したとされる。

ナチュラルになった女性のシルエット

16世紀のモードを牽引《けんいん》してきたスペインの衰退は、フランスなど周辺諸国も巻き込んで、金・銀・ビロードは王族に限るなどといった**贅沢《ぜいたく》禁止令**を呼ぶ。ラフや、宝石や刺繍《ししゅう》などの装飾は、次第に廃《すた》れていき、オランダ風の新しいモードが導入された。

1630年頃になると、ヴェルチュガダンやコルセットは消滅。袖の詰め物なども省略され、全体のシルエットは丸みを帯びた、ナチュラルなものとなっていった。襟元は襟ぐりを大きくしたデコルテが人気となる。スカートも色違いの3枚重ねとなった。素材もナチュラルなシルエットに合わせ、軽くしなやかな絹織物が中心となり、穏やかな色調が好まれるようになった。

ルイ14世とフランスモード

17世紀後半、フランス国王ルイ14世は「朕《ちん》は国家なり」と宣言し、絶対王政を確立。彼はバロック様式の集大成とも言えるヴェルサイユ宮殿をつくり上げ、華麗な宮廷文化が花開いた。貴族たちは社交界で名声や地位を得ようとよりエレガントなファッションと教養を求めた。女主人が主宰するサロンが社交界の中心となり、フランス宮廷のモードがヨーロッパに広がった。

これに伴い、ヨーロッパのモードはエレガントなフランス風に変化。女性は上半身のシルエットを美しく見せるために考案された**コール・ア・バレ(ー)ヌ**※で身体を細く見せ、スカートは後ろで引き裾《すそ》に、ローブの袖口からはレースの**フリル**のついたシュミーズの袖を見せ、洗練さと優美さを表現した。肌の白さを際立たせる**つけぼくろ**も大流行。貴族の女性はさまざまな種類のつけぼくろが入った箱を持ち歩いていた。

イアサント・リゴー『ルイ14世の肖像』1701年。宮廷儀式用の衣服を着用。
写真提供 ユニフォトプレス

ファッションこぼれ話

室内着で流行したインド更紗《さらさ》

17世紀、インド更紗は贅沢でしゃれた室内着の材料として流行した。一般的にインド更紗は、インドで生産された模様染めの綿織物をいう。17世紀の半ばには、ヨーロッパ市場の好みを絵柄に反映させたものが、東インド会社によってもたらされた。

当初はカーテンやベッドカバーなど主に室内の装飾として使われていたが、フランスやイギリスでエプロンやペティコート、男性の部屋着などに使われるようになった。こうしたモードは植民地を通じて世界に広がり、世界の服飾のスタンダードとなる。

日本へ更紗が渡来したとされるのは室町時代からで、文献《ぶんけん》からはっきり確認できるのは17世紀以降。オランダやイギリスの貿易船によって日本にもたらされたものが多いと推定される。

茜地山水松鶴文更紗
(九州国立博物館)。

【コール・ア・バレ(ー)ヌ】鯨《くじら》の髭《ひげ》を入れて背中で締め上げる胴衣。髭は細かく斜めに差し込まれ、立体感が強調されている。

バロック時代の男性のファッション

髪型

重量感のあるカツラが流行。頭上で2つに分け、ウェーブをつけて肩から背中まで流した。素材は人毛、山羊や馬の毛を使い、特にブロンドが好まれたという。バロック時代、カツラをつけることは礼儀とされ、貴族だけでなく僧侶も身につけていた。

プールポワン [pourpoint]

プールポワンは収縮し、襟飾りが大きくなった。また、袖の裂け目からはシュミーズが覗くように。シャツは袖がたっぷりと、手首はほっそりし、リボンやレースで飾られた。

ラングラーヴ [rhingrave]

ラングラーヴとは幅広の脚衣である。スカート型、キュロットスカート型、下にキュロットを覗かせた短いスカート型などバリエーションはさまざまだった。

ギャラント [galant]

ウエストや肘《ひじ》、膝《ひざ》といった関節部分につけられたリボン。銀や絹、レースなど豪華で繊細なものが好まれた。

ベストとジュストコール

多くはベストとセットで着られたジュストコールは、宮廷での衣服として1670年頃から洗練されていく。膝に届くほど長い裾丈は、上半身は身体のラインに沿っているが、下半身に行くほど優雅に広がった。ベストはジュストコールよりも一回り小さくなったようなもので、丈はやや短めだったが裾広がりには変わりなかった。

17世紀フランスで誕生した近代的な衣裳の原型

17世紀フランスでは、**ジュストコール**に**ベスト**、そして**キュロット**という、男性における近代服の原型が完成した。

ジュストコールはヨーロッパに伝統的に伝わっていた上着である。主に防寒用として農民が着ていた。そして、ベストはトルコやペルシャの民族服のテイストを取り入れた物だった。

ベストの上に着られたジュストコールは、キュロットが隠れるほど丈が長く、両脇に襞《ひだ》が織り込まれていた。そして、脚衣は初めラングラーヴが用いられたが、時代が進むとともに、よりすっきりとしたラインのキュロットが主流となっていき、ラングラーヴは消滅する。

豪《ごう》華《か》絢爛《けんらん》な服飾の最盛期

女性がモードを担う ロココという時代

ロココは、フランス語のロカイユ（貝《かい》殻《がら》、小石の飾り）に由来する。18世紀の初め、庭園に洞窟《どうくつ》をつくることが流行した際、貝殻や小石で装飾することが広まった。そこから、当時の高貴な婦人の衣装に見られる装飾が、ロココと呼ばれるようになったのだ。

ロココは文芸や美術、建築だけではなく、服飾にも大きな影響を与える。宮廷文化からの解放であると同時に、モードにおける女性の時代の幕開けでもあった。

ロココの時代、男性ファッションの形態は、バロックの頃と同様、**ジュストコール**、**ベスト**、**キュロット**という形式は変わらなかった。しかし女性主導のロココの影響を受け、全体のシルエットや装飾は、より上品で柔らかなものとなる。

ロココ時代の男性のファッション

髪型

白いカツラ、もしくは灰色のカツラが流行。髪粉も白いものになった。中国趣味の影響で弁髪《べんぱつ》※が流行し、リボンの結び方にも工夫が見られた。カツラの下は剃られたり短く刈ったりしたという。帽子は前時代と同じくトリコルヌ（P.91）が流行。

ベスト [vest]

アビはボタンをかけずにベストを見せるよう着こなされたため、必然的にベストは贅沢な物になった。特に見える部分は繊細で美しい刺繍が施された。

アビ [habit]

上衣のジュストコールがアビと呼ばれるようになり、そのうち、フランス発の華やかなものをアビ・ア・ラ・フランセーズと呼ぶようになった。シルエットはより女性的になり、膝丈で裾広がりになりベストを見せるのが一般的だった。サテンやビロード、ブロケードの絹織物には部分的に刺繍《ししゅう》や飾り紐、金箔といった装飾が施された。ボタンは大きなものは直径5、6cmほどあり、金糸《きんし》や銀糸《ぎんし》の刺繍が施されたものも多い。

キュロット [culotte]

キュロットは脚にぴったりとしたものが優美とされた。また、素材はアビとコーディネイトできる布が選ばれることが多く、サイドに2ヵ所縦に開いた部分がボタンで留められた。18世紀初頭には膝上丈であったが、18世紀半ばには膝下丈になった。

【弁髪】主に北東アジア民族の男性に見られる髪型で、後頭部の一部の髪を長く伸ばして編み、残りの頭髪を全て剃ったもの。

ジョン・コレット『Dr Johnson with the Barber』1760年。紳士の髪結いを表した風刺画。当時は女性だけでなく男性もおしゃれに金と時間をかけており、男女ともにカツラが大きくなるにつれ世の風刺画職人の標的となった。　写真提供 ユニフォトプレス

トリコルヌ [tricorne]

素材は主にビーバーの皮で、やや高めの山のシルエット。羽毛やブローチ、刺繍などで美しく飾られたものが多く、冬用には毛皮を飾ったものもあった。

男性用カツラとトリコルヌ・ハットの流行

18世紀になると、男性用のカツラは大きく変化した。1710年頃流行した**フル・ボトムド・ウィッグ**※は耐え難いほど重く、決して快適なものではなかった。

このため、横の髪を後ろに流し、襟足でまとめるというスタイルをとった快適なカツラが一般的となった。

男性用カツラの普及とともに、モードとしてのカツラは、カツラ師の熱意と顧客のニーズによって、さまざまなバリエーションを生み、雑誌にも紹介された。

帽子のなかでもっとも一般的だったのが**トリコルヌ**で、1780年代頃まで男性たちのたしなみとして愛用される。また、一部の労働者や牧師はつばを折らずに被っていた。そして自室などでくつろいでいるときには、室内用の帽子を着用していた。

【フル・ボトムド・ウィッグ】頭全体を覆う長いかつら。

ロココ時代の女性のファッション

胸当て

胸から腹部を覆《おお》う逆三角形のパネル。ローブの前面に留めて用いられ、装飾性に富んでいた。1720年代に必需品としてつけられていた。

袖

袖口のカフスはアンガジャントと呼ばれる高級レースが3重に重なっている装飾的なカフスだった。綿モスリンやレースの刺繍を施しており、女性の手の優美さを引き立てた。

パニエ [panier]

パニエはペチコートに籐《とう》や鯨《くじら》の髭《ひげ》などを輪にして重ねてつくられた。そして、左右に張り出しローブを大きく広げた。

イラスト参考:
文化学園服飾
博物館所蔵品

ローブ [robe]

この時代の宮廷衣装はローブ・ア・ラ・フランセーズと呼ばれた。ローブは前開きになっており、背中のプリーツはウエストのやや上の位置で縫い止められ、ローブの上部が身体にぴったり添うようになっている。生地はサテン地やリヨン製の絹織物などさまざま。

艶麗《えんれい》で優雅なヴァトー・プリーツ

ロココの新しいモードとして、その代表に挙げられるのが**ヴァトー・プリーツ**である。肩や飾り襟から始まる襞《ひだ》が背中から腰にかけて広がり、自然に消えて裾でゆったりと広がった衣装である。画家のヴァトーが、こうした形式のローブを着た女性を好んで描いたことから、人々はこれをヴァトー・プリーツと呼んだ。そしてこれはやがて**ローブ・ア・ラ・フランセーズ**と呼ばれるようになり、ヨーロッパ各国で流行した。

一方でロココ様式も後半になると、イギリスからの影響やフランスの啓蒙《けいもう》主義、市民意識の高まりなどで、より簡素で自然なモードが好まれるようになる。優美な宮廷服と共に、古代風や部屋着風の**ローブ**が現れた。

ロココ時代に最盛期を迎えた パニエとコール・ア・バレ(ー)ヌ

コール・ア・バレ(ー)ヌと**パニエ**の着用は、18世紀を通じて女性ファッションの定番となった。コール・ア・バレ(ー)ヌは下から乳房《ちぶさ》を持ち上げるもので、上端は乳房がのぞき出る位置まで下がるようになった。

1718年頃、舞台女優が衣装を大きく、ウエストを細く見せるように使い始めたパニエ。初期は、何段かに分けて鯨《くじら》の骨でつくった輪をつけたものだった。その大きさは、男性の嘲笑《ちょうしょう》や批判の対象になったが、女性たちはパニエを手放さなかった。

ラ・トゥール『ポンパドール夫人』1755年。彼女とマリー・アントワネットはロココ時代のファッションリーダーで、もちろんパニエとコール・ア・バレネを着用。これがローブ・ア・ラ・フランセーズと呼ばれるスタイルであった。

パニエは麻布製のペチコートに籐や柳の茎、鯨の髭などを輪にして何段かに重ねたもの。年代が進むにつれ左右に広がった横張り出し型のパニエが流行した。

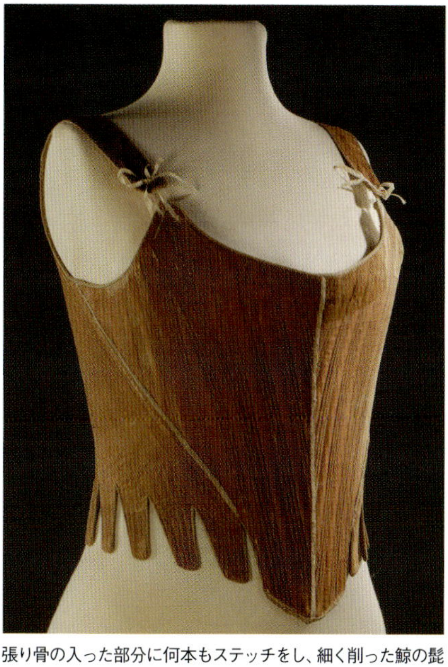

張り骨の入った部分に何本もステッチをし、細く削った鯨の髭が1本ずつ挿入されているコール・ア・バレネ。張り骨の長さや方向はその人の動作や筋肉の動きによって決められた。

写真提供 ユニフォトプレス(3点)

イギリスの隆盛を導いた産業革命

イギリスの産業革命とフランスの衰退

18世紀後半になり、イギリスで**産業革命**が始まった。それまでの手工業から、機械を使った大量生産が可能になり、経済や産業だけでなく、人々の生活や文化、そしてファッションも大きな変革を迎える。

イギリスの産業革命の土壌の形成は17世紀。ピューリタン革命と名誉革命が勃発したことにより、古い特権を持った勢力が消滅し、自由な生産活動ができるようになった。また、毛織物工業を中心に工場制手工業が発達し、さらに、植民地貿易の利益も蓄積され工場に出資できる人びともいたため、農民が都市に流入し、工場で使われる機械も多く発明されるようになった。

特に、産業革命による**紡績機**の発達は、短時間で細く強い糸を安定して大量に生産する環境をもたらした。また、アメリカやインドなど植民地から供給される安い綿花も、繊維産業の発達を支えた。こうして、長い間上流階級にのみ独占されてきたモードは一般大衆へも広がりを見せ、階級間の衣装のギャップは次第に埋められていく。

一方、フランスでは1770年に**ルイ16世**がオーストリアの女王マリア・テレジアの娘である**マリー・アントワネット**と結婚。４年後、ルイ16世はフランス王に即位。この時代、文化においてフランスはヨーロッパを代表していたが、経済においては、産業革命により力を増すイギリスがその勢力を伸ばしていた。このため、フランスを中心としたロココは、次第に衰退していく。1775年、イギリスの植民地であるアメリカ大陸で独立戦争が勃発。ルイ16世はアメリカの独立を支援するが、フランスは財政危機に瀕する。

写真提供 ユニフォトプレス

『ランカシャーの紡績工場』1835年。右側にはミュールの改良型紡績機があり、繊維を引っ張るとともに撚りをかけて紡錘に巻き取る作業が全て自動的に行われた。左側にあるのは毛羽立て機。産業革命がほぼ完成した1830年代の絵画。革命の成果によって工場が完全機械化したことが分かる。

産業革命時代の男性のファッション

フラック [frac]

アビによく似た形である上衣だが、背中に縫い目がなく、襟がつきポケットがないのがフラック。ルイ16世が着用することにより、宮廷服として認められるようになった。浅黄色や黄緑色、芥子《からし》色が好まれ、縞柄《しまがら》などが多かった。前打ち合わせはボタンで留められ、ベストは下のほうだけが見えていた。

トリコルヌ [tricorne]

三角帽(トリコルヌ)は引き続きかぶられ、1780年代には非常に小さな型が出てくるように。イギリスではニヴェルノワ帽と呼ばれた。この後には二角帽(ビコルヌ)が流行する。

キュロット [culotte]

ぴったりと太腿《ふともも》に密着して長さは膝下であり、ボタンやリボンで留められた。そして長靴下をはき、しばしば半ズボンの上に巻き上げられることもあった。

ルダンゴト [redingote]

もともとイギリスで乗馬服として用いられていたライディングコートがフランスに導入されルダンゴトとなる。袖には飾りボタンが付き、襟は2枚重ねになっていた。ルイ16世時代にはより洗練され、ビロードや絹といった豪華な素材も用いられた。

イギリスから伝わったフラックとルダンゴト

ルイ16世の時代、男性のファッションにイギリスのモードが取り入れられ、**フラック**や**ルダンゴト**が用いられるようになる。

フラックは、前裾が胸からウエストにかけて斜めにカットされ、小さな立て襟がついたジャケット。従来のジャケットであるアビに比べると、略式のものであった。

ルダンゴトは、イギリスから入ってきた上衣で、フランスでは1780年代から流行。毛織物でつくられた実用的な乗馬用のコートで、スポーツや旅行のほか、日常着としても着られるようになった。イギリス風のモードが流行するのに合わせ、ベストや脚衣も変化。アビやフラックの下に着るベストは、フラックに合わせて派手になっていった。

ルイ16世の時代に巨大化した髪形

女性の髪形はより高く、巨大化する。最も高いものでは50cm以上にもなった。

髪を支えるために、針金や馬の毛などが使われた。また、ボリュームを出すために入れ毛が使われ、仕上げには**髪粉**や**ポマード**を使用した。そして結った髪の上にはさまざまな装飾品が飾られた。大きな羽根や花壇、鳥の巣といった装飾をつけることもあった。髪型が大きくなると、帽子を使っての装飾も流行するようになった。

シャポー・ボネ [chapeau bonnet]

当時の一般的な帽子、シャポー・ボネ。髪型と同様に羽根や花が飾られるものもあった。

カツラが衰退し髪粉が消えてゆく

男性の髪型はカツラが衰退し始め、フル・ボトムド・ウィッグは一定の男性の職業にだけ残されるようになった。主な髪型は**カドガンスタイル**、または後ろに束ねた髪を黒い袋の中にまとめて入れるスタイルだった。また、髪粉も使われなくなっていく。

『coiffeurs at work on an extravagant hair style』1774年。あまりの髪型の高さに、結髪《けっぱつ》師たちは梯子《はしご》や台に乗って髪に櫛を入れ、貴婦人は馬車に乗るにも苦労をしたという。

写真提供 ユニフォトプレス

ファッション豆知識

髪粉

年齢や汚れをごまかすために、盛んに使われたのが髪粉。原料として小麦粉が使われ、18世紀にはパン用の小麦粉が不足するほど消費された。フランス革命を境に、次第に使われなくなる。

カドガンスタイル

1760年頃活躍した、イギリスの将軍カドガン男爵に由来するヘアスタイル。かつらのテール部分が襟足の位置で折り返しになっており、縦型の蝶結びのようになっている。

ファッションこぼれ話

ファッションリーダーとしてのマリー・アントワネット

1774年、ルイ16世の即位によりフランス王妃となったマリー・アントワネット。彼女はロココ文化の時代において、ファッションリーダー的存在であった。抜群のプロポーション、美しい金髪、優雅な歩き方で人びとを魅了《みりょう》した彼女は、年間170着ものドレスを新調したという。

特に、ローズ・ベルタンというファッションデザイナーのドレスを好み、彼女には自らのファッションについて忠告や意見を求めたという。また、ローズ・ベルタンと出会うまでのマリー・アントワネットの服の趣味は簡素なものだったが、彼女と出会ったことにより、絵画に見られる羽飾りやリボンといった装飾を好むようになったといわれている。当時、赤字が増える一方だったフランスの国家情勢を無視してマリー・アントワネットはローズ・ベルタンへ毎年多額の支払いを命じていたという点からも、その信頼関係がうかがえる。

ジャン・バティスト・アンドレ・ゴーティエ・ダゴティ『フランスの王妃マリー・アントワネット』1775年。

写真提供 ユニフォトプレス

マリー・アントワネットを語るうえでもう1点忘れてはならないのはその独創的な髪型だ。彼女が好きな仮面舞踏会で流行らせた髪型は、髪の毛を極限まで高く編み上げ、船を置いたりバラの花を刺したりといったとても奇抜なものだった。あまりにも大きく、費用がかかったこの髪型は、一度結い上げると2週間はベッドでゆっくり眠れなかったというほどである。また、この髪型の流行により、ヘアドレッサーという職業が登場した。

マリー・アントワネットの時代、戦艦をあしらった髪型が考案された。写真は、当時の髪型を再現したカツラ。
図版提供 ポーラ文化研究所

Costume Data

祭りに見る
庶民の歴史服

その地方の伝統衣装を着た人が登場する祭り。目の前に再現される歴史上の風景を、絵画あるいは本物の祭りで見てみよう。

写真提供 ユニフォトプレス

ピーテル・ブリューゲル『農民の踊り』1568年。ウィーン美術史美術館に収蔵されている。

「風俗画」に描かれた農民の衣服

絵画には、それが描かれた時代の暮らしぶりを今に伝える働きもある。たとえば上級階級の女性の肖像画には、ドレスや髪型が描かれていて、その当時の流行が分かる。

絵画のジャンルのひとつに、庶民の生活を描いた「風俗画」がある。風俗画の画家としては、ベルギーのピーテル・ブリューゲルが有名だ。生まれ年が不明など謎も多いが、1563年からベルギーの首都ブリュッセルに暮らし、1569年に没するまでに、農民を題材にした作品を多く残している。

ブリュッセルから車で30分ほどのところにパヨッテンランドという地域があるが、ブリューゲルはここをよく訪れたという。作品のひとつ『農民の踊り』(1567年あるいは1568年作) には、古くから農業が盛んだったというパヨッテンランドの農民たちが登場する。人々が誘い合って通りに出て踊り、酒を酌み交わしている様子が描かれており、普段の農作業から解放された祭日の光景とされている。

ブリューゲルの作品といえば、人物から背景まで描いた細かさが特徴。同時期に描かれた『農家の婚礼』も当時の祝祭の場の衣服が詳細に描かれている。また、『こどもの遊戯』では衣服だけでなく、作品の遊びの解説だけで本が出るほどだ。彼の作品は、服飾史だけでなく、歴史資料、風俗史資料としてたいへん重要な資料であるとされている。

ブルガリアの民族衣装

ブルガリアの伝統衣装を身につけた女性。エプロンやシュミーズに施された鮮やかな色合いの刺繍が特徴。

写真提供 ユニフォトプレス

収穫の季節に見たい各国の伝統衣装

過去の衣服を調べるときに、絵画はたいへん参考になるが、祭りもまたその地方に伝わる伝統衣装を知る機会である。

香りのよいバラ「ダマスク・ローズ」で世界的に有名なのが、ブルガリアの中心にあるバラの谷。バラの収穫期は5～6月で、毎年6月上旬にはバラ祭を開催。この祭りでは伝統衣装に身を包んだ女性たちを見ることができる。女性たちは、袖口や前見頃に刺繍が施された白いシュミーズを着て、その上にスクマンという袖なしのチュニックやベストとエプロンを着用。ここにも、幾何学模様や花の柄が赤、青、黄、緑など、鮮やかな色の糸で刺繍されている。頭に被るのは、たくさんのコインを使った伝統的な飾り物やスカーフだ。

フランスのアルザス地方にも、伝統的な衣装が伝わっている。頭に大きなリボン型の帽子（コアフ）を被り、シュミーズの上に赤いスカート、黒いエプロンを着るのがそのスタイルである。8月末にアルザスのエギンハイムで開かれるワイン祭りでは、民族衣装姿の女性たちが登場。フランスはワイン祭りが多く、ブルゴーニュワインの産地ボーヌのワイン祭り「栄光の三日間」（11月中旬開催）でも、民族衣装のパレードが行われる。

風車と古城で有名なスペインのコンスエグラ村で行われるサフラン祭り（10月末開催）や、チーズの取引で有名なオランダ・アルクマールのチーズ市（4月初旬～9月初旬の金曜日開催）など、収穫や特産物にちなんだ祭りも、古くから伝わる衣装に身を包んだ人が登場することで有名だ。

写真提供 ユニフォトプレス

アルザスの衣装

大きなコアフが特徴のアルザス地方の衣服。

ファッション史を創るパイオニアに訊くⅢ

YOICHI NAGASAWA

常識に囚われない物づくりを

ファッションの聖地・パリに単身乗り込み、デザイナーの道を切り開いてきた永澤陽一氏。パリで実績を重ねたのち、活躍の場を日本へ移し、デザイン会社STILを設立。副資材を使用したコレクションを発表するなど、クリエイティビティの高い作品をつくる一方で、素材開発や生産背景を考慮したリーズナブルなマス（大衆）向け商品のプロデュースも行う。“クリエイティブ”と“マス”という方向性が大きく異なるデザインを手がけ、新たなデザイナー像を確立したパイオニアだ。

デザイナーという職業との出会い

――デザインの道に入るきっかけは何だったのでしょうか？

ファッション業界に興味をもったのは高校卒業後、洋服屋で販売のアルバイトをしていたときに出会ったバイト仲間から、デザイナーという専門的な職業があることを初めて教えてもらったのがきっかけです。もともと服が好きで、つくることにも関心があったので、服飾の専門学校でデザインの勉強をすることを決めたんです。

専門学校を卒業したあとも、もっとファッションについて実践的に学びたかったので、ファッションの聖地と呼ばれるフランス・パリへと行きました。そこでは街並みや食べ物、人々の服装に至るまでなにもかもが衝撃的でしたよ。当初は1ヵ月の滞在予定でしたが、街に魅《み》了《りょう》され少しでも長くいたいと思ったので、そのまま働き口を探すことにしたんです。お金はありませんでしたが、情熱だけはあったので(笑)。

幸運なことに、パリのヴィクトワール広場には、当時では珍しい日本人デザイナー熊谷登喜夫氏の「トキオクマガイ」ショップがありました。彼のデザイン、発想がとても好きだったこともあり、『ここで雇ってもらおう』と思ったんです。

とはいえ、特に募集をかけていたわけではなかったので、熊谷氏にデザイン画を見てもらうべく飛び込みでアポイントを依頼しました。何度もショップに通って、ようやく面会できましたが、今度はデザイン画の試作品を提出する課題が出されました。そのときの試作品が評価され、ようやく熊谷氏による靴やバッグ、服、アクセサリーをつくるトキオクマガイABCデザインに入社しました。

熊谷氏による技術指導の日々

――語学と仕事、どのように両立して技術を会得《えとく》したのでしょうか？

当時、会社のアトリエには日本人スタッフが皆無でした。だから、フランス語を習得するため、午前中は語学学校へ通い、午後から出勤するという生活をしばらく送っていましたよ。そして、終業後には、自分のアイデアを表現するデザイン画を描き続けました。1シーズンで1000枚以上は描いていたと思います。

こうした生活は、7年間続きました。文字通り、寝る間を惜しんで暮らしていましたね。しかし毎日とても充実していました。また、仕事では、熊谷氏がマンツーマンで技術指導をしてくれたため、地に足をつけてクリエイティブを学べましたね。本当に熱心に指導してくださり、貴重な体験だったと思います。

昭和62（1987）年に熊谷氏が死去し、「トキオクマガイ」のチーフデザイナーに就任しました。その後は7シーズンコレクションを任されましたが、体調不良を起こしたため余儀なく同社を退職し、これを機に日本へ戻りました。

永澤陽一氏初めてのコレクション（1992-93年・秋冬）。

全身ゴムの素材でできた衣装。靴は一般ではかれている作業靴を合わせている。

斬新な素材を使ったコレクションの発表

――日本での仕事は順調でしたか。

帰国後独立し、株式会社STIL《スチル》を設立しました。しかし、いざ個人になるとバブル崩壊も相まって、業者との取引がなかなか困難になりました。

そこで、新しい売り出し方を考えた結果、布にこだわらない服づくりを思いついたのです。当時は高級素材を使用するのが一流ブランドの証《あかし》といった風潮《ふうちょう》があったので、こういった発想をする人がいなかったように思います。パリ時代の靴づくりの経験を活かし、靴で使用するゴムをメイン素材に採用しました。ここから、オリジナルブランド「ヨウイチナガサワ」が始まったんです。

まず、平成4（1992）年のデビューコレクションは、レディスウェア20点すべてを黒のゴム素材で表現しました。発表会場も全てが整った場所をあえて避け、自分が通っていた美容院を選んで服と共にインパクトを与えたのです。このデビューショーが、話題を呼び、第10回毎日ファッション大賞新人賞に選出もされました。

その後のコレクションでも、投網《とあみ》や旗、フェルト、人工芝など、服地として使われない資材を取り入れました。その一方で、産地とのつながりも生まれ、高い技術力を駆使した服もつくれるようになりコレクションの幅も広がりました。

また、新しい商品の取引形態も始めました。それまで日本は委託販売が基本でしたが、海外では当たり前の完全買い取り販売を進めたんです。

靴底にエアーを入れたデザートブーツ。はき心地も大変軽く、爆発的なヒットとなった。

パリで行われたショーと世界的な展開

――パリで再びショーを開催したときのことを教えてください。

平成8（1996）年からは、パリで「ヨウイチナガサワ」の展示会を開催し、そして、翌年からショー形式のコレクションを発表し始めました。97年秋冬のコンセプトは“山”で打ち出し、靴底にエアーを入れたデザートブーツが爆発的にヒットをしました。

ショーを開催する場として、東京を休止しパリに特化しました。パリには世界中のバイヤーが集まるため、フランスやイタリア、ドイツ、アメリカ、ロシア、中東など販売網も広がりましたね。

パリで行われたコレクション。“山”をコンセプトに発表された（1997年・秋冬）。

オリジナルの技術で縫製された千鳥格子柄のコート（2003-2004年・秋冬）。

より多くの人に向けて新しいブランドを発表

――新コンセプトのブランドも始まり、成功を収めましたね。

「ヨウイチナガサワ」は、デザイン性が高く高価格帯です。しかも、着る人を選んでしまいがちというジレンマがありました。

そこで、ヤング層に向けトレンドを反映し、手の出しやすい価格帯の「ノー コンセプト バット グッド センス」を日本で平成5（1993）年にスタートしたんです。伊勢丹新宿店の自主編集売り場「解放区」のほか、全国で70店舗を展開し、売上高10億円のブランドに成長しました。その後、平成10（1998）年伊藤忠《いとうちゅう》商事とライセンス契約を結び、さらに販売網を広げました。

作家としての「永澤陽一」の世界

——作家として衣装をつくるようになり、作品の展示依頼が増えましたね。

「ヨウイチナガサワ」では、シーズンごとに、新たな技法や素材を駆使した作品を発表し続けました。また、テクニックの完成度を高めるため、生み出した技法を継続することもしました。

こうしたものづくりの姿勢が認められ、ギャラリーからコレクションで発表した作品の展示依頼も増えてきました。そこで、「ヨウイチナガサワ」を平成20（2008）年でいったん休止し、枠にとらわれないものづくりができる作家として活動を始めました。現在は、ギャラリーに“飾る服”を手がけています。

永澤陽一氏最後のコレクション（2006-2007年・秋冬）。

「無印良品」から始まったプロデュース業

——プロデュース業も多く携わっていますが、きっかけは何だったのでしょう？

平成4（1992）年から「無印良品」衣料品のデザイン監修を10年間担当しました。

コンセプトが明確なブランドであったので、“無駄を省いたデザイン”をキーワードに掲げてつくり上げるよう意識しました。高品質な商品をリーズナブルな価格で提供するため、素材開発や生産地までこだわったのです。こうした取り組みが実を結んだようで、携わった期間の衣料品売り上げは飛躍的に拡大しました。

「無印良品」の成功によって、ブランド構築の依頼が相次ぎました。そこで、アパレルやスポーツウェアメーカーが展開するブランドの企画および指導監修も実施するようになったのです。

平成9（1997）年には、日本アジア航空の男女客室乗務員と地上職員のユニフォームのデザインも行いました。東京メトロのユニフォームもデザインし、平成16（2004）年から現在に至るまで駅員、乗務員が着用しているので、見かけた方も多いと思います。

平成18（2006）年からは、環境を考慮したイオンのプライベートブランド「トップバリュ」をレディス、メンズともに監修しています。安価でありながら質のよいものを提供できるようにしています。

オールマイティなデザイナーを育成するために

——永澤さんの今後の目標は？

当面は、プロデュース業と作家業の2輪を軸に、ファッション業界を盛り立てていきたいと考えています。

平成17（2005）年からは、金沢美術工芸大学大学院ファッションデザインコースの専任教授として、ファッション業界の次代を担う職業人を育成しています。クリエイティブとマス向けデザインに対応できるデザイナーの育成に力を注ぎたいですね。

永澤陽一

(ながさわ・よういち)

昭和55年モード学園卒業後、渡仏。同年パリのトキオクマガイABCデザイン入社。昭和62年トキオクマガイインターナショナルのチーフデザイナーに就任。靴のデザインやレディス全般、メンズカットソー、アクセサリーなどを担当。フランスのファッション雑誌「グラムール」で世界のシューズデザイナートップ8に選定。平成3年帰国。平成4年「ヨウイチナガサワ」を発表。同年無印良品などプロデュース業を開始。平成5年「ノーコンセプトバットグッドセンス」発表。平成17年金沢美術工芸大学大学院ファッションデザインコースの専任教授に就任。

永澤陽一氏による主なプロデュース企業

	ブランド名（企業名）	内容
1992年	無印良品（良品計画）	衣料品（服飾雑貨全般）チーフデザイナーとして監修を開始
1997年	日本アジア航空	男女客室乗務員、地上職員のユニフォームをデザイン
2000年	セルフ+サービス・トップバリュ・トップバリュプレミアム（イオン）	衣料品（服飾雑貨全般）チーフデザイナーとして監修を開始
2004年	東京メトロ（東京地下鉄）	鉄道係員の制服をデザイン

※その他多数

永澤氏プロデュースによる東京メトロの制服。左3人が駅員で、右2人が作業員。

第４部

近代

イギリスによる産業革命で衣服は大量生産が可能に。また、フランスではフランス革命の影響により服飾の身分差がなくなっていく。モードは貴族だけのものではなくなり、現在私たちが着ている衣服の基盤ができはじめる。

近代化への目覚ましい進行

1800～

- エンパイア・スタイルが流行し、イギリス産の白い木綿モスリンが多く使われる
- ナポレオンが公式儀式に絹の着用を命じる（1811）
- クリノリンやペティコートが登場。コルセットの改良が多くされる

1850～

- ブルーマー夫人が新型脚衣の婦人服を発表する（1851）
- 婦人服としてのテーラードスーツが流行し普及する
- 自転車が流行し、サイクリングドレスとしてブルーマー夫人考案のブルーマーが定着する

1900～

- ジャポニスム・モードが流行し、デイドレスに取り入れられる
- パリ・オートクチュール組合が設立される（1911）
- シャネルがジャージーを使用したスーツを発表し流行（1916）

フランス革命時のサン・キュロット党員の衣装。貴族の象徴であるキュロットを脱ぎ捨て、パンタロンを着用した。

19世紀前半の男性の衣装。ダンディズムという概念がイギリスを中心に浸透し、現代の紳士服の基礎も確立。

19世紀後半のクリノリンスタイル。スカートはかご形の下着クリノリンを入れドーム型になった。

フランソワ・ジェラール
『マダム・レカミエ』1802
年頃。

写真提供 ユニフォトプレス

第1章 身分差のない服飾へ

身分差への不満が引き起こしたフランス革命。
革命続きでめまぐるしく変わる社会のなかで、
ファッションも大きな変化を遂げた。

ジャック=ルイ・ダヴィッド『フランスのテニスコートの誓い』1791年。　写真提供 ユニフォトプレス

ファッションの歴史的ターニングポイント

身分差への不満からフランス革命が勃発

フランスで身分差がなくなるきっかけになったのが、市民による革命だ。革命以前の社会制度をアンシャン=レジームといい、人口のわずか2％にすぎない第一身分(聖職者)、第二身分(貴族)が官職を独占し、税負担も免れるなど優遇されていた。その支配下に置かれたのが第三身分の農民や市民だ。彼らは参政権がないうえに、税負担があるなど不公平な身分制度に不満を募らせるが、**ルイ16世**がこれを弾圧する。しかし1789年7月14日、パリ市民が、反国王派が投獄《とうごく》されていたバスティーユ牢獄《ろうごく》を襲撃し、フランス革命が勃発。8月には国民議会が封建的特権の廃止を宣言し、人権宣言を採択する。1791年9月にフランス初の憲法制定に至った。

フランス革命の流れ

1789年	
5月	三部会召集
6月	国民議会成立
	テニスコートの誓い
7月	バスティーユ牢獄の襲撃
8月	封建的特権の廃止
	人権宣言採択
10月	ヴェルサイユ行進
1791年	
9月	フランス初の憲法制定

貴族的なものは否定され「サン・キュロット」が登場

フランス革命で掲げられた「自由と平等」は、市民の服装にも大きな影響を与えた。市民の特権階級に対する不満から、華美《かび》で贅沢な服装は否定され、自然で飾らないスタイルが重要視されるようになった。さらに、国民議会では、服装による社会的差別も廃止された。

そして登場するのが「半ズボンをはかない人」という意味の、**サン・キュロット**党派のスタイルだ。このスタイルは長い**パンタロン**をはいたもので、これが「革命家」を象徴するスタイルになった。また、自由のシンボルの**三色旗**から赤、白、青の三色が服装に取り入れられるようになった。

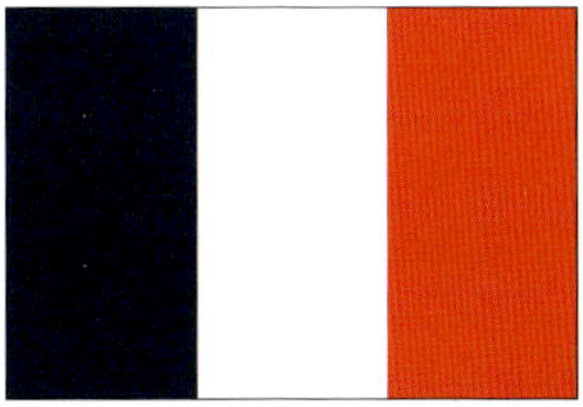

白はフランス王家の色、赤と青はパリ市の紋章色を表し、パリと王家の和解を意味する。

写真提供 ユニフォトプレス

ルイ・レオポルト・ボワリー『サン・キュロットの服装をして旗を持つ俳優シュナールの肖像』1792年。革命の混乱はファッションにおいても同様で、サン・キュロットに代表される市民の服と、旧体制が好んだ服装が混在していた。

革命派が服装で表現した自らの立場

革命派は長いズボンをはき、**カルマニョル**という活動的なジャケットを着用。頭には赤いボンネット帽や、三色旗のついた帽子を被り、足元は木製のサボをはくなど、その装いは質素だった。王党派はモノトーンの服を身につけたが、そのなかに奇抜な服装の党員も登場。革命反対の意思を服装で表現した彼らは、**ミュスカダン**と呼ばれた。

1795年の犬の耳型と呼ばれ、ミュスカダンの間で流行した髪型。耳の下まで伸びた髪も飾らないスタイルのひとつであった。

フランス革命初期の
サン・キュロット党員の服

カルマニョル［carmagnole］

カルマニョルはイタリアのピエモント高原の労働者が着ていたジャケットで、マルセイユの使従がパリに持ち込み、革命党員が採用した。

帽子

トリコルヌは姿を消し、丸形の帽子に変化する。帽子は黒いフェルト製で、革命を表す青・赤・白の三色旗色の帯と花形帽章などがつけられた。この帽子は、もともと徒刑囚が使っていたものだった。

髪型

髪粉は控えめにつけられたが、カツラの着用は続いた。後ろの髪は細いリボンで巻いたピッグテール（豚の尾）でまとめられた。

装飾品

男性は短いステッキや長いステッキを携えていた。

パンタロン［pantalon］

船乗りや囚人の衣服である長いズボンは、貴族の象徴であるキュロットへの対抗だった。1810年頃まではこのズボンの着用が広がり、ズボンつり製造業という職業が生まれ、長靴下は短靴下へと変化した。

靴

高いヒールやバラの形の飾りはなくなり、簡素なものになる。紐で結んだヒールのない浅靴や木製の靴であるサボがはかれ、白か縞《しま》の入った絹の長靴下と共に着用。

簡素になっていく フランス革命期のファッション

フランス革命が起こる数年前の1783年あたりから、ファッションは変化し始めていた。華やかさは影を潜め、より単純なデザインが求められるようになり、さらに身分差のない衣服が求められるようになったのだ。特に、プチ・トリアノンでの王妃**マリー・アントワネット**（P.97）の田舎風の衣服でのイギリス的簡素さが影響しており、こうした簡単な衣服がヨーロッパのスタンダードとして定着していった。

この背景には、王妃マリー・アントワネットの浪費による莫大な富の喪失や、スイス生まれの哲学者ジャン＝ジャック・ルソーが服装は簡素であることをよしとすると説いたことなどがあったと考えられている。

革命直前～末期の女性のファッション

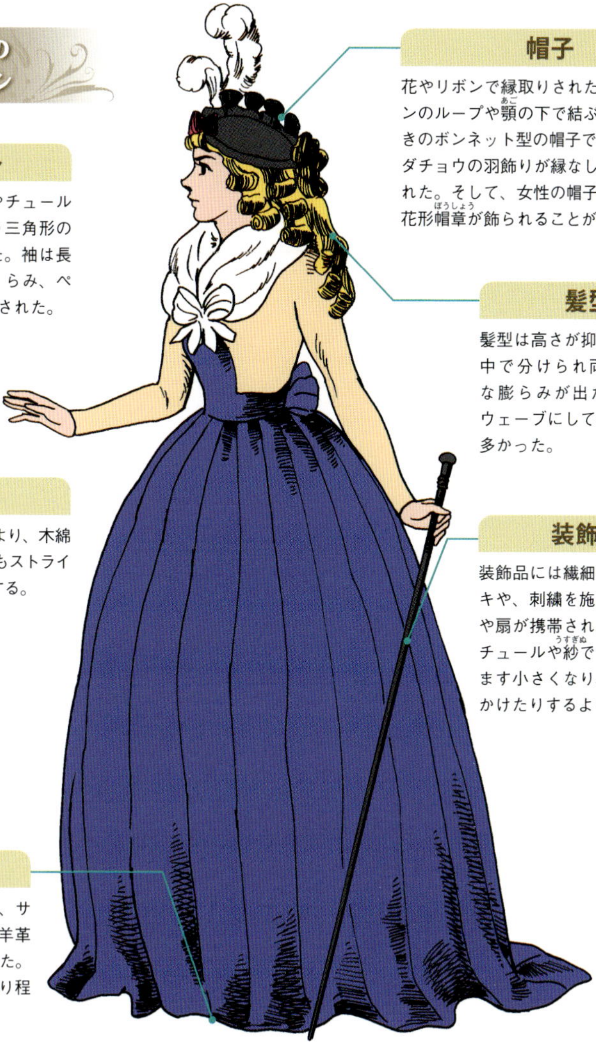

シルエット

たっぷりとした白生地やチュールなどのフィシューという三角形のストールを首元に入れた。袖は長く、スカートはよりふくらみ、ペティコートが何枚も着用された。

帽子

花やリボンで縁取りされた帽子か、リボンのループや顎《あご》の下で結ぶ飾りリボン付きのボンネット型の帽子であった。また、ダチョウの羽飾りが縁なし帽子につけられた。そして、女性の帽子にも三色旗の花形帽章《ぼうしょう》が飾られることがあった。

髪型

髪型は高さが抑えられ、真ん中で分けられ両側に柔らかな膨らみが出た。後ろ髪はウェーブにして垂らすことが多かった。

生地

絹とビロードの禁止令により、木綿やリンネルが増加。模様もストライプなど単純なものに変化する。

装飾品

装飾品には繊細で細いステッキや、刺繍を施したハンカチや扇が携帯された。特に扇はチュールや紗《うすぎぬ》でつくられますます小さくなり、香水をふりかけたりするようになった。

靴

ヒールがある浅靴が消え、サンダル風の布靴または山羊革製の平らな浅靴がはかれた。飾りは蝶結びまたは縁飾り程度で簡素なものだった。

革命により**つけぼくろ**や**髪粉《かみこ》**、造花などは一時消滅する。飾り立てた優美さを見せびらかす者がいなくなったのだ。社交生活も宮廷の終焉《しゅうえん》とともに消えてなくなった。服装によって社会的差別をするといった行為は国民議会によっても廃止された。市民にまで貴族が羽や赤いヒール、刺繍を身につける特権を持っていることは広まっていたが、その特権も嘲笑《ちょうしょう》され、召使いの服装として生き残った。

今日着られる長ズボンは、フランス革命時代に登場したがその他の流行はすぐに消えた。そして革命後は、女性の服装もよりいっそう簡素化する。その一方で、ルイ16世時代末期のスタイルも残された。古代ギリシア・ローマの世界、革命後の理想を見た市民たちの思いが、古典風のファッションを生み出したのである。

アンクロワイヤブルのファッション

上衣

上衣はアビ（P.90）を着用したが、黒い上襟をつけていた亡命貴族と区別するため赤いものを着用していた。また、男らしさをだすため背中にかさばった襞《ひだ》をつけ、ベストは胸を覆う程度の短いものを着ていた。

キュロット［culotte］

膝下まであり、がに股に見えるように大きなボタンがつけられリボンのループで仕上げられた。上衣が無地であればキュロットは縞《しま》模様に、上衣が縞模様であればキュロットは無地になった。組み合わせには青と白、緑と白が好まれた。

靴

靴はいろいろな長さの長靴や、パンプスがはかれた。いずれも柔らかい革製で、つま先が尖っていた。靴下は白無地か白地に縞が走ったいずれかの絹長靴下を合わせた。

髪型、小物

髪型は犬の耳のように乱雑に伸ばし垂れ下がっていた。帽子はフェルトの二角帽を被り、手には手眼鏡や短くて重いステッキを持っていた。クラヴァットは首やあごを覆うようにたっぷりと巻かれ、素材は白キャンブリック製だった。

襟

アンクロワイヤブルの上着は、高い折り返しがついた襟と広いラペルがついているのが特徴であった。

奇抜な格好のアンクロワイヤブル

1795年に総裁政府が成立すると、人びとは贅沢な生活を好むようになっていく。この時期に登場したのが、ミュスカダン同様、革命反対の意思を服装で表した**アンクロワイヤブル**と呼ばれる伊達男のグループである。これは、風変わりな流行を追う若者たちを指した。

アンクロワイヤブルは**アビ**の襟を高くし、折り返しの**ラペル**を大きく広げ、派手な**ベスト**を着用。**クラバット**は何重にも巻かれて顎まで届くほどであった。また、**キュロット**の膝部分にはボタンが留められていたが、これはがに股に見せるためである。髪の毛は犬の耳に見えるようボサボサで、手には帽子やステッキを持っていた。

極端に簡素な衣服を着るメルベイユーズたち

奇妙な格好をする男性をアンクロワイヤブルに対し、女性は**メルベイユーズ**と呼ばれた。彼女たちは薄地の**綿モスリン**や**ペルカル**といった素材でできたローブを着用。このローブはほとんど透けていて、しかも下着は着られていなかった。大きく開いた襟とハイウエストで身体を締めつけない直線的なスタイルが特徴で、それまでの色彩豊かなローブとは完全に違うものであった。

このローブには古代ギリシアやローマの共和制を理想に掲げたフランス革命の思想が影響しており、古代風ローブとも呼ばれた。また、下着のようなドレスであったため、後に**シュミーズ・ドレス**という言い方がされるようになった。

このシュミーズ・ドレスはヨーロッパの寒い冬を過ごすには薄すぎたため、風邪や肺炎で亡くなる女性が続出した。素材の多くがモスリンでできていたため、**モスリン病**といわれた。

フランソワ・ジェラール『マダム・レカミエ』1802年頃。コルセットもパニエもついていないシュミーズ・ドレスで、ハイウエストのストレートなラインだ。

写真提供 ユニフォトプレス

白い綿織物に合わせる上着、スペンサーの流行

薄くて白い綿織物は、その上に着用する上着やショールの流行を促した。このとき登場したのが、**スペンサー**である。

考案者であるスペンサー伯爵の名前をそのままつけたこの衣服は、18世紀末のイギリスに登場した男性用燕尾服《えんびふく》の上部分だけを残したような上着であった。女性服に採用されると、さまざまな形や色が登場し、外衣として広く普及する。そして、次第に身体に密着していき、胸元をわずかに覆うような極端に短い丈の衣服となった。

イギリスで生まれた、長袖丈の短いジャケット、スペンサー。スペンサーの全盛期は1810年代後半であった。

写真提供
ユニフォトプレス

エンパイア・スタイルの時代

ブルジョワジー支配の時代とナポレオンの登場

ジャック＝ルイ・ダヴィッド『サン・ベルナール峠のナポレオン』1801年。ナポレオンがレカミエ婦人を愛人にするため彼女への贈り物として依頼した肖像画。

写真提供 ユニフォトプレス

1795年、総裁政府が成立。産業資本家や自作農経営者が生まれ、贅沢を謳歌《おうか》する人々が現れる。**ブルジョワジー**が中心の、華美で贅沢な時代を迎えた。

総裁政府成立後も、政治や社会情勢が不安定な時代に**ナポレオン**が登場した。ナポレオンは、王党派の暴動を鎮圧すると、イタリア遠征の総司令官となり、1797年には第１回対仏大同盟が崩壊。1799年に第2回対仏大同盟が結成されたあと、エジプト遠征から引き返すと総裁政府を倒し、3人の統領からなる統領政府を樹立し、自らが第１統領になった。その後国民投票で、終身統領になり、フランス銀行の設立、教育制度の改革などを行った。私有財産の不可侵・法の下の平等・個人の思想や信仰の自由などを規定した法典を編纂《へんさん》し、国民から支持されたナポレオンは1804年に皇帝となって第一帝政が始まった。

ナポレオンの活躍

1795年	10月	ヴァンデミエールの王党派反乱を鎮圧《ちんあつ》
1796年	3月	イタリアに遠征し、オーストリア軍を連破
1797年	10月	カンポ・フォルミオの和約
1799年	12月	統領政府を樹立し、独裁的権力を握る
1801年	2月	ローマ教皇とコンコルダート締結
1802年	3月	アミアンの和約でイギリスと講和
1804年	3月	ナポレオン法典公布
1804年	5月	第一帝政成立、皇帝ナポレオン1世が誕生
1804年	12月	ノートルダム大聖堂で戴冠式《たいかんしき》を行う

ナポレオン法典

❶私有財産の不可侵
財産権の保障

❷法の下の平等
平等権の保障

❸個人の自由
自由権の保障

第一帝政時代の女性のファッション

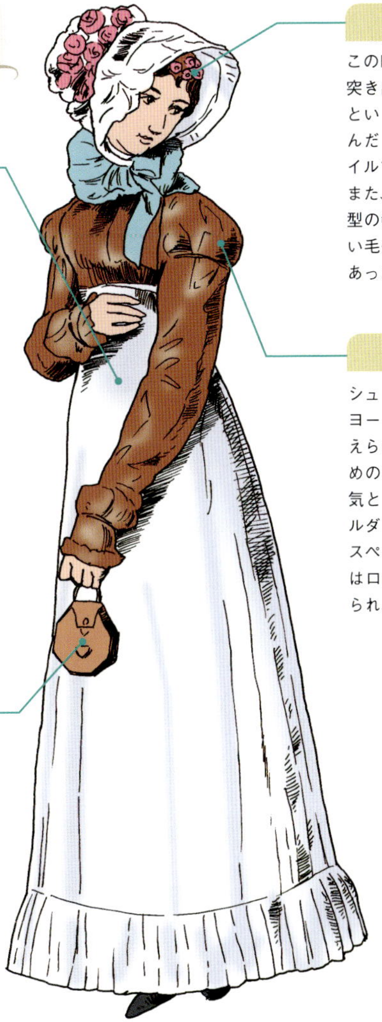

シュミーズ・ドレス
［chemise dress］

白い木綿モスリン地のシュミーズ・ドレスには、白糸で繊細な刺繍が施されていることがあり清楚な印象を与えた。

髪型

この時代のボンネットは前が高く突き出て縁が大きなものであったという。髪型も古代人のように編んだり巻いたりして波打たせ、オイルで艶《つや》を出したものが流行した。また、男性と同じく女性にも犬の耳型の髪があり、これは不揃いで長い毛先が顔の両側にかかるものであった。

上着

シュミーズ・ドレスは極端に薄く、ヨーロッパの冬の寒さには到底耐えられなかったため、寒さを防ぐためのカシミヤショールや外套《がいとう》が人気となった。外套は男性と同様のルダンゴットや、短いジャケットのスペンサーが好まれた。スペンサーはローブと対照的な濃い色でつくられ、前あきが基本の形であった。

提《さ》げ袋

シュミーズ・ドレスは体の線がそのまま出るため、ポケットが付けられなくなる。その代わりとしてレティキュールと呼ばれる小さな提げ袋が登場した。この提げ袋には細かな刺繍がつけられていた。後にこの提げ袋は、嘲笑《ちょうしゅう》を意味するリディキュールという名称になった。

新古典主義から生まれたエンパイア・スタイル

革命ののちに新古典主義へ傾倒した**エンパイア・スタイル**が登場する。女性はこの時代イギリス製**モスリン**でできたハイウエストで直線的なドレスを着用した。

しかし、エンパイア・スタイルはすぐに浸透することはなかった。これは、ナポレオンが織物産業の保護に務めるため、イギリス製品に課税し、さらにイギリス製モスリンの着用を禁じたためである。ナポレオンの妻**ジョセフィーヌ**は軽くて透けるような綿モスリンのローブを好んでいたが、この禁止令によりジョセフィーヌは公的な場で絹のドレスを着用するようになる。ここからエンパイア・スタイルが少しずつ変容していった。

第2章 豊かな平民階級のファッション

男性にブルジョワモードが広まり、女性のシルエットがよりロマンチックになったこの時代。産業革命により衣服の大量生産が可能になり、オーダーメイド以外にも選択肢が出始めた。

1865年の冬のロンドンを描いた様子。当時の服飾が伺える。　写真提供 ユニフォトプレス

王政復古時代の貴族調衣装

ウィーン体制で復活するフランスの王政

1814年にヨーロッパ各国はウィーン会議を開催。1815年に各国はウィーン議定書に調印した。内容は、ブルボン王朝復活、ドイツ連邦の成立、ロシア皇帝のポーランド王兼任などである。大国が協調してヨーロッパを平定するため、民主主義、自由主義を抑え込もうという反動的なものだった。

同年、ロシア皇帝の提唱により、再び革命が起きるのを防ごうとイギリス王・ローマ教皇・オスマン皇帝以外の各国の君主間で、神聖同盟が結ばれた。また、革命運動に武力干渉するのを目的に、イギリス、ロシア、プロイセン、オーストリアの間で四国同盟が結ばれた。この体制をウィーン体制といい、これによりフランスでも王政が復活した。

ウィーン体制の成立

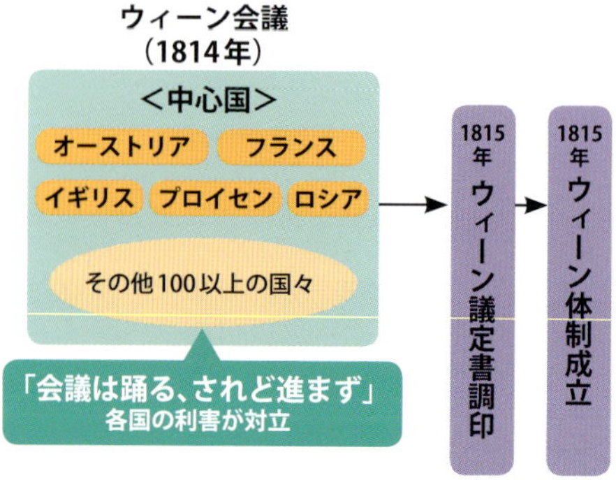

ウィーン会議
（1814年）
<中心国>
オーストリア
フランス
イギリス
プロイセン
ロシア
その他100以上の国々
「会議は踊る、されど進まず」
各国の利害が対立
1815年 ウィーン議定書調印
1815年 ウィーン体制成立

王政復古後の反動政治に怒った市民の「七月革命」

ウィーン体制下のフランスでは、ブルボン王朝が復活。王政復古で1824年にシャルル10世が戴冠すると、貴族やカトリック勢力を保護する反動政治を強行する。そして、言論・出版を統制したり、自由主義者を議会から追放したりした。

この反動政治に対して、フランス市民が決起。七月革命の際、ラファイエットを国民軍司令官として、1830年に七月革命を起こす。民衆側が勝利を収め、シャルル10世はイギリスに亡命。ブルボン王朝は崩壊し、自由主義派の貴族オルレアン公ルイ＝フィリップが国王に選ばれ、七月王政が成立した。

ナポレオンの失脚後、ブルジョワの男性には**ルダンゴト**、**ベスト**、**パンタロン**といったイギリス風の組み合わせが広がった。これを**英国趣味**（アングロマニー）といい、モードを牽引するのは**ブルジョワジー**達となり、一般市民の服飾の形も整っていった。そしてこの形式は現在にも継承され、今日のフォーマルウェアとなっている。

身につける人を表したクラバットの結び方

この時代、男性の服装に大きな変化はないが、数年間流行したスタイルがベストの重ね着だ。黒ビロードのベストの上に白いピケのベストを着るもので、黒いベストの襟を外に出すのが流行った。

そして、当時の男性の装いに欠かせないアイテムのひとつだったのが**クラバット**。襟もとに目立つようにつけることが好まれたが、結び方はさまざまで、1820年代にはクラバットの結び方をまとめた本も出版された。この本では、32のクラバットの結び方が紹介されている。当時、クラバットは家柄、教養、社会的地位など、その人自身を表すと考えられていたのだ。関連書は、イギリス、フランス、イタリア、アメリカなどでも発行されたという。

ウィーン体制に対する運動

七月革命はヨーロッパ諸国に影響を及ぼし、各国で自由主義運動が起こる

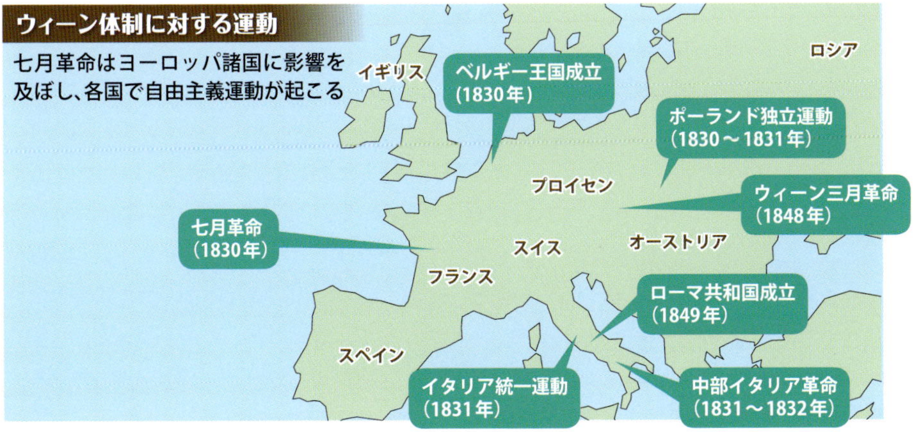
イギリス
ベルギー王国成立（1830年）
ロシア
ポーランド独立運動（1830～1831年）
プロイセン
ウィーン三月革命（1848年）
七月革命（1830年）
スイス
オーストリア
フランス
ローマ共和国成立（1849年）
スペイン
イタリア統一運動（1831年）
中部イタリア革命（1831～1832年）

七月革命期の男性のファッション

帽子

円筒形のつや出しビーバー、いわゆるシルクハットが流行した。シルクハットは1760年にイタリア・フィレンツェで考案されたが、一般的になったのはこの時代だった。

ルダンゴト [redingote]

昼間に着用するルダンゴト(英語でフロックコート)は、ウエストから下の部分にフレアーが入り、膝丈まで長くなった。日本においても明治時代の鹿鳴館《ろくめいかん》で着用されていた。

クラバット [cravate]

郵便馬車夫風に結ばれたクラバット。のり付けされた幅広で帯状の布をシャツの襟周りに巻くだけの装飾だったが、ダンディたちがもっとも注意を払う部分だった。ダンディの創始者ブランメルには、気に入った結び方ができるまで何枚ものクラバットを費やしたという逸話も残っている。

長ズボン

長ズボンは細身でくるぶし丈のものが多かった。素材は南京木綿、綾《あや》木綿、白ピケ、白コール天など。

ベスト [vest]

ベストは畝《うね》や縞《しま》の入った絹製のものや、ビロード製など素材にこだわりが見られた。

靴

黒のパンプスまたは高さ38センチほどの長靴がはかれた。ブーツで流行したのは軍隊の防護用長靴であった。

イギリス紳士によるダンディズムという意識

19世紀に広まった**ダンディズム**という概念。美しいシルエット、清潔感のある衣服を着ることはもちろん、優雅な立ち居振る舞いも求められた。

当時の洒落者の男性は、女人禁制の社交場・クラブに多くの時間を費やしており、ダンディズムはここから生まれた。そしてこの時代の寵児とされたのが**ブランメル**だ。ブランメルは端正な身だしなみ、美しい立ち居振る舞い、みごとな話術を備えていた。

仕立屋たちが店の看板をブランメル御用達という文句に変えるほど彼の影響力は強かった。清潔感があり、手入れが行き届いたブランメルの服装は、社交界におけるダンディズムを成立させた。

七月革命期の女性のファッション

シルエット

なで肩は裁断法によって誇張され横に広くなり、袖には詰め物や針金が入れられよりウエストが細く見えるよう強調された。袖は長さ、形もさまざまで1820年代には肩から手首にかけてだんだん小さくなっていった。スカート部分は細身で直線的なものから釣り鐘型に変化し、くるぶしくらいまでの長さになった。襞《ひだ》飾りやパフ、扇形の飾りにレース、リボンや蝶結び、花などが何列にも並んで飾られた。

コルセット［corset　英］

コルセットは女性が衣服を着る際に不可欠なものとなる。1820年代には再びウエストが細くなり、正常な位置へと戻った。

帽子

ボンネットや帽子の形も多岐にわたる。麦わらや絹のフラシ天、ビロードタフタで裏打ちされたフェルトなどが材料だった。ボンネットからは長いリボンの尾が垂らされたり、縁なし帽は白モスリンか黒ビロード製の軍隊風やポーランド風になったり、ターバンなども登場。いずれも羽やリボン、花などの装飾を組み合わせていた。

ドレスの色と素材

ドレスの色彩は明るいもの、または白いものが好まれた。そこにアクセントカラーとして赤や緑が使われた。素材は薄地のモスリンや未漂白のキャンブリック、バティストなどが好まれた。

明るい色彩のドレスは今の花嫁衣装の原型

女性の服装には、18世紀の**コール・ア・バレ(ー)ヌ**がコルセ(いわゆるコルセット)と名前を変えて登場。これによりシルエットは細くなり、ウエストラインは下がった。肩幅は、肩章や裁断の仕方で誇張された。

ドレスの色は特に白が好まれ、素材は**モスリン**や**バティスト**が使われた。ドレスに使われる生地には「ナイル川の水」、「おののくネズミ」、「恋するヒキガエル」などの一風変わった名前が付けられた。

ドレスの袖は16世紀頃に流行した羊の脚のようにふくらんだ**羊脚袖**が復活した。また、袖の装飾とふくらみを美しく出すために、**絹平織地**や薄手の**ダマスク**といった張りがあり軽やかな素材が使われた。

七月革命期の男女の夜会服

クラバット[cravate]

夜会服用のクラバットは白が用いられた。通常は黒サテンが多かった。

袖

ルネサンス期に流行したジゴ袖が再び登場。羊の脚のようにふくらんだこの袖は、鯨《くじら》の髭《ひげ》が支えとして入れられた。しかし、次第にこのふくらみは小さくなり、1840年代になると袖は全体に細身になった。

燕尾服

腰から下に長い裾がついた燕尾服が夜会服として定着した。

アクセサリー

繊細なレースのハンカチがアクセサリーとして再登場。宝石も普及し、ダイヤモンドや真珠、ルビー、エメラルドといった宝石がついた指輪、腕輪が流行した。

シャツ[shirt 英]

リンネル製で細かい刺繍が施された。首元にはクラバットを付けた。

スカート[skirt 英]

スカートの丈は踝より少し上くらいの長さで、飾りはあまりつけられなかった。ギャザーを寄せた形になり、中にはふくらみをもたせるためのペティコートがはかれていた。

帽子

円筒系のトップハットが身だしなみを整える付属品として重用視された。

靴

伸縮性のある平紐を編み上げるようにしてはく布製の浅靴が流行。1830年代後半には低くて幅広のヒールがついた靴が登場する。

シルエット

シルエットは全体にほっそりし、ウエストは特にぴったりしていた。上衣には腰から下の裾が長い燕尾服が流行。夜会服では黒ビロードのベストに白ピケのベストを重ね、黒い襟を白ピケの襟の外に出す着方が流行した。

華やかになった男女の夜会服

夜に行われる社交パーティーなどで着用する夜会服。19世紀の夜会服は、現代の衣服にとても近いものであった。

男性の夜会服には**燕尾服《えんびふく》**が着られるようになる。腰から下の長い裾がツバメの尾のように2つに分かれているのが特徴だ。また、燕尾服の下に着られるベストは青と黒が好まれ、美しい刺繍が施された。

女性の夜会服もまた華やかな衣装が求められた。肩を出し、半袖に手袋をつけるのが一般的なスタイルである。屋内では帽子は外されたが、外での移動中は昼と同じく帽子が被られた。髪型は長い髪を編み込み、耳の横から後ろでまとめ、さらに花やリボン、羽を飾った。

クラバットの種類

クラバットは男性の衣装の中でも、とりわけ関心をひく部分であるとされたため、その結び方も多岐にわたっている。

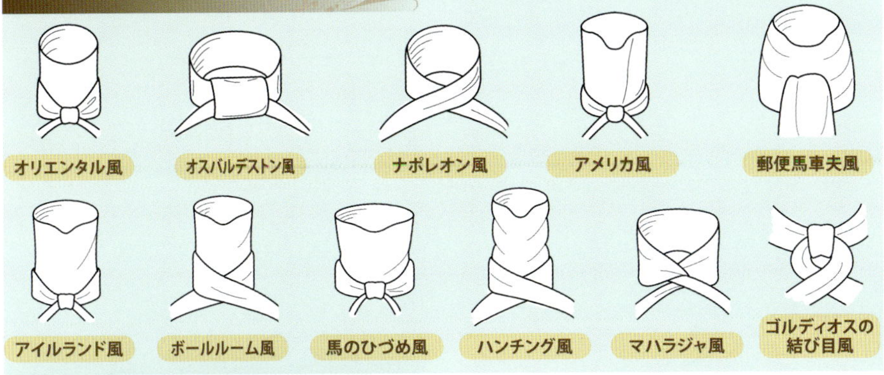
オリエンタル風
オスバルデストン風
ナポレオン風
アメリカ風
郵便馬車夫風
アイルランド風
ボールルーム風
馬のひづめ風
ハンチング風
マハラジャ風
ゴルディオスの結び目風

イギリスの影響を受けた19世紀の男性ファッション

この時代、**長ズボン**、**フロックコート**(P.118)、**シルクハット**、**グレートコート**というスタイルが一般的で、イギリスの流行が続いた。

ベストには金糸《きんし》刺繍《ししゅう》などを施した明るい**ビロード**などを使用。シャツは、略装のものは**フリル**がつけられ、**リンネル製**の夜会用のシャツは刺繍が施された。

現在、シルクハットと呼ばれる帽子は当時必要不可欠なアイテムであった。ビーバーの毛皮を使ったものが**ビーバーハット**で、シルクを用いたものがシルクハットと呼ばれた。

ラウンジジャケットというくつろぎ用の服(別名スモーキング・スーツ)もあり、これにビロードの縁なし帽を被った。室内着は絹やビロードでつくられていた。

服に表れるロマン主義の影響

2度の革命がきっかけで崩壊したウィーン体制

1847年に成立したギゾー内閣は、言論・出版の自由を統制し、自由主義者を弾圧した。これに対してパリ市民は普通選挙の実施を要求。労働者の間から不満が高まり1848年に二月革命が勃発した。革命後、ルイ＝フィリップは亡命。臨時政府が成立し、第二共和政を宣言した。

そしてフランスで2度目の革命となる二月革命の影響は、ヨーロッパ各地に波及。ドイツとオーストリアでは三月革命が起き、オーストリアの首相メッテルニヒは市民に追放されロンドンに亡命。各地で革命や独立運動が激しくなり、ウィーン体制は崩壊した。

この時代、古典主義に対する反動として、18世紀末からヨーロッパを中心に台頭してきた**ロマン主義**が流行する。ロマン主義とは、現実的なものから離れ、夢や空想の世界への憧れや、歴史的なものへの感傷を表現したもので、女性はか弱く従順な存在であることが理想とされた。

ロマン主義時代に描かれた従順な女性像

ロマン主義時代には、女性の衣装はつつしみ深く愛らしいものが求められた。このため、女性の腰を締めつけて苦しめる**コール・ア・バレ(ー)ヌ**の復活も、特に問題視されることはなかった。

スカートの裾は大きく広がり、その裾には、組紐やサテンの飾り、絹色の刺繍などが施されていた。そして、胸元を覆うための**ケープ**や**ショール**も多く用いられた。帽子や靴にもリボンや花といった装飾がつけられた。

写真提供 ユニフォトプレス

ボンネット(1825～35年頃)。ストロー製で、前時代に続いて広いブリムが特徴。高く結う髪型の流行に合わせて、さらに大型になった。

写真提供 ユニフォトプレス

靴(1830年頃)。この時代の女性のファッションは繊細で女性らしいものが求められていた。その風潮は靴にも華奢な形となって表れた。

ファッションこぼれ話

次々登場したファッションブック

18世紀後半になると、服飾雑誌が登場する。ロンドンの『ザ・レディース・マガジン』、フランスの『ラ・ギャルリー・デ・モード・エ・コスチューム・フランセ』、『ジュルナル・デ・ダム・エ・デ・モード』といった雑誌である。これらの雑誌にはファッション・プレート(服飾版画)が入っていて、これが各地に最新のファッションを広める役割を果たした。この版画は一色刷りを主としている銅版画で、手彩色が施された。

印刷技術がさらに向上すると、上流階級を対象にした『プチ・クーリエ・デ・モード』や『ラ・モード』が登場した。また、一般階級の女性向けにも、服の作り方、型紙などがついた雑誌が出版された。

フランスで発行された1833年「ラ・モード」(文化学園大学図書館所蔵)

ファッションこぼれ話

北と南で特徴が表れた軍服～南北戦争～

1829年、西部出身としては初の大統領となったアンドリュー・ジャクソンは民主化政策を推進し、支持者たちは南部を基盤に民主党を組織した。一方北部ではホイッグ党が結成された。ヴァージニア以南は自由貿易と州権論を主張。オハイオ以北は保護貿易と中央集権主義、奴隷制度反対を唱えていた。

1861年に北部出身のリンカーンが大統領になると、南部11州が合衆国から脱退し南北戦争が開始。当初は南軍が優勢に戦闘を進めたが、ゲティスバーグの戦いで北軍が勝利し、戦局は逆転する。1865年、南部の首都リッチモンドが陥落し戦争は終結。合衆国は再び統一された。

北軍～青き精兵～

北軍の配給装備は南軍より優れていたという。そのひとつには礼装軍服があり、ハットと紺色のフロックコート、または軍服上衣と作業ブラウス、そしてキャップから成り立っていた。戦場では各人毛布1枚、シャツ2枚、ズロース2着、靴下2足、上衣1着、ズボン1本、靴1足、ハット1つを携えるよう明示されていた。

一等兵、歩兵隊(1863年)。民間製のブラウスを着ている。陸軍が「戦場の女王」と名づけた歩兵部隊で、観兵式用の装飾と紋章類でわずかに重装備になっている。

南北戦争の対立構図

北部自由州　南部奴隷州　中間州（南部に加入しなかった奴隷州）

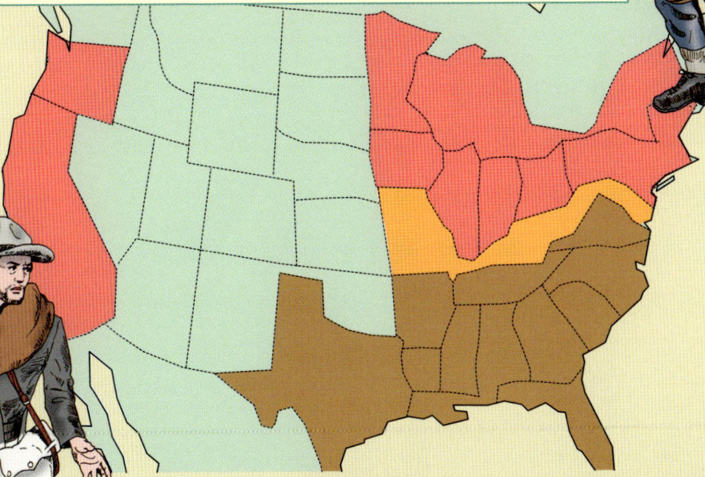

一等兵、歩兵隊（1863年）。上衣はノース・カロライナでつくられメリーランドの兵士に支給された原品を元にしている。裏地は白綾《しらあや》織綿布で、裏側にはポケットが2つ。

南軍～灰色の英雄～

戦場での下士官兵は立襟、前ボタン1列の短いブラウス、無地のズボン、つばつきの略帽を着用。礼装の場合はフロックコートとシャコ（帽子の先に細長い毛の房がついた軍帽）を着用した。南軍の服には外国からの影響も見られ、紋章はフランス帝国陸軍、軍服の基本的なデザインはオーストリア陸軍から借用されたとしている。

クリノリンとバッスルスタイルの時代

ナポレオン3世の第二帝政期から第三共和政を経て「よき時代」へ

ナポレオンの甥、**ルイ＝ナポレオン**（皇帝ナポレオン３世）によって1852年に始まった第二帝政期では、鉄道の敷設《ふせつ》やパリの都市改造などが行われた。しかし、1870年7月に起きた普仏《ふふつ》戦争に敗れ、ナポレオン3世による第二帝政は幕を下ろす。

第二帝政の崩壊後は、新たに成立した国防政府が1871年プロイセンに降伏。これに対してパリ市民が激しく反発し新政府をつくるが、国防政府はこれを鎮圧。1875年に第三共和国憲法が成立した。

この頃、パリの人口は1830年頃の3倍ほどに増加し、大いに繁栄する。第三共和政はパリの最盛期である**ベル・エポック**（よき時代）を経て、1940年まで続いた。

第二帝政時代の男性のファッション

シルエット

男性の服装は上衣、ベスト、パンタロンという三つ揃いが基本的なスタイルだった。男性の服装は簡素化、定型化に向かい、色も黒が用いられるようになる。派手な色が使われていたベストも、白か黒に落ち着いた。現在のフォーマルウェアとしての黒はこの頃に始まるものだ。一般の市民がジャケットを着るようになったのも、この時期の大きな特徴だ。

帽子

灰色や黄褐色《おうかっしょく》、白のシルクハットが引き続き流行。黒いシルクハットは公の場で被られるようになった。また、スポーツ服に組み合わせる帽子も登場。この帽子は、フェルトか麦わら製だった。

髪型

髪型は巻き毛だったが後ろ襟足は短めになる。口髭、頬《ほほ》髭、顎《あご》と下唇の髭は年配者だけでなく若い男性にもたくわえられた。

長ズボン

1850年代になるとブーツの底にひっかける紐をつけたぴったりとした長ズボンはなくなり、脚部の幅は広くなっていった。模様はチェック、格子柄が用いられ、サイドには装飾的な側章《そくしょう》がつけられた。

上衣

背広の原型となるサックコート。色は多様で、チェックや霜降り柄などもあった。

靴

1850年代、長ズボンの内側ではくブーツは編み上げ靴に変わり、60年代には脇をボタンで留める靴になった。また、パンプスはナポレオン3世の宮廷内で再び流行した。

ステッキ

外出時には必ずステッキが携帯された。また、丸や角の縁がついた留め金はリボンや細い鎖を通して首にかけられていた。そのほか鼻眼鏡も同じようにして首にかけられたという。

話題のデザイナーが開設したオートクチュールのメゾン

パリではじめてオートクチュールのメゾンを開設したのは、**シャルル・フレデリック・ウォルト**（1826 ~ 1895年）。イギリス出身のデザイナーだ。

1851年、ウォルトが勤めていた生地店であるガジュラン店から第１回ロンドン万博に作品を発表、第2回パリ万博では宮廷用ドレスを出品し最優秀賞を獲得した。そして彼は1858年に独立し、新しいファッションビジネスを始める。これが、自分がデザインした服をマヌカンに着せて、顧客から注文を受ける**オートクチュール**である。高価格だが生地や仕立てが上質であり、何よりもデザインが優れていたため、ウォルトの店は大いに繁盛し、多くの顧客に持つようになった。

ミシンや既製服の登場がモード界に変化をもたらす

第二帝政期のフランスモード界では、オートクチュールのほかにも、いくつかの新しい出来事が起きている。その一つが**既製服**の登場だ。1820年にパリの古着屋が仕立屋の売れ残りを安く買い、市場で売りさばいたのが既製服の始まりであるとされ、1824年には既製服の専門店「美しい女庭師」が開店し、1870年以降になるとドレスも既製服として販売された。

もうひとつは1829年、フランス人**ティモニエ**によって発明されたミシンである。1846年にはアメリカ人の**エリアス・ハウ**が二重縫い方式のミシンで特許を取得し、1860年以降に**アイザック・シンガー**がこれを改良、既製服の大量生産を可能にした。

シャルル・フレデリック・ウォルト。第二帝政期に皇后ユージェニーのドレスを手がけた。　写真提供 ユニフォトプレス

1824年フランスで開業した「ベル・ジャルディニエール（美しい女庭師）」。同名のブランドもあった。画像は1878年のもの。　写真提供 ユニフォトプレス

女性のクリノリンスタイル

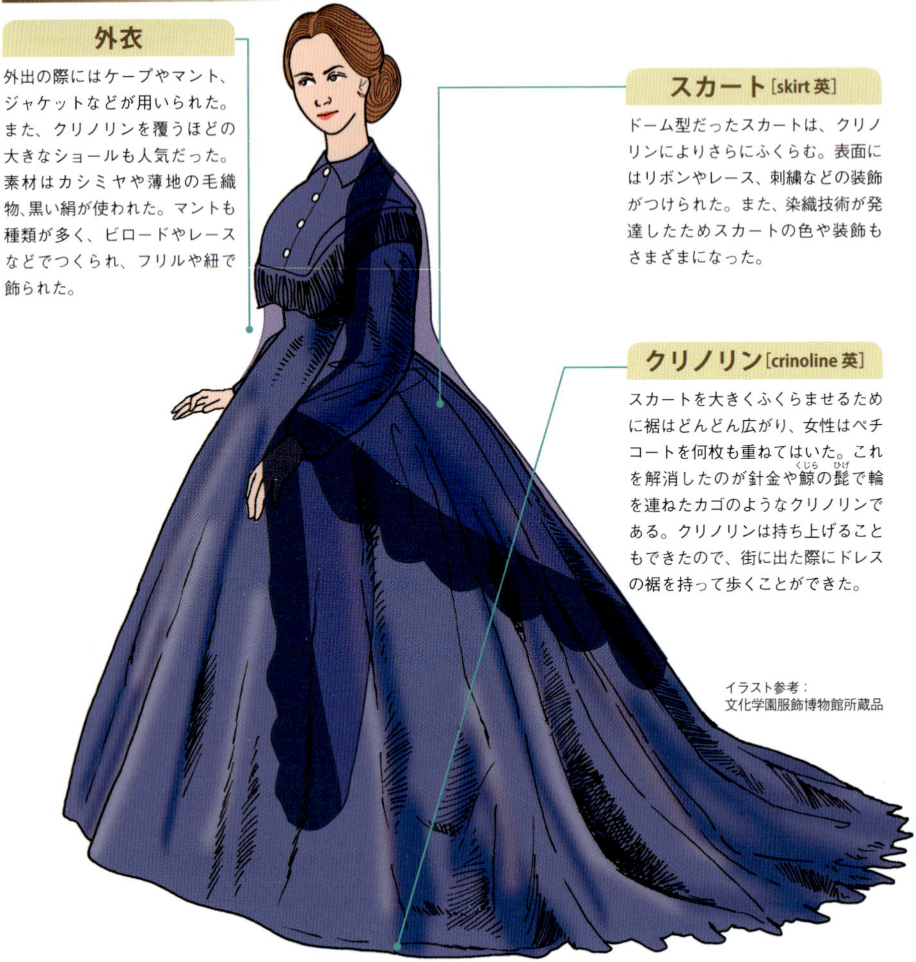

外衣
外出の際にはケープやマント、ジャケットなどが用いられた。また、クリノリンを覆うほどの大きなショールも人気だった。素材はカシミヤや薄地の毛織物、黒い絹が使われた。マントも種類が多く、ビロードやレースなどでつくられ、フリルや紐で飾られた。
スカート [skirt 英]
ドーム型だったスカートは、クリノリンによりさらにふくらむ。表面にはリボンやレース、刺繍などの装飾がつけられた。また、染織技術が発達したためスカートの色や装飾もさまざまになった。
クリノリン [crinoline 英]
スカートを大きくふくらませるために裾はどんどん広がり、女性はペチコートを何枚も重ねてはいた。これを解消したのが針金や鯨《くじら》の髭《ひげ》で輪を連ねたカゴのようなクリノリンである。クリノリンは持ち上げることもできたので、街に出た際にドレスの裾を持って歩くことができた。
イラスト参考：
文化学園服飾博物館所蔵品

クリノリンスタイルとバッスルスタイル

第二帝政期は、**新ロココ**と呼ばれる優雅なスタイルが好まれ、女性のスカートに大きな変化が起こる。ふくらみをつくるために、**クリノリン**が使われるようになった。

クリノリンとは、馬毛(crin)と麻布(lin)を使った素材で、すでに1840年代から使われていたが、1850年以降になると、鯨《くじら》の髭《ひげ》、針金といった硬い素材に変化。これらを輪にしてつなげてスカートの下にはく骨組みをつくった。このクリノリンは、とても軽く、1850年代にはスカートの裾はドームのように大きくふくらんでいった。まるで鳥かごを思わせるその形は、劇場に行った女性が椅子に座わることができず、その滑稽《こっけい》さも話題になった。

女性の
バッスルスタイル

シルエット

腰にボリュームをもたせるため、2枚はいたスカートの上のスカートを後ろにたくし上げた。また、フリルやギャザー、リボンや襞《ひだ》といった過剰な装飾を施した。

アクセサリー

アクセサリーにはハンカチや扇、手袋、日傘などが持たれた。日傘は絹やレースで飾られ、幌付き馬車用の小さな日傘が大流行した。また、造花が多く使われ、衣服に縫いつけられたが、ごく一部の優雅な婦人は生花を使った。

靴

深い靴が流行し、黒や灰色の革靴やエナメルやサテン、サテンと革が組み合わされた靴がはかれた。ヒールが高く、脇はボタンで留められた。昼間の靴は黒で、靴下は長く一般的に白かったという。のちに灰色の靴下、縞の靴下、赤い靴下などさまざまな種類が出てきた。

帽子

帽子はボンネットやキャップから縁のある帽子へと変化。低い山ができている丸い帽子はイギリスでポーク・パイと呼ばれた。花やリボンで装飾され、背中側には長い2本のリボンが垂らされた。そのほか、ひさしがあるウィンザー・キャップや目深に被る羊飼い風の帽子があった。

バッスル [bustle 英]

クリノリンのふくらみは後ろ腰のみになり、このシルエットを維持するためにバッスルが登場した。バッスルは馬の毛や糊《のり》で固めた麻を織り込んだ生地に襞《ひだ》を寄せたものや、クリノリンと同じく金属製の枠や鯨の髭でつくったカゴ状のものなど、形も素材もさまざまであった。

イラスト参考：
文化学園服飾博物館所蔵品

1860年代末から見られるようになった、腰の後ろだけをふくらませるスタイルを**バッスル**という。バッスルは腰当てという意味で、その形は17世紀末のフランス宮廷モードや18世紀にも見られ、このスタイルは**キュ・ド・パリ**（パリの尻）と呼ばれていた。日本にもその情報は届き、鹿鳴館《ろくめいかん》時代の女性に、バッスルスタイルの流行が確認されている。

1870年代には半クリノリン様式のクリノレットも流行した。

写真提供
ユニフォトプレス

アールヌーヴォー様式は一時期は退廃的なデザインとして美術史上でほとんどスポットが当たらなかったが、1960年代にアメリカでリバイバルが起こり再評価された。

写真提供
ユニフォトプレス

ヨーロッパで栄えたアール・ヌーヴォー

新世紀間近のヨーロッパに広まったアール・ヌーヴォー

1890年から1914年までは**ベル・エポック**(よき時代)と呼ばれる。交通網が発達し電話が実用化するなど、暮らしは便利になり、またエッフェル塔の竣工《しゅんこう》、パリ万博開催といった明るい話題も多かった。

この時期に広まった芸術様式が**アール・ヌーヴォー**である。動物や植物をモチーフにしたり、日本やケルトなどの伝統的なデザインを取り入れたりした、新しい様式だ。素材に鉄を用いて流れるような曲線を描くなど、斬新なデザインが話題となる。

アール・ヌーヴォーはパリの美術店「**サロン・ド・ラール・ヌーヴォー**」にちなんだもの。店の装飾を手がけた**アンリ・ヴァン・ド・ヴェルド**が、アール・ヌーヴォー運動の中心人物だ。絵画や彫刻だけでなく、家具やアクセサリーなど、さまざまな分野の装飾に影響を与え、女性のSカーブスタイル(P.130)にも影響した。

ファッションこぼれ話

アミーリァ・ブルーマーによる女性解放運動

1851年、女性の地位を向上させ男性と同じ権利を獲得するべく、女性解放運動を行っていたのがアメリカのアミーリァ・ジェンクス・ブルーマーである。この運動に参加する女性は、まず衣服の解放が第一歩であると考え、膝丈のスカートの下に踝《くるぶし》の部分を紐で占めたズボンをはいた。そしてまた、週刊誌などにもブルーマリズムという呼称とともに多くの風刺記事が掲載された。この記事は、女性の権利の主張に対する男性の反発というだけでなく、服飾には実用性も求められるという意識の働きのもと掲載されたといえる。実際にこのスタイルが定着するのはベル・エポック期で、サイクリング用としてリバイバルした。

アミーリァ・ブルーマーが広めた新型の女性の衣装。

アール・ヌーヴォー時代の子ども服

少年の服

セーラー服は1846年にウインターハルターが描いた肖像画のアルバート王子が着ていたことに由来する。19世紀後半には少年の服は簡素になり、紳士服を簡略的かつ小型化させた衣服を身につけるようになる。この頃あたりから子ども服は次第に機能的になっていく。また、少年の服はスモックとズボンをセットで着ることもあった。そして、1890年代には右のような水兵服が男女問わず流行した。ただし、女子はズボンをはかなかった。

少女の服

少女の服装はデザイン、装飾共に成人女性のものを忠実に真似ていた。クリノリンやバッスルなども使われ、最初はコルセットで体を締め付けるようなことも行っていた。1870年代にはプリンセスラインのドレスも着用された。1880年代頃にはようやく大人の服を小型化させるといったことがなくなり、幅の広いベルトがついた膝丈のプリーツスカートは直線的なドレスとなる。このドレスは19世紀の終わり頃まで続いたという。左の絵は1890年代に着られた子ども服。海辺のドレスと呼ばれるデザインだった。

大人の服のミニチュア版を着せられていた子ども

子ども服が登場するのは19世紀末。それまでは、大人が着る服の縮小版を着ていた。

たとえば、18世紀半ばの女児は、大人と同じ**クリノリン**を着用。**コルセット**で体を締めあげることもあった。男児は、5～6歳まで女児と同じ服装をして、その後は**ジャケット**、**シャツ**と**ズボン**という大人の男性と同じスタイルをしていた。

1860年頃モード雑誌に**ブラウス**とスカートの女児服が掲載された。そして1880年頃になると、子供が大人の服のミニチュアを着ることはなくなってくる。少年はジャケットとズボン、少女はブラウスとスカートという着心地のよい子供服が登場するのは、19世紀末であった。

アール・ヌーヴォー時代の女性のファッション

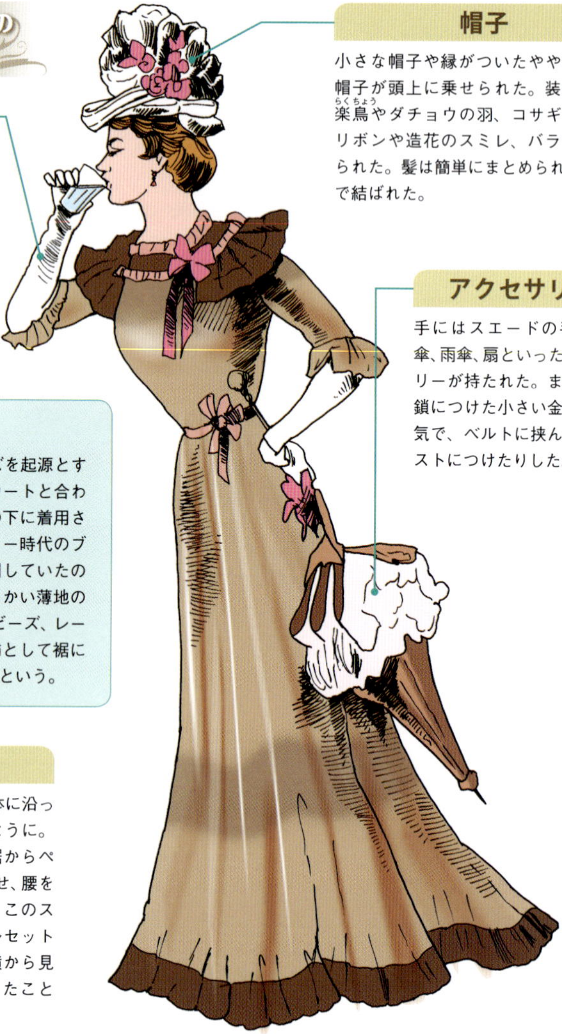

袖

腰から下のシルエットがシンプルになったことにより、デザインのポイントは袖となる。膨らんだ袖が流行し、手には長い手袋がはめられた。この袖は1900年頃になると腕に沿ったものとなり、極端に大きなものはなくなる。イラストは1900年以降の女性のファッション。

帽子

小さな帽子や縁がついたやや大きめの帽子が頭上に乗せられた。装飾には極楽鳥《ごくらくちょう》やダチョウの羽、コサギの羽毛、リボンや造花のスミレ、バラなどが飾られた。髪は簡単にまとめられ、頭の上で結ばれた。

アクセサリー

手にはスエードの手袋や日傘、雨傘、扇といったアクセサリーが持たれた。また、細い鎖につけた小さい金時計が人気で、ベルトに挟んだりウエストにつけたりした。

ブラウスの流行

19世紀の終わり頃、シュミーズを起源とするブラウスが流行。長めのスカートと合わせたり、テーラード・スーツの下に着用されたりした。アール・ヌーヴォー時代のブラウスは生地をふんだんに使用していたのが特徴だ。そして、生地は柔らかい薄地のものでつくられており、刺繍やビーズ、レースなどで飾られた。また、装飾として裾には必ずベルトがつけられていたという。

シルエット

コルセットやバッスルが消え、身体に沿って腰のラインをはっきり見せるように。外出時にはスカートをつまみ、裾からペティコートやレースのフリルを見せ、腰を少しかがめて歩くようになった。このスタイルをつくったのが新しいコルセットで、このコルセットを着用して横から見るとちょうどSの字のように見えたことからSカーブスタイルと呼ばれた。

優雅な曲線模様を描いたSカーブスタイル

1890年代に**バッスルスタイル**が衰退すると、**Sカーブスタイル**が登場。ウエストを**コルセット**で細く締めあげ、胸と腰を強調するもので、その姿を横から見ると、曲線でS字を描いたようだった。**アール・ヌーヴォー**では曲線を使ったデザインが好まれたが、そのスタイルがファッションにも波及《はきゅう》したのだ。下着メーカーもS字シルエット用のコルセットを開発し、袖は1830年代に流行したふくらみのある袖が復活した。

ドレスの素材としては、**シフォン**、**クレープ**、**サテン**、など、透けるものが使われ、そこにレースなどで装飾が施された。1900年代後半になると、体のラインに自然なドレスが見られるようになった。

女性のテーラード・スーツ。その姿は、自己主張し始めた、新しい女性の象徴にもなった。

女性の新しい服装は スポーツのための服から誕生

スポーツをするための服装が生まれたのもこの頃である。19世紀後半から、**新興ブルジョワジー**の間でスポーツが盛んになり、女性も少しずつ参加するようになる。クロッケーやローンテニスが流行するが、女性は競技中でも優雅なふるまいをするのがよしとされ、ドレスを着てハイヒールをはいたままプレイしていたという。しかし次第に動きやすいブラウスやスカート姿の女性も登場し始めた。

1870年代後半には、上流階級のスポーツ、乗馬の服装をアレンジした**テーラード・スーツ**も登場した。次第に人気が高まってくると、乗馬のためだけでなく、日常的に着まわせる服装として多くの女性が手にとるようになる。1890年代には**サイクリング**が流行し、男女を問わず自転車を楽しんだ。**ブルーマー**をはく進歩的な女性もいたが、テーラード・スーツにスカートというスタイルの女性がほとんどだった。

ファッションこぼれ話

白いウエディングドレスの誕生

「白いウエディングドレス」を若い女性に広めたのは、1840年にアルバート公と結婚したヴィクトリア女王。21歳のヴィクトリアが選んだ白いサテンとイギリス製レースのドレスとヴェールは若い女性の間で大人気に。しかしこのスタイルは高価なうえに、女性が自分の好みを主張することもかなわない時代だったため、実際にこれを着られたのはごく一部の花嫁だった。

また、白いドレスとヴェールは、男性から見た理想の女性像の象徴であった。このため、当時の冠婚葬祭のマナーを記したエチケットブックには、再婚女性や処女ではない女性は白いドレスとヴェールを身にまとってはならないと記されていた。

1890年のウエディングドレス。
写真提供 ユニフォトプレス

第3章 世界に広がるマーケット

万博で大いににぎわったパリ。オートクチュールなどパリ発信のモードにも世界が注目した。しかし時代は戦時下へ。ファッションにも転機が訪れる。

第5回パリ万国博覧会（1900年）。エッフェル塔にエスカレーターが設置されて話題となった。　写真提供 ユニフォトプレス

20世紀の始まりとオートクチュール

世紀末のパリ万博ではオートクチュールも展示

パリで万博が初めて開催されたのは1855年。それ以降、日本が初めて参加した2回目（1867年）、**ジャポニズム**が起きていた3回目（1878年）、エッフェル塔が建設された4回目（1889年）と続いた。1900年に開催されたパリで5回目の万博には4700万人が来場した。

ファッション部門も注目を浴びた。**オートクチュール組合**が共同でブースを出展。今も見られるような、**マネキン**に服を着せファッションを紹介する展示が評判だった。この展示の総監督を務めたのは、デザイナーの**マダム・パキャン**であり、パリ・クチュール協会の会長にも就任するなど、男性中心だったモード界の中で活躍した。

「第5回パリ万国博覧会　服飾部門展示ブース」（1900年）。オートクチュール組合が共同で服飾ブースを開設した。

写真提供 Roger Violet

20世紀初めの女性のファッション1

下着

ほっそりとしたシルエットが求められたため、胸部は細いソフトブラジャーかキャミソールで平らに固定された。

髪型

1910年代の髪型は耳を覆うように結うか、巻き毛をつくってコンパクトに整えるものだった。時折1920年代に流行するボブも見かけたが、流行するには至らなかったという。また、髪の色はヘンナで赤系に染められた。美容院の登場もこの頃である。

ドレスのシルエット

ドレス着用の際つけられていたコルセットは取り外され、ウエストが解放される。それに伴いウエストラインはやや高くなり、スカートのふくらみは抑えられ直線的なシルエットが主流となった。胴の部分は着物のような合わせが流行し、ジャポニスムがモードの中でも大きな流れとなる。また、コルセットを必要としなかったため、トリコットや編地の伸縮糸でできた生地が使われた。

アクセサリー

ビーズのネックレスが流行し、その種類や長さはさまざまであった。特に、短い真珠のネックレスとボタン上の耳飾りを合わせてつけることが多かったという。装飾の少ないシンプルなドレスに合わせて大きめなアクセサリーが好まれ、その質よりも目を引くデザインや色であることが重要とされた。

イラスト参考：
文化学園服飾博物館所蔵品

コルセットの締めつけから解放 直線的なラインのドレスが登場

1900年代に入って、**コルセット**は次第に姿を消し、ウエストは太く、腰からヒップにかけてまっすぐという形になった。その結果、ドレスのラインは筒型のスタイルになる。また、**イブニングドレス**でも、引き裾はなくなった。この当時ファッションをリードしていたのが**ポール・ポワレ**で、1905年にはコルセットを使わないドレスを発表した。また彼は、エメラルドグリーンやサクランボ色、朱色、藤紫色など鮮やかな色を使った。

ヴィトリオール・ドゥイエはビーズやスパンコールを使い、スカートの前裾を短くしたドレスを発表した。彼もまた人気のクチュリエであった。

20世紀初めの女性のファッション2

チュニック

長いチュニックにはレースや花飾りといった装飾が施された。やがてチュニックは短くなったがよりいっそうゆったりし、1912年頃にはヒップの位置でドレープがつくられるなどゆとりをもたせたものになったという。イラストは1911年頃のスタイル。

帽子

帽子はボリュームのある髪型に合わせトップが大きなものが流行。また、幅広のリボンや造花などがつけられた装飾的なものが好まれた。オリエンタリズムの影響によりターバン風の帽子も流行した。

装飾の羽

帽子や扇子《せんす》にはたくさんの羽を使用。特に帽子は大量の羽毛で重くなったという。しかし、鳥の乱獲が進んだため、アメリカのオーデュボン協会により1913年に鳥類保護法案が承認され、羽ブームは下火になった。

スカート [skirt 英]

スカートをつくるアンダースカートは裾がすぼまり、長いチュニックと共に幅広いバンドや、絹で光沢のあるリボンのようなサッシュを用いて膝《ひざ》下で結ばれた。このようなスカートはホブルスカートと呼ばれた。

室内着にアレンジされた日本の着物スタイル

ヨーロッパに伝わった日本文化は、ゴッホ、モネ、ドガなどの絵画にとどまらず、ファッションにも影響を与えた。特に着物は、女性がコルセットをゆるめて着る室内用の**ティー・ガウン**※に似たものとして、室内着として使われるようになった。1900年パリ万博で公演した女優、**川上貞《かわかみさだ》奴《やっこ》**の着物姿も話題になり、のちに彼女の名を冠した着物風室内着も販売された。

このジャポニスムをモードに取り入れた代表的なデザイナーが**ポール・ポワレ**である。彼はハイウエストで直線的なシルエットのドレスや、着物のような合わせをもったドレス、キモノ袖と呼ばれる長い袖をもつドレスを発表した。

【ティー・ガウン】ゆったりとしたシルエットで淡い色のロングガウン。薄手のウールやシルクが使われている。夕食前の時間帯に着られたため、この名前がつけられたという。

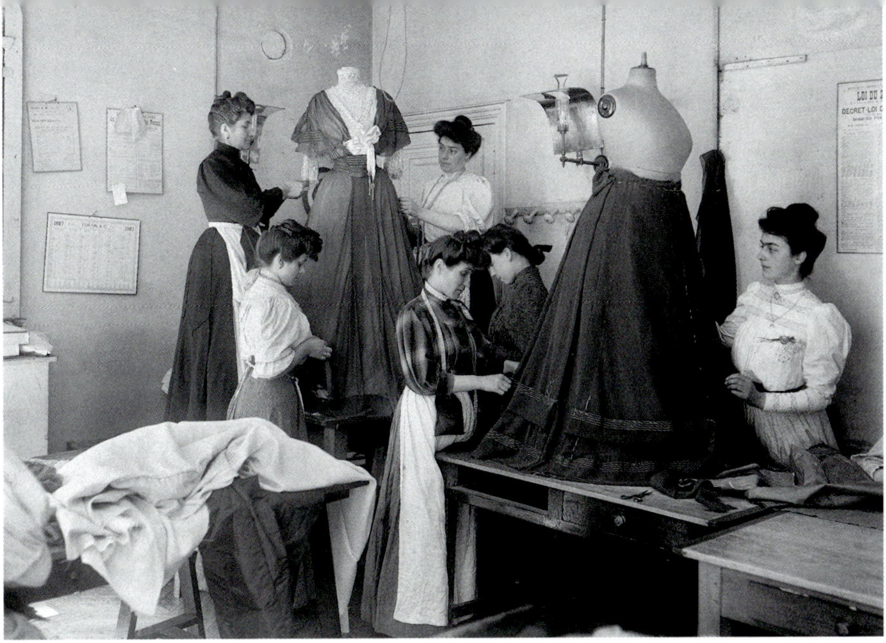

ウォルトのメゾン（1907年）。初代ウォルトは1857年にコレクションを発表し、注文を受け制作するというオートクチュールを確立。世界各地から注文が寄せられた。

写真提供 Roger Violet

洋服の販売スタイルを変えたオートクチュール

デザイナーがデザインした洋服をコレクションとして発表し、顧客の体形に合わせて仕立てて販売する**オートクチュール**。顧客の好みを仕立てるのではなく、デザイナーがモードを提案するもので、20世紀初頭のパリでは**ウォルト**（P.125）、**ジャック・ドゥーセ**、**イシドール・パキャン**などのデザイナーが活躍していた。

ポール・ポワレが**ホブルスカート**を発表したのは、1910年。そして1911年にポワレはパリ・クチュール組合を設立し、**パリ・コレクション**もはじまった。

1912年には**ココ・シャネル**（P.136）や**マドレーヌ・ヴィオネ**が相次いでメゾンを開設。モデルが服を身に着けて客の前を歩き、女性の店員がその説明をするメゾンは、顧客に新しいモードを提案する場となった。

オートクチュールの歴史

1857	ウォルトがパリにメゾンを開設。オート・クチュールの始まり
1868	ウォルトがフランス・クチュール組合を設立
1871	パリ＝コミューンが成立
1875	ドゥーセ、メゾンを開設
1881	レドファン、パリでメゾンを開設
1890	ランヴァン、メゾンを開設
1891	パキャン、メゾンを開設
1900	第5回パリ万国博覧会にてオートクチュール組合が共同で作品を発表
1911	ポワレがパリ・クチュール組合を設立。パリ・コレクションの開始
1912	シャネルがメゾンを開設
	ヴィオネがメゾンを開設
1914	パトゥがメゾンを開設
1918	フォルチュニーがメゾンを開設

ファッションこぼれ話

服飾に革命を起こしたココ・シャネル

ガブリエル・シャネル。「ココ」は愛称で、彼女が歌手を目指しキャバレーで歌っていた「コ・コ・リ・コ」と「キ・カ・ヴュ・ココ」が由来。 写真提供 ユニフォトプレス

20世紀最大のデザイナーの一人、ココ・シャネル。彼女のデザイナー人生は、1910年に当時交際していた将校エチエンヌ・バルサンの援助により、フランスのパリに帽子店を開いたところから始まる。

当時、エレガンスさとは贅沢《ぜいたく》さと豪華さを意味し、頭に被る帽子も大仰《おおぎょう》な羽根や造花で飾り立てることが好まれた。シャネルはそんな飾り物を制限し、極めて簡素で男物のような帽子をつくる。この帽子の成功により、シャネルはドレスのデザインも始める。

簡素であることをよしとし、「エレガンスと着やすさのどちらかを選ぶとしたら、着やすさのほうを選びます」と言明したシャネル。1914年にウール・ジャージーを女性のドレスに取り入れ、それは戦後の生活資材不足も相まって大流行した。

ジャージーは当時のミシンでは縫いにくかったため、なるべく縫い目のないデザインが求められた。そのためシャネルはウエストラインのないものを提案した。

写真提供
ユニフォトプレス

シャネルといえば「シャネルNo5《ナンバーファイブ》」も忘れてはならない。80種類以上の花の香りに高価なジャスミンと合成香料を加えたこの香水は、あらゆる女性の心をつかんだ。

しかしシャネルは、香水瓶をモダンな長方形の瓶にするなどデザインにもこだわった。そして、他のデザイナーがつけるようなロマンチックな名前ではなく、シンプルに「シャネルNo5」と名付ける。製品に自分の名前をつけた大胆さ、そしてミステリアスさが評判を呼び、「シャネルNo5」は大ヒット。彼女のマーケティング能力の高さを裏付けた。

「シャネルNo5」の成功により、シャネルは生涯困らないだけの経済力を手に入れた。

写真提供　ユニフォトプレス

第一次世界大戦中、女性兵士を視察するイギリスのヘアウッド伯爵夫人メアリー王女。　写真提供　ユニフォトプレス

第一次世界大戦とファッション

後方支援を求められた女性 その服装は大きく変化

1914年7月、**第一次世界大戦**が勃発《ぼっぱつ》した。この大戦は、ファッションにも大きな影響を与える。パリでは、人気のデザイナーも入隊を余儀なくされ、活動できなくなってしまった。また、多くの女性も後方支援として動員された。トラックや救急車を運転したり、軍需《ぐんじゅ》品の工場で働いたり、従軍《じゅうぐん》看護婦や兵士として戦地に赴く女性もいた。そんな状況下では、それぞれの働きに合った服装が求められ、男性的な服装に近づいていった。

大戦の影響でスカート丈も短くなっていった。胸のふくらみを控えめにし、腰まわりもタイトにした**ボーイッシュ・スタイル**は第一次世界大戦から生まれたものだ。

第一次世界大戦年表

	ヨーロッパ／アメリカ	アジア
1914	サラエボ事件(6月)	
	オーストリアがセルビアに宣戦(7月)	日本がドイツに宣戦(8月)
	イギリスがドイツに宣戦(8月)	
		日本、青島攻略(11月)
1915	イタリアが三国同盟を破棄(5月)	
1917	ロシアで三月革命(3月)	
	アメリカがドイツに宣戦(4月)	
		中国がドイツに宣戦
	ロシアで十一月革命(11月)	
1918		日本がシベリアに出兵(8月)
	ドイツ革命(11月)、第一次世界大戦終結(11月)	
1919	パリ講和会議(1月)	朝鮮で三・一運動(3月)
		中国で五・四運動
	ヴェルサイユ条約調印(6月)	

第一次世界大戦中の女性のファッション

戦時中の下着

1918年頃までリンネルにレースや刺繍をあしらったシンプルな下着が着られていたが、戦争の物資不足によりクレープデシンやシルクジャージーが下着用素材として使われるようになる。色はピンクや青といった優しい色合いが好まれた。ペティコートはなくなり、薄い絹製のスリップが必要なときにだけイブニングドレスの下に着用された。

髪型と帽子

髪は短くなり、リボンやヘアーバンドで小さくまとめられた。その上に羽をふんだんに使った帽子を被るなどしたという。また、帽子は頭にぴったりと被るものが好まれ、セーラー帽やトリコルヌ・ハット（P.91）が流行。釣り鐘のような形の帽子の前触れとして円筒型《えんとうがた》のピルボックス型帽子も登場した。

シルエット

コルセットが取り外され、極端に細いウエストはひかえめになり、また、ハイネックの大きな襟がついたブラウスなどが見られるように。袖はジゴ袖のように膨らんでいたが、次第にそのふくらみは抑えられていく。

スカート [skirt 英]

ホブルスカートは見られなくなり、スカートは床上20cmほどの長さになる。戦時中にはクリノリンスカートのようなシルエットになるウォー・クリノリンが流行した。ウォー・クリノリンはローウエストでフレアースカートに切り替えられ、その上にパネルスカートを重ねて裾広がりのシルエットを強調したもの。クリノリンという名前はついていたが、人工的なスカート下を用いていたわけではなかったため、比較的機能的なスカートであった。

シャネルが提案した新しい素材

1918年に、**ココ・シャネル**が**ジャージー**を用いたドレスを発表する。糸を編み込むことによって伸縮性をもたせた布であるジャージーは、それまで下着の素材としてしか使われていなかったが、シャネルは着飾るだけではなく、生活をするため、生きていくための服をつくったのだ。

この背景には、第一次世界大戦中、戦争によって男性が街から姿を消したという理由があった。街に暮らす女性は仕事を始めたが、裾が長く動きにくいドレスで暮らしていくわけにはいかなかったのだ。

第一次大戦後、シャネルは水着やスポーツウェアに幅広のパンツを採用。1960年代にパンタロンと呼ばれて流行した。

第一次世界大戦に参加した国々の衣装。参加国は左からイギリス、アメリカ、ロシア、インド、ドイツ、フランス、オーストリア、イタリア、日本。

写真提供　ユニフォトプレス

実用性を求められ 変化していった軍服

1914年に始まった**第一次世界大戦**。その軍服は国ごとに色あいやデザインがさまざまで、次第に実用的なものに変化した。

イギリス軍は戦場では目立ちにくいカーキ色の軍服を採用した。スコットランド人のロンドン大隊兵卒の場合、灰色のラシャ地に**タータンチェック**※の裏地やポケットがついた**キルト**※をはいていた。イギリス軍が採用していたカーキ色が戦場で目立ちにくいことが分かってくると、軍服にこの色を採用する国が増えた。

ドイツ陸軍はヨーロッパ最強といわれ、開戦時で84万人という兵士たちは灰色の軍服を着用。スパイクがついた真鍮《しんちゅう》と革のヘルメットは、鉄製の**スチール・ヘルメット**に変更された。

ファッションこぼれ話

防水加工が施されていたバーバリーのトレンチコート

1914年、英国陸軍は、ギャバジンと呼ばれる斜文線が糸の方向に対し45度以上をなすようにし、密度を高くした織物を使用したバーバリーのトレンチコートを採用。耐久性、耐水性に優れており、50万人以上が着用した。バーバリーの創設者トーマス・バーバリーがギャバジンを発明したのは1880年のことで、特許の取得は1888年。以降、1917年までギャバジンの製造を独占していた。

もともとトレンチコートはイギリス軍が塹壕《ざんごう》戦のために開発した防寒防水用コートであった。

写真提供　ユニフォトプレス

【タータンチェック】スコットランドのハイランド地方で発達した格子柄。現地ではタータンと呼ばれている。
【キルト】スコットランドに伝わるプリーツスカート状の伝統衣装。

Costume Data

儀式・公的な場で身につける正装

その立場、権威を表すための儀礼服には、色や形など細かい決まりがある。ここではイギリスを中心とした儀礼服を紹介する。

イギリスのトゥルーピング・ザ・カラーの行列。

衛兵に見る美しい正装

バッキンガム宮殿の近衛兵交代式といえば、ロンドン名物のひとつ。整然と行われる式を見ようと、世界中から観光客が集まる。赤い上着と黒くて大きな帽子、ベアズスキンが近衛兵のトレードマークだが、これは君主を警衛《けいえい》するイギリス陸軍近衛師団の近衛兵士の正装なのだ。イギリス軍の最高司令官はイギリス君主ということもあり、王室と軍の関わりは深く、それは衣服にも表れている。

2011年4月、ロンドンのウエストミンスター寺院でウィリアム王子とキャサリン妃の結婚式が行われた。式典でウィリアム王子が着ていたのは近衛部隊歩兵連隊の制服。ウィリアム王子は5つある歩兵連隊のひとつ、アイリッシュガーズの連隊長を務めており、その制服を結婚式に着用したのだ。ちなみに、歩兵連隊にはアイリッシュガーズのほかグレナディガーズ、コールドストリームガーズ、スコッツガーズ、ウェルシュガーズがあり、いずれも赤い上着と黒い帽子を着用。ただし、上着のボタンの数や帽子の羽飾りの色が連隊ごとに違っている。

毎年6月に行われる騎兵隊のパレード、トゥルーピング・ザ・カラー（エリザベス女王の誕生式典）でも、近衛連隊の制服に身を包んだ王室ファミリーや、衛兵、騎馬隊の行列が見られる。

ヴァチカンの衛兵

色鮮やかな衛兵衣装

衛兵といえば、ヴァチカン市国のローマ教皇の衛兵もよく知られている。カトリック信徒のスイス人衛兵により組織されていて、彼らはオレンジ、黄、青の縦縞《たてしま》といった、とても鮮やかで派手な衣装の制服をそれぞれ身につけている。

この衣装は、ミケランジェロのデザインともいわれているが、実際は1914年に制定されたという。もともとは1486年、神聖ローマ皇帝マクシミリアン1世が組織した歩兵の傭兵《ようへい》である、ランツクネヒトの軍服に由来するようだ。

司法の場での正装はカツラ

法曹の世界ではカツラが裁判官や法廷弁護士の正装として使われている。イギリスの裁判官が儀式用の正装として着用するのは、肩に届くほどの長さのフルボトムというカツラ。弁護士は、高等裁判所で弁論できる資格を持つバリスターと、資格をもたないソリシターがいるが、カツラを着用できるのはバリスターだけである。さらに、バリスターの儀式用のカツラはフルボトムで、ジュニアバリスターは短いカツラという違いがある。司法の場のカツラには、権威をもたせる意味合いのほかに、被告人が裁判官個人を特定しにくくするという働きもあるそうだ。

しかし、この伝統は法衣を含めて簡素化すれば経費削減にもつながるということで、民事裁判や家庭裁判所ではカツラが廃止になった。現在その光景が見られるのは刑事裁判だけである

イギリス裁判官の法服

写真提供 ユニフォトプレス(3点)

Japanese Fashion Story

ファッション史を創るパイオニアに訊く Ⅳ

YOSHIE INABA

ファッションを後世に伝える経営者

上質な素材や高度なテクニックを駆使し、シンプルなデザインの中にも女性の魅力を引き立たせる服を生み出し続ける稲葉賀恵氏。日本独特の素材や技術に注目し、国内生産にこだわったコレクションを発表。また、デザイナーとして自ら切り開いてきた道を次の世代のスタッフに任せ、自身は経営をサポートするといった企業家としての一面ももつ。若い力と自らが培ってきた技術を融合させ、飽きの来ないデザインの服をつくり続ける、開拓精神に富んだデザイナーだ。

着たい服を待つよりも自分でつくりたい

——ファッションに興味を抱いた時期はいつ頃ですか。

興味自体は小さい頃からあって、高校生のときにはすでに自分で好みの服をつくっていましたね。マーケットに欲しい服がほとんどなかったので、それならば「自分でつくってしまおう」と思ったんです。そして、それによってデザインする楽しみを覚えたので、高校卒業後はお茶の水の文化学院美術科に通い、さらに原のぶ子アカデミー洋裁（現専門学校青山ファッションカレッジ）に入学しました。この学校はフランスのオートクチュール組合・サンディカで技術を習得した方が校長でした。このときに質の高い授業を受けたことが今でも作品に活きていると思ってますね。

卒業後はデザイナーの菊池武夫氏と結婚し、オートクチュールのアトリエを開設しました。その後、大楠祐二氏（現BIGI《ビギ》グループ会長）も加わった３人で昭和45（1970）年にBIGIを設立したんです。

当時は、菊池氏が「BIGI」を担当し、私はスタッフの指導なども含めて縫製部門を統括しており、表舞台に立つことはありませんでした。菊池氏が会社を離れた後は「BIGI」にも携わり、「MOGA《モガ》」（昭和47年～）を立ち上げ、1980年には「MOGA」は60億円規模の売り上げを立てるほど成長しました。しかし、私がデザインするだけでは、BIGIという企業は私の代だけで終わってしまいます。これからもよいデザインを提供できるブランドとして存続するためには若い世代の育成が必須なので、BIGIにおける「MOGA」のデザインは若手スタッフに任せ、私は社内で別のブランドを立ち上げました。

「yoshie inaba《ヨシエイナバ》」が広めたい想い

――冠ブランド「yoshie inaba」（昭和56年～）のコンセプトは何でしょう。

この「yoshie inaba」では、年を重ねた女性たちの魅力を引き出すため、上質な素材を使用し、華美《かび》な装飾を抑えたシンプルな洋服を提供しています。自分の実年齢に合っていて流行追求型とは一線を画したもの、そして素材や手の込んだ技術にこだわった衣服をつくりたかったんです。二十数年前から展開している中国・汕頭《スワトー》地方の手刺繍《てししゅう》を採用したシリーズなどがそうですね。今は「yoshie inaba」の代表的な商品のひとつになっています。

私がより広めていきたいものとして、日本独自の素材や技術があります。ブランド設立時は、世間一般ではヨーロッパの製品のほうがクオリティが高いという認識が大半を占めていました。しかし、私は日本の誇《ほこ》れる技術力を伝えたいという思いが強く、素材調達から生産までを日本で行うことにこだわりました。日本の技術の素晴らしさの理解を広めたかったのです。

具体的には、白檀《びゃくだん》や緑茶などで染色したり、伝統の絞《しぼ》りなどの生地を使用したり、生

BIGIブランド『SPRING AND SUMMER』(1983年)。

YOSHIE INABA SPRING AND SUMMER 1982。

地に直接漆《うるし》を施す技術を駆使した衣装づくりに取り組んだりしました。特に、日本漆が出す艶《あで》やかな色は独特です。こういった日本伝統の技を活かした服づくりはこれからも続けていきたいと考えていますが、残念なことに、日本伝統文化のさまざまな技術が、職人不足のために失われていっています。職人の活躍の場がこれ以上失われないように、少しでも服のデザインに取り入れて後世に残していきたいですね。

また一方で、昭和63(1988)年に年齢や職業の枠にとらわれない、新しい時代の女性向けセカンドライン「L'EQUIPE《レキップ》 YOSHIE INABA《ヨシエイナバ》」をスタートさせました。こちらは原産地にこだわらず、独自の技術をもった国で生産しています。だから、クオリティの高い商品でも価格を抑えて提供できるんです。ただ安価でつくるのではなく、細やかな技術が活かされているという点では「yoshie inaba」と同じですね。

YOSHIE INABA SPRING AND SUMMER 2010。中国の汕頭《スワトー》でつくられている汕頭刺繍ブラウス。

等身大のものづくりでオリジナリティを表現

——オリジナリティーを表現することが難しい時代と言われますがいかがでしょう。

世界が速いスピードで変化するため、各国独自の技術伝承《でんしょう》が廃《すた》れ、世界中が平《たい》らになった感じがします。これからの技術革新は、資本力がある大企業が先導するでしょう。しかし、私たちはそこに張り合うのではなく、身の丈に合ったものづくりを進めていくことが大切だと思っています。魅力ある生地は、やはり科学の力ばかりではなく、人の手によって丹念につくられていると思うんです。また、現在は中国の縫製《ほうせい》技術も向上していますし。国にこだわらず、丁寧《ていねい》なものづくりをする工場との連携を強めて、よりよい商品づくりを進めていきたいですね。

YOSHIE INABA SPRING AND SUMMER 1986。

YOSHIE INABA SPRING AND SUMMER 1986。

YOSHIE INABA SPRING AND SUMMER 1989。

YOSHIE INABA AUTUMN AND WINTER 1990。

YOSHIE INABA AUTUMN AND WINTER 1991。

プロデュース業で知った万人に合うデザイン

——制服を中心としたプロデュース業を始めた経緯を教えてください。

「yoshie inaba《ヨシエ イナバ》」を愛用してくださっているお客様のご紹介により、プロデュース業を昭和61 (1986) 年に開始しました。なかでもチャレンジだったのは、東急電鉄の作業員が着用する作業着のデザインです。それまでメンズを手がけることが少なかったうえに、コストも限られていたので戸惑いがありましたね。作業着に必要な要素というのも考えたことがありませんでしたので……。しかし、制限がある中で、いかに満足度が高い仕事ができるか挑戦する意味も込めて引き受けました。

この経験で分かったことは、プロデュース業で大切なのは、互いの商売に貢献できるデザインがつくれるかということです。依頼者と生産者のバランス、利益が両者にもたらされなければ企業制服をデザインするのは難しいと思います。

平成8 (1996) 年に行った日本航空の制服デザインは、キャビンアテンダントの方の強いご推薦により手がけることになりました。この制服デザインの経緯ですが、まず軽量で動きやすく、皺がつきにくく丈夫な素材を開発することから着手しました。そして、素材や資材調達の流通経路を最小限にまとめ、中間コストを削減しました。だから、決められた枠の中で最大限のパフォーマンスが発揮できたと思います。もちろん、6年間ずっと着用することを想定し、飽きの来ないデザインにすることにも心がけて制作しました。

制服は企業の理念を表すものですので、役員の方々は主張あるデザインを好まれましたが、何度も話し合いを行ってご理解をいただきました。制服は特定の人だけが美しく見えるのではなく着用者全員がきれいに見えるデザインで、また流行に左右されないものであることが必要だと私は考えています。その考えのすり合わせは少し大変でしたね(笑)。

客が求める服を提供する洋服屋としての生き方

——クリエイティブ・ディレクターとして今後はどういった活動をしていきますか？

私は、デザイナーというより洋服屋でありたいのです。デザイナーは、新しい型を追求するために奇をてらったことを求められる職業です。しかし洋服屋というのは、時代を感じながら、お客様の求める洋服を提供し続けることが仕事です。私は洋服屋としてオーダーメイドのような感覚をプレタポルテで表現していけたら幸せだと思っています。

ブランドは、自分自身がいつまでもこだわり過ぎると劣化してしまうものと考えています。そのため現在、「yoshie inaba」「L'EQUIPE《レキップ》 YOSHIE《ヨシエ》 INABA《イナバ》」のデザインは若いスタッフに任せ、私はディレクションのみに専念しています。若い力を発揮できる場を設けるのは、企業が続くためにも必要なことですから。そしてこの先何代も、いつまでも、私たちのブランドをみなさんに愛してもらえるように努力していきたいですね。

日本航空の制服。

稲葉賀恵
(いなば・よしえ)

昭和14年東京生まれ。昭和35年文化学院美術科卒業、昭和38年原のぶ子アカデミー洋裁卒業。昭和39年オートクチュール制作のアトリエ開設。昭和45年BIGI設立。1972年「MOGA」スタート、昭和56年「yoshie inaba」スタート。同年に第25回日本ファッション・エディターズ・クラブ賞を受賞。昭和61年サントリーホールの女子社員制服一式を始めとした企業プロデュースを開始。昭和63年「L'EQUIPE YOSHIE INABA」スタート。現在、両ブランドのクリエイティブ・ディレクターを務める。

第5部

近現代
現代へつながるファッション

第一次世界大戦が終わり、産業は一時的に物資不足に陥る。そんななかでもファッションは進化を続け、衣服のシルエットはより自由になっていく。間もなく第二次世界大戦が勃発し、大戦後の世界は大衆消費のライフスタイルが広まりプレタポルテが主流となっていく。怒濤《どとう》の時代に起こった衣服の流行はどのようなものだったのか。

New Look

Art Deco

1920年代に流行したギャルソンヌスタイル。凹凸のないほっそりとしたシルエットが特徴。

第二次世界大戦後に流行したニュールック。いかめしさが消え、女性らしいシルエットが復活した。

DC Brand

1980年代に流行したDCブランド。さまざまなデザイナーが黒をメインにしたファッションを発表した。

撮影 井上常一

写真提供 ユニフォトプレス

1970年代後半に流行したヒッピーファッション

1930～

- デュポン社がナイロンを発明し、ナイロン製の靴下を発表。(1935)
- ディオールがニュールックを発表(1947)
- オートクチュールが隆盛し、バレンシアガらが活躍する

1950～

- シャネルが再びサロンを開店(1954)
- クレージュがミニスカートを発表（1965）
- コスモ・ルックが流行（1966）
- 高田賢三の作品が『エル』誌の表紙を飾る（1970）

1980～

- 山本耀司、川久保玲など日本のデザイナーがパリで注目される
- 東京コレクションが開始(1985)
- DC ブランド、グランジ・ファッションが流行

第1章

戦争後の衣服の変化

第一次世界大戦が終わり、産業の中心は次第にアメリカへと移っていく。そして、現代でも名前が知られる有名デザイナーが数多く生まれた。

1925年にフランス・パリで開催された「アール・デコ展（現代装飾・工業美術国際展）のポスター。

写真提供　ユニフォトプレス

大戦の終了とアール・デコ

第一次世界大戦の終了とアール・デコ様式の誕生

1918年11月11日に第一次世界大戦が終結した。その翌年1月にはフランス・パリで講和会議が開催される。会議はアメリカのウィルソン大統領による14ヵ条の平和原則を中心に進められ、6月28日にヴェルサイユ条約が調印された。平和原則とヴェルサイユ条約に基づく新しい国際秩序をヴェルサイユ体制といった。

第一次世界大戦は女性社会にも影響を与え、1920年代になると女性の社会的自立が進む。女性の衣服は直線的な筒型になり、ウエストは詰めずに通常より低いものに変化する。女性らしくまた過剰な装飾は排除され、機能的でシンプルなモードが求められた。

この時代は、優美な曲線が特徴の**アール・ヌーヴォー**様式が少しずつ変化し、直線や幾何学図形、シンメトリーを基調とした美術様式が登場する。1925年にパリで開催された「現代装飾・工業美術国際展」の多くの展示品はこの様式であったため、のちに展覧会名の略語を用いて**アール・デコ**様式と名付けられた。この様式の直線の美は、建築、産業はもちろん服飾や織物、アクセサリーにも影響を及ぼした。

シンプルなギャルソンヌスタイル

女性のハンドバッグ

第一次世界大戦後、旅行者が増えたため女性のハンドバッグは大きくなった。特にヨーロッパ間での旅行は積極的に行われるようになり、女性のバッグにはさまざまな荷物が詰めこまれた。実用的なバッグには革があらゆるところに利用され、しっかりと裏打ちをされた。

帽子

ボブ型の短い髪が流行し、髪がほとんど隠れるクロシュという深い帽子が流行。そのほかボビー・ピンと呼ばれる金属のピンも登場した。しかし、夜会には橙色や赤色、緑色といったカラフルな入れ毛が流行した。帽子は次第に装飾が取れていき、飾りは宝石をひとつはめたブローチやバックル程度に落ち着く。ベールは日常、夜会ともに被られなくなり、次第にその種類も少なくなっていった。

靴

スカートが膝丈まで短くなったことにより、靴やストッキングの装飾にこだわりが出るようになる。靴のつま先は丸くなり、ヒールの高い靴がはかれた。そのヒールの種類もさまざまで、付け根が太く、先が徐々に細くなったフレンチ・ヒールやヒールの先端が非常に細いスパイク・ヒールなどが登場した。バックルにはダイヤや模造ダイヤなどが飾られた。素材ではスエードよりもより丈夫な子牛革が使われるようになった。

スタイル

この頃の基本的なスタイルは直線的な筒型であり、ウエストの位置は低くなった。ワンピースであってもジャケットとスカートといった組み合わせであってもまっすぐな形になっており、胸や腰のふくらみを抑えるための胸当てとコルセットによるコンビネゾンも着用されていた。

イラスト参考：
文化学園服飾博物館所蔵品

少年のようなギャルソンヌスタイル

ギャルソンヌとは1922年に出版されたマルグリットの『ラ・ギャルソンヌ』より流行した言葉で、少年のような女性を意味する。男性中心の社会で自立するため、女性らしくない振る舞いをして仕事をする主人公の姿は若い世代に共感を呼んだ。

スカートは膝下になり、髪は短く、小型のクロシュがつけられた。胸や腰のふくらみを押さえるための**ブラジャー**や**コルセット**も登場。やせ形体型を目指してダイエットを心がける女性も現れた。

しかし、1929年に**ジャン・パトゥ**による丈長のドレスが流行し、女性らしいシルエットが復活。**ギャルソンヌスタイル**は1920年末には姿を消した。

世界大恐慌による服飾業界への影響

1929年前半まで好景気を保っていた欧州各国は同年10月24日にアメリカ・ウォール街での株価大暴落により大恐慌に陥った。1935年末までにフランスの工業生産は3分の1にまで落ち込み、失業者も50万人に達した。

マドレーヌ・ヴィオネによるドレス。サテンやシフォンの特性を活かし、布地の方向を考えた直線裁ちや円裁ちも彼女が考案した。　写真提供 ユニフォトプレス

さらに、パリのオートクチュール界は、大恐慌以前よりアメリカのバイヤーによる注文取り消しが殺到し、顧客が減少していた。オートクチュール・メゾンで400点あったコレクションの作品数も30年代には半減。1935年には従業員の削減により1万人もの服飾関係者が失業した。

シャネルやヴィオネら女性デザイナーの活躍

戦後は女性デザイナーの活躍が目覚ましい時代でもあった。**マドレーヌ・ヴィオネ**は立体裁断の技法を追求し、**バイアスカット**や**サーキュラーカット**など新しいパターンの衣服を提案。彼女の衣服は、のちのデザイナーたちに強い影響を与えた。

ココ・シャネルは柔軟な**ジャージー**素材を使ったドレスを制作。また、紳士用の素材やアイテムを女性服に取り入れた。彼女自身の生き方もギャルソンヌ的であり、簡潔なシルエットを柔軟な素材でつくることで身体の解放を表現し、旧態《きゅうたい》依然《いぜん》の女性像を否定した。そして、モードに現代の女性像とライフスタイルに合わせた機能を組み込んだのだ。

ファッション豆知識

マドレーヌ・ヴィオネ

第一次大戦後に活躍した、バイアス・カットを発明したクチュリエ。木製人形に布をあててパターンを考案し、立体裁断の技法も追求した。また、古代の服飾や日本の着物も研究し、女性の自然な身体美も追求したデザイナーである。

ドレープ

布を垂らしたときに生まれる自然な襞《ひだ》の意味。ヴィオネの作品には撚《よ》りの生糸を荒い平織りにした絹織物を用いてドレープを生かしたものが多い。

第一次世界大戦後の女性のファッション

帽子

夜会用の帽子は小振りの縁なし帽、や黒い民族風の帽子が被られた。また、造花やリボン、羽飾りで髪を飾ったり、宝石を付けた装飾品やバンドを付けたりした。

髪型

あらゆる髪型が流行したが、いろいろなアレンジがしやすいように肩までの長さに保つ女性が多かった。また、毛先だけパーマをかけてカールさせることもあった。

シルエット

女性らしい柔らかいシルエットが好まれた。色の組み合わせも明るい色の上衣であれば暗い色のスカートやドレス、あるいはその逆といった具合に気を配る女性が多かった。イラストは1937年頃の衣装。

手袋

手袋は通常は鹿の革やスエード製のもの、スポーツ用には豚革のもの、夏には綿とスエードを組み合わせたものが付けられた。

日常時に着られたジャケットとスカート

普段着にはジャケットにスカートといった組み合わせが目立つようになった。ジャケットの肩にはパッドが入れられ、ウエストは強調されるようになり、スカートはスリムだが長めになっていく。ブラウスは白麻などの素材を使い、ジャボやリボン、シルクのスカーフなどが組み合わされた。また、上品な場所に出向くときには帽子や手袋が必須とされた。

女性的なシルエットの復活と長くなるスカート丈

世界大恐慌の時代に突入すると、自由奔放なファッションは後退、**ギャルソンヌスタイル**の流行が終わった。女性らしい丸みのあるシルエットが再び好まれるようになり、フランスの**ジャン・パトゥ**が長いスカート丈のドレスを発表したことがきっかけとなり長い丈のドレスが流行した。

1930年代にはヴィオネのつくり出した**バイアスカット**が流行した。また、**エルザ・スキャパレリ**がシュールレアリスムを取り入れた奇抜なデザインと色彩の服で独自のモードを展開した。

1930年代も終わりに近づくと、再び戦時色が強まりスカートからドレープが消失。直線的なシルエットに戻った。

第二次世界大戦と合成繊維の発達

第二次世界大戦の始まりと世界の動向

独ソ不可侵条約と、ドイツのポーランド侵攻をきっかけに、**第二次世界大戦**が勃発した。ドイツの侵攻に対し、フランスではド＝ゴールがレジスタンス運動を展開。アメリカも1941年に武器貸与《たいよ》法を成立させ、イギリス・ソ連に物資援助を開始。同年8月にはローズヴェルトとチャーチルが大西洋憲章を発表した。

一方日本はハワイの真珠湾を奇襲《きしゅう》し、太平洋戦争に突入。しかし、序盤は快進撃を続けた日本だが、ミッドウェー海戦に敗れ主導権を失う。そして沖縄戦、原爆投下、ソ連の参戦により窮地《きゅうち》に立たされ、1945年8月15日にポツダム宣言を受諾し無条件降伏。こうして第二次世界大戦は終結した。

第二次世界大戦の始まり

大戦前のドイツの侵略
1933年 国際連盟脱退
1935年 ザール占領①
1936年 ラインラント非武装地帯進駐②
1937年 ゲルニカ爆撃③
1938年 オーストリア併合④
1939年 チェコ解体⑤
1939年 独ソ不可侵条約、ポーランド侵攻⑥
オランダ
ノルウェー
スウェーデン
フィンランド
ソビエト連邦
アイルランド
イギリス
ベルギー
デンマーク
ポーランド⑥
ラインラント非武装地帯②
オーストリア④
チェコ⑤
パリ
ハンガリー
ゲルニカ③
フランス
ルーマニア
ユーゴスラヴィア
ブルガリア
アルバニア
ポルトガル
スペイン
イタリア
ザール①
ギリシア

ファッションこぼれ話

大戦中に採用されたモンペ

もんぺとは、女性向けの労働用ズボンまたは袴《はかま》の一種。「股引」「股はき」が変化した「もっぺ」が語源という説や、門兵衛《もんべえ》という人が考案したという説など、由来はさまざま。胴回りがゆったりしていて、足首の部分の裾《すそ》は絞ることができる。着物の裾や上着を中に入れることができるので、活動的に動くことが可能。

もんぺそのものは戦前から存在しており、主に東北地方の女性が農作業時などに着用していた。第二次世界大戦中に活動的なこの衣服は国民服として国から女性に向け着用が推奨され、戦後の混乱期もその活動性によってもんぺは生き残った。

作業着として多く着用されたもんぺ。
写真提供 宇美町教育委員会

女性のミリタリールック

帽子

戦時下で布は貴重品だったため、衣服に贅沢はできなかった。そのため、帽子にはさまざまな趣向が凝らされた。素材は麦わらや籐《とう》が使われ、カンカン帽が主な流行であった。被り方にも特徴があり、兵士が被る軍帽のように前傾させることが多かった。金属でできたヘアピンも不足していたため工場で被られていたターバンをアレンジすることも多かった。

スカート [skirt 英]

スカートの丈は膝が隠れる最低限の丈がキープされた。装飾はほとんどされなかった。これも、デザインよりも歩きやすさのために入れられたプリーツである。

シルエット

物資不足のため女性の衣服は男物の生地で仕立てられた。装飾もほとんどつけられず、肩パッドによるいかめしさが目立っていた。また、スカートだけでなくキュロットやパンツスタイルもあり、簡素なだけでなく動きやすさが重視された。

戦時下での各国の服飾事情

1940年6月にはフランスはナチスに占領され、若いデザイナーたちも出征したり、アメリカに避難するなどしたため、戦時中のフランスには服飾文化の発展は見られなかった。しかし、アメリカではファッション雑誌を発刊するなどしてファッションの発展を保っていた。イギリスも衣料統制下ではあったが、1942年に「ロンドン・ファッション・デザイナー連盟」を設立した。

靴

靴は革不足のため、コルク底でつくられたプラットフォーム・シューズがはかれた。

第二次世界大戦中の実用的な衣服

1940年6月からドイツに占領されたパリは、**オートクチュール・メゾン**が次々に休業や海外移転へと追いやられた。ドイツはオートクチュール組合をベルリンに移転させようと計画するほどだった。パリに残ったメゾンは細々と営業を続けコレクションの発表を続けるが、物資不足により戦前から続く細身のラインに角張った肩というスタイルが続いた。

また、ロンドンも空爆を受けたため、フランスとイギリスは衣服購入の際配給《はいきゅう》切《きっ》符《ぷ》が必要となった。ドレスやスーツはより簡素で実用的なスタイルに変化する。そして、動きやすいパンツやキュロットスカートが多く見られるようになる。

第二次世界大戦の連合国による戦後処理

第二次世界大戦の処理は大戦中に連合国の間ですでに行われており、1943年の米・英・中によるカイロ会談では日本の処理方針を、1945年の米・英・ソによるヤルタ会談ではドイツの処理問題を、ポツダム会談ではそれに加え日本の無条件降伏が協議されていた。そして1945年には国際連合憲章がサンフランシスコ会議で採択、同年10月に国際連合が発足した。

戦争によりフランスは大きな痛手を負い、物資不足に陥った。しかし、1945年にオートクチュール組合が「**テアトル・ド・ラ・モード**」展を開催し、オートクチュール産業の再出発を試みた。

1952年、NAIGAIで生産されたナイロン製のフルファッションストッキング。
資料提供 NAIGAI

国際連合発足まで

1941年　大西洋会談
アメリカとイギリスが「大西洋憲章」を宣言

↓

1944年　ダンバートン=オークス会議
米英中ソによる国連憲章の草案がつくられる

↓

1945年　サンフランシスコ会議
連合国50ヵ国が「国連憲章」を宣言

↓

国際連合の発足

市場に広まり出すナイロンなどの合成繊維

初めての合成繊維**ナイロン**は、1935年アメリカ・デュポン社でウォーレス・ヒューム・カローザスによって発明され、1937年に特許を得た。1940年に同社からストッキングとして発売され大人気となるが、第二次世界大戦中は軍需用であった。

戦後、強くて安い**ナイロンストッキング**は絹に代わってストッキング市場を制覇。また、**ディオール**がナイロンのペティコートを採用するなど、服飾界にナイロンは欠かせないものとなった。1941年にはイギリスで**弾性ポリエステル繊維**が開発され、1953年に市場に出回る。1959年にはポリウレタンが市場に登場し、1963年に日本でも広まった。**合成繊維**は手入れが簡単で丈夫なため、下着やアウターなどさまざまなアイテムに使われていった。

第二次世界大戦後の女性のファッション

コルセット

ニュールックの発表の準備のために、ディオールはコルセットを復活させる。これにより、女性のしなやかなラインが美しく見せられるようになった。

シルエット

ニュールックのシルエットは、胸部にフィットし、ウエストを絞り、大量の布地を使って大きく膨らませたスカートが特徴だった。また、この時代ペティコートが必ず着用されるようになった。大戦中のミリタリールックとは対照的になり、19世紀を彷彿とさせるモードとなった。

ディオールが提案したスカート

ディオールにより大流行したスカートには、それぞれの構成面がモスリンで補強されていたものがある。このスカートには裾に20～25cm幅のキャラコ※が貼られており、これによりスカートが身体から離れるようになっていた。ほかにも、黒のウールを使用し、細かいプリーツが入ったスカートがある。これはシルクで仕立てたジャケットと組み合わせる「バー」と呼ばれるテーラードスタイルで、ディオールのコレクションのなかでは特に有名であった。

イラスト参考：
文化学園服飾博物館所蔵品

ニュールックの流行とオートクチュールの再開

戦後まもなくはまだ女性たちのスタイルは肩が張ったスタイルが主流であった。しかし、**クリスチャン・ディオール**がのちに**ニュールック**と名付けられる自然な形を基調とし、ウエストを絞ったアフタヌーンドレスやテーラードスーツを発表。女性のモードにウエストと丸みを帯びたシルエットが戻ってきた。

1954年には**ココ・シャネル**がメゾンを再開した。シンプルで着心地のよい服というコンセプトは変えず、**シャネル・スタイル**を提案する。また、**クリストバル・バレンシアガ**や**ピエール・カルダン**らがパリで活躍し、オートクチュール・メゾンが再びにぎわうようになった。

【キャラコ】インドが原産の、平織りの綿布。軽くて手触りがよく柔らかいのが特徴。

第2章

現代につながる衣服

既製服の台頭、産業技術の発達により、洋服はさまざまな人が自由に楽しめるようになってゆく。国同士の交流も盛んになり、ボーダレスになったファッションを見ていこう。

写真提供 ユニフォトプレス

イヴ・サンローランの代表作『モンドリアン・ルック』(1965年)。

新しい社会とプレタポルテ

めまぐるしく動いた1960年代

大戦から15年経ち、世界は新たな時代に向け忙しく動いていた。1960年にはベトナムが親米政権打倒を目指してゲリラ戦を開始。1975年まで泥沼のベトナム戦争が始まる。1961年にはドイツでベルリンの壁が設置され、1967年にはASEANが結成されるなど、激動の10年となった。

そんな中、世界が沸《わ》いたのが1969年のアポロ11号月面着陸であった。しかし、この月面着陸も、ソ連のスプートニク打ち上げ成功がきっかけであり、大戦と冷戦の産物ともいえた。

1960年代のヨーロッパは、アメリカの大衆消費のスタイルが入り込み、既製服産業はアメリカやドイツで発達した。

アポロ11号が月に着陸した際、月面に立てた星条旗とバズ・オルドリン飛行士。 写真提供 ユニフォトプレス

プレタポルテの台頭とクチュリエによるデザイン

1960年代は**オートクチュール**から**プレタポルテ**へと移り変わっていく時代だった。

フランスでプレタポルテという言葉が生まれたのは1945年のこと。フランスの既製服業者アルベール・ランプールがアメリカの既製服業のシステムを取り入れ、そのとき使われていた「**ready**《レディー》 **to**《トゥー》 **wear**《ウェア》」という言葉をフランス語に訳したものである。粗悪なイメージをもっていた既製服だが、60年代に入るとプレタポルテ・メーカーが設立され、品質のよい既製服が提供できるようになった。

この頃、**スチリスト**と呼ばれるプレタポルテ専門のデザイナーも多く登場。また、**イヴ・サンローラン**や**ピエール・カルダン**らクチュリエも、積極的に既製服をつくり出し、オートクチュールの影は薄くなっていった。

ミニスカートは元来1960年代前半のロンドン下町の若者の服装であったが、パリ・オートクチュールによってモードへと進化した。
写真提供 ユニフォトプレス

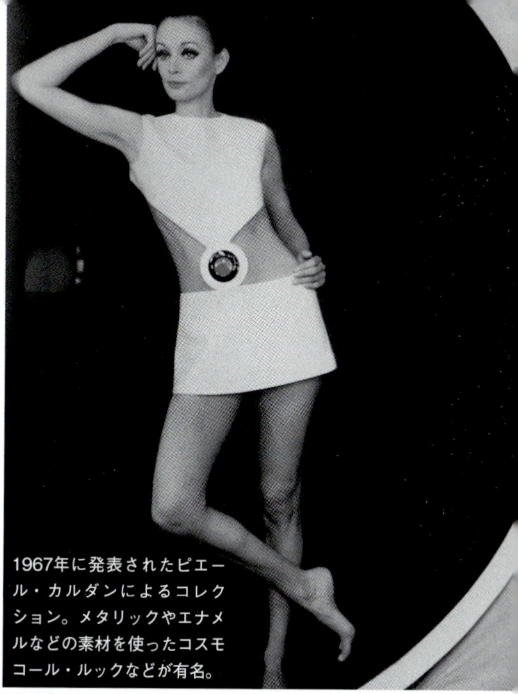

1967年に発表されたピエール・カルダンによるコレクション。メタリックやエナメルなどの素材を使ったコスモコール・ルックなどが有名。

写真提供 ユニフォトプレス

若者に強い影響を与えたミニスカートの流行

元来1960年代前半のロンドンの下町の若者の服装だった**ミニスカート**。このスカートは、マナーや慣習、お行儀といったものに反発するもので、これを導入した**マリー・クワント**が大流行となった。

ミニスカートはパリのオートクチュールにもすぐに取り入れられ、1965年には**アンドレ・クレージュ**やピエール・カルダンらデザイナーが揃って手がけた。オートクチュールが巷の流行に追随したのは異例のできごとであった。

ミニスカートを取り入れたパリ・オートクチュールの**フュチュール・ルック**や**コスモコール・ルック**には、かつてのエレガンスや女性らしさよりも、若さと活気がみなぎっていた。

エスニックやパンクファッションの流行

オリジナリティあふれるデザイナーたちの作品

多くのデザイナーたちがオリジナル色を強く打ち出すコレクションを発表したことで、ファッションの多様化が進んだのが1970年代だ。スタイルの特徴としては、それまで短かった**ミニスカート**が衰退し、超ロングスカートになる。ミニスカートの再登場は80年代で、80年代後半から90年代にはマイクロミニや超ミニといった言葉が生まれた。

エスニック調や**パンクファッション**、**ジーンズ**などの大きな流行が生まれたが、シャネルやジバンシィ、ランバンによる正統派のシックな服やジュエリーも支持された。

そのほか、日本人デザイナーが世界のファッションに進出し、パリで大きな成功を収めている。

続々活躍を始める日本人デザイナー

高田賢三は、1970年に自身のブランド「**ケンゾー**」を初めてパリ・コレクションで発表。着物や浴衣《ゆかた》の生地によるコレクションは、目を引き高い評価を受けた。それ以降、世界中のエスニックやフォークロアテイストを西欧の服に取り入れ、エスニック調ファッションブームに火をつけた。

1973年には、ニューヨークで**三宅一生**が「**イッセイミヤケ**」で、1975年には**森英恵**もデビュー。森英恵は、パリ・オートクチュール組合に属する唯一の東洋人としてオートクチュール・コレクションを発表した。

（写真上）「HANAE MORI」がニューヨークで初めて行ったショー。
（写真右）「KENZO」による1975年のコレクション。

ファッションに昇格したアウトドアファッション

実用的なファッションアイテムとして用いられているジーンズや**アウトドアファッション**。ジーンズは60年代後半から70年代にかけて大流行し、70年代半ばにはアウトドアファッションやスポーツファッションを日常着として着る若者が次第に増えていった。

特に、**ジーンズ**は60年代後半から70年代に若者のファッションとして定着しており、1977年にはアメリカ人デザイナーの**カルバン・クライン**もコレクションにジーンズを取り入れた。ジーンズは単なる作業着ではなくなったのだ。

写真提供 ユニフォトプレス

ヒッピーたちはTシャツにジーンズやフォークロアファッションなどを合わせた。反戦を唱えるフォークシンガーがジーンズをはいていたことで象徴のような存在となった。

ファッションこぼれ話

服飾に表れる反逆精神

1970年代に流行したパンクファッション。安全ピンやチェーンがついたジャケット、穴の開いたジーンズなどが特徴だ。このファッションの流行は、イギリスのヴィヴィアン・ウエストウッドが1970年代に反逆性とエレガンスを融合したアヴァンギャルドな「レット・イット・ロック」をスタートさせたことに由来する。

ヴィヴィアンがデザインした過激な服を着たパンク・ロックバンドがイギリスの労働者階級を中心に広く受け入れられ、パンクムーブメントを引き起こした。これにより、パンクファッションは１つのジャンルを築いたのだ。

現在ではイギリスのみならず日本でも着られるようになり、また、カジュアルな衣装の中に取り入れられるなどして、その姿を少しずつ変えながら一般的なファッションのひとつになっている。

写真提供 ユニフォトプレス

アンチヒッピーとして生まれたパンクファッション。

ファッションの保守と前衛

女性の社会進出が進む1980年代

1980年代は、イギリスでサッチャー首相が誕生するなど、女性の社会進出が進む。この頃は**ニューリッチ**やキャリアウーマンを表現したファッションなどが登場した。

ウーマン・リブ運動や女性解放運動が起こったものの、女性がより女性らしさを求める方向になったのもこの時代の特徴だ。これは、世界が政治経済的に安定し出し、保守的な思想に向かったことが一因となっている。その結果、肩パッドで肩をいからせたスーツだけでなく、女性らしいボディラインを強調した**ボディコンシャス**なドレスなどが生まれた。

写真提供 ユニフォトプレス

1982年3月にパリのエリゼ宮で撮影された、フェミニズムよる女性解放運動時のスナップ。

写真提供 ユニフォトプレス

ボディコンシャスのブームにより、エアロビクスやジャズダンスなどの運動でシェイプアップを図るブームも起きた。

オートクチュールの復権とボディコンブーム

ファッションは、**クリスチャン・ラクロア**が頭角を現すなど、オートクチュールが勢いを取り戻す。また、81年にチュニジア出身のデザイナー、**アズディン・アライア**が手がけた体型を意識するボディコンシャスな服もブームを起こした。

そのほか、イタリア人デザイナーの**ジョルジオ・アルマーニ**や**ジャン・フランコ・フェレ**らが実用性と装飾性を融合したファッションを提案し、世界から注目を集める。彼らの働きにより、イタリア・ミラノが世界のファッションの中で重要な位置を占めるようになった。

貧乏ルック・黒の衝撃と世界が注目する日本

パリだけでなく、ニューヨークでも**ラルフ・ローレン**などがコレクションを発表して活躍。しかし、この時代もっともセンセーショナルだったのは日本のファッションデザイナーだった。

日本人デザイナーが世界的評価を受けるようになったのは、80年代に入ってから。象徴的なのが**川久保玲**の「**コム・デ・ギャルソン**」と**山本耀司**の「**ヨウジヤマモト**」だ。彼らは、黒をメインに使い、穴の開いたものやダボダボのスタイルにフラットシューズを組み合わせるなど、これまでヨーロッパで美しいとされてきた価値観を覆《くつがえ》した服を披露したのだ。

西洋的、東洋的という枠にとらわれず、新たな服を創造するという考えの下で生まれた斬新で大胆な服は、**黒の衝撃**や**貧乏ルック**などと現地メディアに評され、注目を集めた。これ以降、日本のファッションは服飾史を語るうえで欠かせないムーブメントをつくっていくことになる。

1981年に発表したパリコレクションで当時タブーとされていた黒を前面に押し出したのがヨウジヤマモト。写真は2005年のヨウジヤマモトコレクション。

ファッションこぼれ話

日本に巻き起こったDCブランド旋風

日本の80年代は、DC（デザイナー＆キャラクター）ブランドが流行した。デザイナーの個性が表れた商品で全身をまとめる人も大勢いた。代表的なブランドは「ジョルジオ・アルマーニ」や「ドルチェ＆ガッバーナ」、日本のブランドならば「コム・デ・ギャルソン」などである。全身黒ずくめでまとめた人たちを指し、「カラス族」という言葉も生まれた。しかし80年代後半になると、通勤時にも着られるセクシーなファッションであるボディコンシャスなスーツが流行する。セクシーで大人な女性に憧れ、ワンレングス※の髪にボディコンを着た女性が街にあふれた。ファッションの移り変わりが極端に早い時代であった。

撮影 井上常一

【ワンレングス】髪の毛をストレートにし、フロントから後ろまで同じ長さに切り揃えたもの。

多様化するファッション

ベルリンの壁崩壊時の様子

写真提供 ユニフォトプレス

ベルリンの壁が崩壊し世界情勢が一変

1989年11月9日、ベルリンの壁崩壊後による東西ドイツの統一やソビエト連邦の崩壊、湾岸戦争など、刻々と世界情勢は変わっていった。服飾の流行は豪華絢爛な文化遺産やエスニックな装飾がオートクチュールやプレタポルテに多く用いられるものに変化していく。

90年代に入ると複数の価値観が新たに生まれ、人びとの着る服はより自由なものになる。従来のパリやミラノ、ニューヨーク出身のデザイナーに加え、ベルギーのアントワープやロンドンに拠点を置くデザイナーの活躍も目立った。

ファッション産業はグローバル化が顕著《けんちょ》となり、低賃金で労働力が確保できる生産拠点への移行なども活発になった。

一方で、装飾的な要素を最小限に切り詰め、シンプルでシャープなフォルムのデザインを提案する**ミニマリズム**も台頭した。

オーストリアのデザイナー、ヘルムート・ラングやイギリス人デザイナー、キャサリン・ハムネットなどがミニマリズムに共感したコレクションを打ち出した。画像はキャサリン・ハムネットによるコレクション（1996年）。

写真提供
ユニフォトプレス

新しい時代を築く 新興デザイナーたち

フランスやイタリアなどファッション大国出身以外のデザイナーも登場した。彼らの多くは、ベルギーのアントワープ王立芸術アカデミーやロンドンのセントマーチンズといった美術系大学を卒業している。代表格の**マルタン・マルジェラ**は、アントワープ王立芸術アカデミー出身だ。

マルジェラは、**山本耀司**や**川久保玲**の影響を受け、古着を再構築した**シャビールック**で、ファッション界に衝撃を与えた。この新しいスタイルにより、90年代のトレンドのひとつである**グランジファッション**は創出されたと言われている。また、マルジェラは、ファッション業界の既成概念であったシーズンごとの新しいスタイルを提案せず、すでに発表したコレクションに制作の年を入れて打ち出す試みも行った。

ルイ・ヴィトン表参道店。90年代以降、大手ブランドの旗艦店が東京に集まるようになった。

マルタン・マンジェラのコレクション。

写真提供 ユニフォトプレス

グローバル化が進む ファッション産業

「**ルイ・ヴィトン**」を有するLVMHグループや「**グッチ**」を有するPPRグループなど、ファッション企業が規模を拡大したのも90年代。大手ラグジュアリーブランドは企業の買収・合併を繰り返し、グローバル化を図った。そして、グローバル化だけでなく、生産拠点を東欧や中国などのアジアへ移行することで、より低コストで商品を生産する体制を整えた。

また、顧客や購買者のウォンツ・ニーズに応えるマーケットインのものづくりが進み、リアルクローズが大勢を占めるようになる。そしてこの頃、ファストファッションの「**H & M**《ヘネスアンドマウリッツ》」や「**ZARA**《ザラ》」が躍進するようになる。

日本の服飾文化を発展させた企業に訊く 1

三越

日本初の“ファッション・ショウ”

日本を代表する老舗百貨店・三越は、延宝《えんぽう》元（1673）年に開店した呉服店「越後屋」から始まる。現在では一般的である正札販売を世界で初めて実現したほか、日本初となるエスカレーターを設置、そしてファッションショーの開催など、いつの時代も商品やサービス面で革新を繰り返し、新たな潮流を生み出している。

駿河町越後屋正月風景図　鳥居清長・画

高級な呉服を一般庶民の服へ

三越百貨店の前身となる呉服店越後屋が創業したのは延宝《えんぽう》元（1673）年のこと。四代将軍家綱《いえつな》のもと、江戸が都市として拡大し始めた時代であった。

当時の商売は掛《か》け売りで、代金は一括後払いが基本。いわゆるツケだが、これは客次第で代金回収の遅延や不能など店側のリスクが大きく、その分売値《うりね》が高額になるという不合理なものだった。また呉服屋の慣習として、商品の値段を符牒《ふちょう》でつけ、交渉次第で売値を変えることも行われていた。

こうした古い商習慣《しょうしゅうかん》を打ち破ったのが、越後屋当主の三井高利《みついたかとし》だった。「店前現《げん》銀《ぎん》掛値なし」をスローガンに掲げ、正札《しょうふだ》をつけて現金で商品を販売する現銀売りを始めたのである。

この頃の呉服屋の客は富裕層であり、庶民は古着屋で着物を買っていた。越後屋の新商法によって安価な商品が提供されたことで、呉服は庶民にも手の届く商品になったのである。値段を明示し値引きはしない、支払いはその場で決済する。現在では当たり前の商法も、17世紀後半当時は、日本のみならず世界商業史上からみても、実に画期的な商売の方法であった。

また、このスローガンとともに「小裂何《こぎれなに》程《ほど》にても売ります」という商法も提案された。これは、当時反物《たんもの》単位で販売した生地を、客の指定した大きさに切り売りするというもので、こちらも絶大な支持を得た。

アメリカにならった
デパートメントストア宣言

創業からおよそ200年が経った明治中頃、越後屋は三井呉服店を経て三越呉服店に商号を変更。そしてアメリカの百貨店にならい、販売方法の近代化に着手《ちゃくしゅ》していく。

それまで呉服屋は帳場座《ちょうばざ》売りという、客の注文に応じて土蔵《どぞう》から商品を出し入れする販売方式をとっていた。明治28（1895）年、この非効率なやり方を廃止し、外国式の陳列販売方法を採用、土蔵造りの2階大広間を全て打ち抜き、陳列場にした。そして階上と階下に休憩室を設け、お茶と菓子を出して接待することもあったという。

階上ではさらに明治33（1900）年、ガラス張りのショーケースに商品を陳列した方法に切り替える。客は購買予定の有無に関わらず商品を見て回ることができるようになった。これは日本初の方法で極《きわ》めて大胆な試《こころ》みだった。全館を陳列場として開場した当日は、未明からおびただしい人が列をなし、上下階760畳の広間は立錐《りっすい》の余地もないほどの盛況ぶりだったという。

そして明治37（1904）年12月、三越は顧客や取引先に三井・三越の連名で挨拶状を発送した。その一文には「販売の商品は今後いっそう其の種類を増加し（中略）米国に行わるるデパートメントストーアの一部を実現致すべく」という今後の方針が書かれていた。日本初の「デパートメントストア宣言」がなされた瞬間であり、日本における百貨店の始まりとなった。

（写真左）火事のため江戸本町から駿河町（現日本橋本店所在地）に移転した天和2（1683）年、新店舗に掲げた「現銀無掛値」の看板。（写真右）明治33年10月当時の本館。全館陳列場として開場された。

建築歴史上に残るルネッサンス式の建物

デパートメントストア化を宣言して以来、三越は土蔵《どぞう》造り店舗と洋風仮店舗で営業を続けながら本格的な百貨店建設の準備を進めてきた。そして宣言から10年経った大正3(1914)年9月15日、日本橋本店新館は完成した。

白煉瓦《しられんが》に装いを凝らしたルネッサンス式の建物は、「スエズ運河以東最大の建築」と称され、建築史上に残る傑作と言われた。

正面入り口には、ライオン像を設置し、店内は中央階段と採光天井《さいこうてんじょう》が荘厳な雰囲気を醸《かも》し出した。また、日本初となるエスカレーターを設置し、暖房換気や金銭輸送器など最新設備が備えられた。商品は、呉服を中心に百貨全般にわたって取り揃えられたほか、新たに食料品部や茶部、鰹節《かつおぶし》部、花部を設け、近代百貨店としての形態が完成した。

これまでと違い上流階級から一般の人でも気兼ねなく入ることができたため、ひとつの行楽《こうらく》の場としても活用された。客の風体で区別をしない洗練された接客態度も人気の一因であった。

地下1階地上5階で、延面積1万3210㎡という広さを誇った建物。屋上には庭園、茶室、音楽堂を設けるなど慰安施設が充実しており、東京の新名所として話題をさらった。

日本で初めての“ファッション・ショウ”

日本橋本店に三越ホール（現三越劇場）を開設した昭和2（1927）年9月21日に、日本初となる「三越のファッション・ショウ」が開催された。一般から募集した着物図案を仕立て、優秀な作品1～3等までを水谷八重子氏、東日出子氏、小林延子氏といった著名人が着用して披露した。日本で初めて「ファッション・ショウ」という言葉が使用されたのはこのショーだという。この試《こころ》みにより、デパートは流行の情報源がある場所として庶民の興味をひきつける存在となった。また、当時「モダン・ボーイ」「モダン・ガール」と呼ばれる新しい風俗や流行を追う若者もファッションショウに訪れていたという。

昭和5（1930）年には、フランス人デザイナー、オデット・マニグリエー氏を婦人洋服部の専属デザイナーとして起用し、好評を博した。昭和11(1936)年には高級オーダー分野で活躍したデザイナー、島村フサノ氏を婦人服デザイナーに招き、婦人服や子ども服を披露するショーも随時《ずいじ》行われ、そのたびに話題となった。

三越のファッション・ショウの広告。

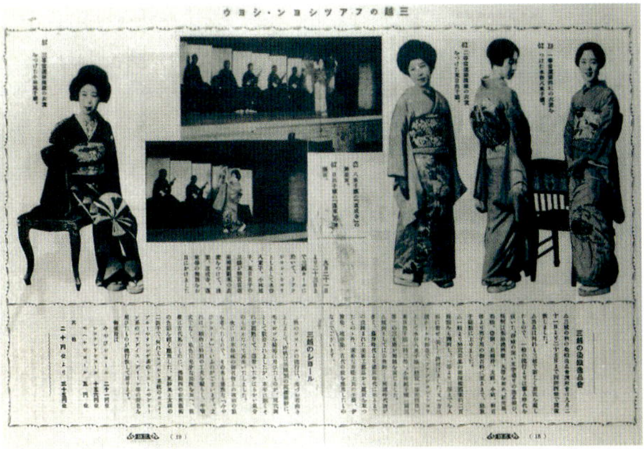

当時のファッションショーの様子を知らせた新聞（1927年）。出品は着物図案のみで、流行の情報源として好評だった。

社名の変遷

- 1673年　創業者三井高利により「越後屋」開店
- 1893年　越後屋を「合名会社三井呉服店」に改組
- 1904年　「株式会社三越呉服店」創立。三井呉服店の営業を引き継ぐ
- 1928年　三越呉服店の商号を「株式会社三越」に変更
- 2003年　三越、名古屋三越、千葉三越、鹿児島三越、福岡三越の百貨店５社による新設合併で新「株式会社三越」が誕生
- 2008年　株式会社三越と株式会社伊勢丹が経営統合し「株式会社三越伊勢丹ホールディングス」発足
- 2011年　東京・関東地区の各店を運営する「株式会社三越伊勢丹」が発足

戦後初のファッションショーに殺到する人びと。ステージのまわりは人であふれかえった。

戦後初のショーに人びとが殺到

昭和25（1950）年、戦時中に休止していたファッションショーが再び開催。戦後業界初となる「三越ファッションショウ 秋と淑女《しゅくじょ》」は、日本橋本店1階の中央ホールで3日間行われた。ホールには買い物客や近隣の会社員もつめかけ、大変な賑わいだった。

このとき発表された衣装はすべてプレタポルテで、上流階級が購入していった。とはいえ、戦争が終わり一般消費者もファッションに興味をもつ余裕が出てきた頃であり、ショーは予想以上の好評を博《はく》したためこれ以降春、秋恒例の催し物となった。

1959年、「春まつり三越ファッションショウ」では、皇太子殿下のご結婚をお祝いした。さらに、一流ファッションモデルによる新作商品の紹介が行われるなど、多くの人から親しまれるファッションショーを確立したのだった。

世界一の小売業へ発展は続く

明治37（1904）年のデパートメントストア宣言から、三越は全国に店舗を広げ、幅広い顧客ニーズに対応している。老舗《しにせ》であるという安心感・信頼感から、親子での固定客が多いという点で他の百貨店とは一線を画している。また、日本橋本店は、呉服店から歴史が始まったという歴史を重んじ、呉服の売り場面積を縮小せず今も営業を続けているのが最大の特徴でもある。

しかし、現在の服飾小売業界は、百貨店や専門店、量販店、ショッピングセンターなど、多くの競合他社が存在し、百貨店離れも進んでいるという。

それを受け、2008年に三越は伊勢丹と経営統合した。21世紀に通用するビジネスモデルを構築し、新たな価値を創造する「世界随一《ずいいち》の小売サービス業グループ」を目指していく。

新・日本橋三越本店「新館」のポスター（2004年）。使いやすい建物としてハートビル法に認定されている。

Interview Topic ロゴマークの変遷

明治5（1872）年までの店章《てんしょう》（ロゴマーク）は、丸に井桁三《いげたさん》を使用。しかし、商売が振るわなくなったため、三井家から分離。三井の三と越後屋の越をとり、三越家という名目上の一家を立て、店章も丸に越へ改めた。明治26（1893）年には、再び三井家の傘下へ入り、丸に井桁三が復活、明治37（1904）年に三越呉服店が創立されると丸越に再度改めた。

丸越の店章は、制定されたものがなかった。それを統一するために、向島《むこうじま》の三囲《みめぐり》神社に献《けん》納《のう》されていた三井の茶釜の大石に彫り込まれた丸越の形を基準とした。筆の当たり所と跳ね先をめでたい七五三になるようにし、現在使用されている店章ができあがった。

越後屋	越後屋	三井呉服店	三越呉服店	三越	三越
1680年～1872年	1872年～1896年	1896年～1904年	1904年～1928年	1928年～1985年	1985年～

Costume Data

キリスト教聖職者の衣服と冠の歴史

キリスト教聖職者の服装は、各宗教衣服の中でも豪華であることが多い。ローマ教皇を中心とした、キリスト教聖職者の服装を見てみよう。

ローマ法王庁によるセレモニー。

写真提供 ユニフォトプレス

聖職者の多種多様な衣服

キリスト教の聖職者の服装には、さまざまな種類がある。たとえばカトリック教会の聖職者が着用する平服はスータン(キャソック)という。この服は位階によって色が決まっており、ローマ教皇が白、枢機卿《すうききょう》が緋色《ひいろ》、大司教、司教が深紅、司祭が黒を着用する。聖職者が被る円形の帽子(カロッタ、ズケット)の色も同様だ。

聖職者が被るカロッタは、13世紀頃から使用されているもの。当初は、典礼の時に被るミトラ(司教冠)の代わりに使われていた。しかし、次第にミトラを着用するときも、その下にカロッタを被ったままになった。

教皇紋章に使われた教皇の象徴

ローマ教皇は、天国の鍵といわれる金、銀2色の鍵や、教皇冠の図案などを組み合わせたものが描かれた「教皇紋章」をもっている。歴代教皇は、自らの教皇紋章にローマ教皇の象徴である教皇冠の図柄を入れてきたのだが、2005年、第265代ローマ教皇に就任したベネディクト16世はミトラの図柄を用いた。

三重冠の形になった教皇冠を初めて戴冠したのはクレメンス5世。金や宝石が飾られた贅沢な冠で、戴冠はパウロ6世まで続いた。しかしパウロ6世は、在位中にこれを無原罪の御宿りの聖母教会に寄贈。それ以降、教皇冠の戴冠は行われていない。

話題を集めた帽子にも歴史がある

2005年12月、サンピエトロ広場での謁《えっ》見《けん》の際に、ベネディクト16世が赤い帽子とケープ姿で登場。当時、ベネディクト16世のこの姿は「サンタクロースが登場！」と話題になった。この帽子はカマウロと呼ばれるもので、古くからローマ教皇が用いたものであり、ベネディクト16世がサンタクロースを意識したわけではなかった。

こののち、ベネディクト16世がはいている赤いローファーがプラダ製だと噂にもなった。

なお、通常ローマ教皇が被る冠は教皇冠（三重冠）といい、その形は教皇の紋章やバチカンの国旗にもあしわられている。

クレメンス5世の頭にかぶせられた教皇冠。教皇冠は、その三重の形状から「三重冠」とも呼ばれるようになった

写真提供 ユニフォトプレス

ファッションこぼれ話

教会をも支配下にしたパフォーマンス

ローマ教皇と「冠」にまつわる逸話といえば、1804年、ノートルダム大聖堂で行われた皇帝ナポレオンの戴冠式が有名だ。ジャック＝ルイ・ダヴィッドによる『ナポレオン一世の戴冠式と皇妃ジョセフィーヌの戴冠』には、ナポレオンが妃のジョセフィーヌに戴冠するシーンが描かれている。本来なら、ナポレオンより位の高い教皇が戴冠すべきところのはずだったこの絵画。実際にはローマ教皇ピウス7世の手からナポレオンが冠を取り上げ、自ら戴冠したのだ。この後ピウス7世はナポレオンにより北イタリアに監禁されるが、ナポレオン退位後にローマに戻っている。

ジャック＝ルイ・ダヴィッド『ナポレオンの戴冠』1806年頃。

写真提供
ユニフォトプレス

第6部

21世紀 現代を彩るファッション

世界各国で有名デザイナーと呼ばれる人が登場し、服飾のボーダーはほぼなくなりつつある現代。ファストファッションという新たなジャンルも登場し、私たちが着る服飾は選択肢が増えるばかりである。時代にあわせグローバル化の一途をたどるファッション産業に何が起きているのかこの部で見ていこう。

ユニクロのWヒートテックブラタンク（ボーダー）

2011年シブヤ ファッションフェスティバル時の渋谷・ハチ公

アレキサンダー・マックイーンによる2005年春夏コレクション

2001～

- ファストファッション、カジュアルブランドがあらゆる世代に浸透
- style.com や ZOZO TOWN などインターネットによるコレクションの情報配信、通販が広がる
- イブ・サンローラン引退（2002）

2005～

- 元グッチ所属のデザイナートム・フォードが1年のブランクを経て復活（2005）
- H&M が日本に進出（2008）
- アレキサンダー・マックイーン死去（2010）

2011

- ジョルジオ・アルマーニがモナコ王妃のウェディングドレスをデザイン
- 無印良品がアングローバル社と提携し新 MUJI LABO を発売
- ワコールのラグジュアリーブランド「WACOAL DIA」がイギリスに出店

第1章 新世紀の服飾

世界情勢の不安が広がり、混沌とした時代が続く2000年代。ラグジュアリーブランドと低価格のファストファッションが混在していく現代のファッションを見ていこう。

東京・銀座。かつては老舗デパートやラグジュアリーブランドが多く存在し街を行く人びともハイソサエティな人が多かったが、近年ファストファッションが台頭したことにより若年層も気軽に訪れるように。

21世紀を彩る服飾の裏側に

ラグジュアリーブランドの隆盛と衰退

「**ルイ・ヴィトン**」を有するLVMHグループのアジア地域の売り上げは約35%を占める。アジアの代表格として日本が重要市場として捉えられていた。東京・銀座や表参道に**ラグジュアリーブランド**が相次いで大型路面店を開設。

ところが、2008年から「**H&M**《ヘネスアンドマウリッツ》」や「**フォーエバー21**」など**ファストファッション**が台頭したことにより、背伸びをしてラグジュアリーブランドを手にしていた層がファストファッションに一気に流れた。そのため、ラグジュアリーブランドは日本市場から撤退や出店見直しなどを図っている。そして、長引く不況から、これまでの顧客を再び獲得するのは困難であるとも見られている。

2008年9月、銀座中央通りにオープンしたH&M。

注目される中国の消費力

これまで中国は、低コストで商品を生産する生産拠点として捉えられてきたが、消費地としての期待が高まっている。上海や北京などの富裕層だけでなく中間層の生活水準も向上しているため、大きな購買力がある地域として注目されているのだ。

そのメインターゲットは、一人っ子政策の最中に生まれた**バーリン・ホー**（1980年代に生まれた20代）。彼らは、恵まれた生活環境で育っているため、個性を主張し、新しい情報を柔軟に取り入れる価値観を持っている。現在､約2億人のバーリン・ホーに向け各国が中国進出を図っている。

ラグジュアリーブランドは、低調傾向にある日本市場から、期待市場の中国に注力する。2010年に「**ルイ・ヴィトン**」は、上海に大型店を2店舗開設。「**エルメス**」は、中国向けブランド「**Shang Xia**《シャン シャ》」を開発し、直営店をオープンしている。

ファストファッションも相次いで出店している。「**ユニクロ**」もアジア最大の旗艦店を上海に設けていることからも、中国市場に各国が期待を寄せていることが分かる。

中国の衣料工場。消費力ももちろん増えているが、生産力の強さも注目を集め続けている。

止まらないグローバル化

日本では、世界から年間47億点のアパレル製品を輸入する。1億3000万人弱の人口を考えるとその数の多さは圧倒的だ。

ラグジュアリーブランドは世界各国に店舗を構えているし、近年では「**H&M**」「**ZARA**《ザラ》」など**グローバルSPA**※も販売網を世界に広げている。

世界各国のファッションを容易に手に入れることができるようになった反面、その国ならではの染めや織りなどの伝統技術が衰退《すいたい》する問題点も忘れてはならない。

【SPA】「Speciality store retailer of Private label Apparel」の頭文字を合わせた造語。製造から小売りまでを統合した販売業態。

アートとファッションが融合された服飾

アクション・ペインティングやポップアート、抽象画など、アートに触発《しょくはつ》され洋服で表現するデザイナーが増えた。アートはマス市場を意識せずに自分の作品を追求するが、洋服は消耗品であるため時代やスタイルに合わせたものづくりが必須だ。

しかし、アートとファッションを組み合わせることで新たな化学反応が起こった。代表的なのが、「**ルイ・ヴィトン**」によるコラボレーションだ。クリエイティブディレクターの**マーク・ジェイコブ**は、日本のアーティスト・**村上隆**とのコラボレーションをはじめ、現代アーティストとの協業を発表し、老舗ブランドに新風《しんぷう》を吹き込んだ。

2011年には、東京の「ルイ・ヴィトン表参道店」7階に美術スペース「エスパス　ルイ・ヴィトン東京」を設けた。このスペースで、現代アートを中心に内外のアーティストたちの個展やグループ展、美術イベントなどを開催する予定だ。

2009年に香港で開催された、ルイ・ヴィトンと村上隆による展示会。

写真提供 ユニフォトプレス

ファッションこぼれ話

シブヤ ファッションフェスティバルの開催

東京・渋谷および原宿エリアで2011年に初めて開催された「シブヤ ファッションフェスティバル」。東京コレクションウィークのメインイベントだ。東急百貨店本店、マルイシティ渋谷、ラフォーレ原宿といった商業施設やビューティ＆ユース ユナイテッドアローズ、ビームス、ワールドなど大手ショップを含めた約140店が参加し、営業時間を延長して街全体を盛り上げる。また、ノベルティの進呈や時間限定割引、店内パーティなども開催。ファッションフォトやファッションシネマなど、服飾に関わるアートの展示も各所で行い、渋谷駅前の「ハチ公像」が洋服を着用した。今後は毎年3月、10月に開催を予定している。

2011年10月に開催されたシブヤ ファッションフェスティバル。

ファッションこぼれ話

英国の異端児《いたんじ》アレキサンダー・マックイーン

デザイナー界では、英国の異端児と呼ばれ、型にはまらないデザインをしたイギリス人のアレキサンダー・マックイーン。既成概念にとらわれない発想から生まれるコレクションは、著名人を虜にした。

彼は、アンダーソン・アンド・シェパード、ギーヴス・アンド・ホークスでテーラリングの基礎を学んだあと、1994年にロンドンのセントマーティンズでファッションデザインの修士号を取得。彼の卒業コレクションは、「ヴォーグUK」のエディター、イザベラ・ブロウが5000ポンドで全て買い取ったことでも有名である。1996年には、「ジバンシィ」のチーフ・デザイナーに抜擢され、27歳の若さでオートクチュールメゾンの顔となったのだ。

2001年にグッチグループの傘下となり、コレクションライン「アレキサンダー・マックイーン」のセカンドライン「マックキュー」を展開。「プーマ」や「サムソナイト」とのコラボレーションも実施した。

奇抜なデザインも巧みな技術で端正に仕立てる力を持つマックイーンだが、2010年に40歳という若さでこの世を去った。「アレキサンダー・マックイーン」は、英国のキャサリン妃のウエディングドレスを手がけたサラ・バートンによって引き継がれている。

アレキサンダー・マックイーン（1969年3月17日-2010年2月11日）。世界的アーティスト、ビョークやレディー・ガガらも彼の顧客だった。

写真提供 ユニフォトプレス

アレキサンダー・マックイーンによるコレクション（2005年）。

Japanese Fashion Story

日本の服飾文化を発展させた企業に訊く２

ワコール

ブラジャーで日本の女性を美しく

女性下着の先駆者としてマーケットを創出してきた下着メーカーのワコール。"女性美"を追求し、美しさや快適さ、健康を切り口とした商品を数多く展開している。また、男性下着やスポーツウェアなども手がけ、インナーファッションだけでなく生活文化や新しいライフスタイルの視点まで含めた「ボディデザイングビジネス」へと事業範囲を広げている。

ワコール躍進のシンボルとなった京都市の本社ビル（1967年）

創始者塚本氏とブラパットの出合い

ワコールの歴史は、創業者の塚本幸一氏が第二次世界大戦後に復員兵《ふくいんへい》として京都に戻ったあとから始まる。

もともと実家が呉服屋であり、商人として実績を挙げ始めていた塚本氏。戦争により一時商売を中断していたが、終戦後に婦人装身具の店として再開した。

戦争が終わり京都に戻ってきた塚本氏は、街を行く女性を見て、「女性は本来美しくありたいと願いながら生きている。だが、戦争の時代はその望みを捨てなければならず、その光景は悲惨《ひさん》なものだった。戦争が終わった今、女性をもう一度美しくしたい」と強く思ったという。

終戦後、日本は急速に欧米化する。それに伴い女性のファッションも和装《わそう》から洋装中心へと移り、女性が求める美しさも大きく変化。そんな時代の変化を目の当たりにした塚本は、昭和21（1946）年、ネックレスやブローチなど女性向けの装身具などを仕入れて販売する和江商事を創業した。

売り上げは好調であったが、企業を代表する商品がなかなか見つからなかった。そんなとき、塚本氏は洋服の内側に着装《ちゃくそう》し、バストの形をよく見せる「ブラパット」に出合う。これが和江商事の転機となった。

ブラパットとは、針金を螺旋状《らせんじょう》に巻き、布を被せてバストの形を整えるものだ。洋装を美しく着こなしたい女性の間で大ヒットとなり、和江商事の看板商品となった。

アルミ線を螺旋状に巻きあげたスプリングに綿を被せ、その上に布を被せた「ブラパット」。

連動式の電動ミシンが並ぶ本社工場（1952年）。フォードシステムを応用し、大量生産型システムを開発した。

日本人女性のための自社製ブラジャーを開発

そもそも、ブラジャーは戦前にも存在していた。しかし、それまでは和装が主役だったため、多くはバストのふくらみを抑える「乳房《ちぶさ》バンド」、あるいは授乳期の乳房を保護する衛生用品だったのだ。バストの形を美しく見せる「ブラジャー」は新しい概念をもった商品であった。

ブラパットのヒット、当時のアメリカの通信販売カタログから、女性下着の市場の大きさを塚本氏は知る。そして、日本人女性のさらなる洋装化を見越し、本格的な婦人洋装下着メーカーを目指すことを決意したのだ。そして、日本人の体型に合う自社製ブラジャーを開発した。

昭和25（1950）年、カップの内側にブラパットを入れるポケットをつけた自社製ブラジャー第一号「101号」が誕生。製品のカップサイズは一種類のみで、脇布の長さを3段階にしてS、M、Lの3サイズを発売した。衣料品がまだ政府の統制下にあり、材料となる布の仕入れに苦労したため、反物の端切《はぎ》れを買い集めて縫製《ほうせい》したという。

製作のノウハウを手にいれた和江商事は、同年、京都・室町の専属工場でブラジャーの生産を開始。電動ミシンを導入し、大量生産を開始した。

著名デザイナー藤川延子さん指導の「ファンデーション・ショウ」も大盛況だった(1956年頃)。

日本で初めて行われた下着のショウ

昭和25 (1950)年、百貨店として初めて髙島屋京都店に和江商事の女性下着売り場がオープン。それと同時に大阪・東京に出張所を開設し、販路《はんろ》拡大をしていった。

昭和27 (1952) 年はブラジャーを中心とした洋装下着をPRするために日本で初めて「下着ショウ」を開催。大阪の阪急百貨店で行ったショーは、男子禁制の貼り紙が貼られ、女性のみが入場を許されたが、ホールの定員約300人を超えるほどの人気だった。

このショーは、下着業界や百貨店業界のみならず一般の人からも注目を集めた。全国の百貨店などから引き合いが多く、昭和28～29年にはワコール「下着ショウ」花盛りの時代に。このショーは、『下着は隠されたもの、秘められたもの』という概念やモラルを打ち破るきっかけにもなった。

商標「ワコール」の採用は昭和27年で、昭和32 (1957) 年にワコール株式会社に社名が変更された (昭和39年に株式会社ワコールに改称)。昭和34 (1959) 年には京都市に3階建てで当時としては斬新《ざんしん》なデザインの新社屋を建築。塚本氏は「ブラジャーでビルを建てた近江《おうみ》商人」としてメディアに紹介されるほど注目を集めた。

1967年に撮影された本社ビル。1960年代に従業員数は800人を越えた。

科学的に研究を重ねて製品を開発

そもそも、1960年代当時は、一般女性における商品知識は十分でなかった。そこでワコールは、「日本女性のプロポーション美的基準」を提案。昭和40（1965）年には7・3頭身が理想的な体型という“ゴールデンプロポーション”を発表し、昭和54（1979）年には加齢による体型変化を考慮した年齢別の理想体型“ビューティフルプロポーション”、平成7（1995）年には美しい身体のバランスを示した“ゴールデンカノン”を提案した。

体型の提案だけでなく、自社商品の研究も行っている。昭和39（1964）年には、新製品の開発や製品評価研究、女性美の研究などを進め、科学に裏打ちされた製品開発を行うワコール人間科学研究所の前身となる製品研究部を設けた。ここでは人体寸法のデータ収集、プロポーションの研究、人体の運動機構の究明、人間工学的商品分析などが行われている。

さらなる発展を目指すこれからのワコール

地道な研究の蓄積《ちくせき》が下着と身体の新しい関係をつくり出すという信念をもつワコール。人間科学研究所を発足して以来、延べ4万人におよぶ日本人女性の体型を計測し、商品を開発している。平成12（2000）年には加齢による体型変化を独自の追跡調査で分析した『スパイラルエイジング』という研究結果をまとめた冊子を発刊した。

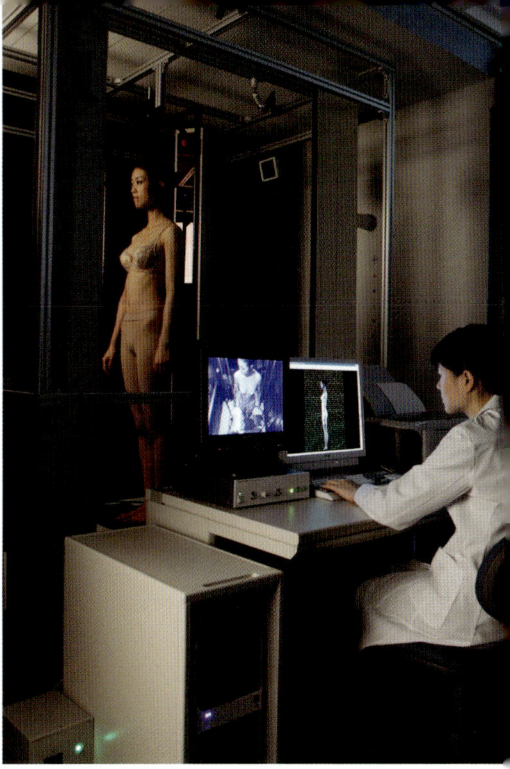

ワコール人間科学研究所が長期間継続して収集したデータを統計的に分析し、日本女性の加齢による体型変化の実態が分かった。

ワコールの主力商品のひとつ、研究によって生み出された「Style Science（スタイルサイエンス）」。これは、カロリー消費をしやすい“歩き”をサポートする商品だ。はいて歩くことで歩幅が広くなり、カロリー消費に適したエクササイズ歩行への変化ができる下着で、平成17（2005）年秋の発表以来大ヒットとなった。

今では、アジア諸国や欧米などでも高品質な商品とデザイン性の高さが評価を受け世界的な企業となっている。今後も、新しい価値を創造し、グローバル企業として発展を目指すワコールの挑戦は続く。

第2章 ファストファッションの誕生

今や我々の生活に欠かせない存在となったファストファッションのアイテム。安価であることと長引く不況を理由に、選ぶ人が増えている。

原宿・明治通りに開店したスウェーデンのブランド「H&M」。海外で人気のファストファッションショップがついに日本で展開されたとあり、オープン時には若い女性が殺到した。

高品質低価格のファッション

旬な服を低価格でという価値観の変化

2007年に世界的金融危機が広がって以来、日本でも不況が消費を打撃し、アパレル業界も買い控えが進んだ。この状況に風穴を開けたのが**ファストファッション**（fast fashion）である。

ファストファッションとは、早くて安くて美味しいの代名詞ファストフード（Fastfood）の洋服版。トレンドを取り入れた洋服を素早く大量に生産し、低価格で提供する。代表格であるスウェーデン「**H&M**《ヘネスアンドマウリッツ》」やスペインの「**ZARA**《ザラ》」、アメリカの「**GAP**《ギャップ》」などは、1990年代から頭角を現し、2000年代から急成長を遂げている。

ファストファッションは、ファッション業界のあり方を変えた。これまで**ハイファッション**は、時間をかけてマス市場に浸透してきた。しかし、ファストファッションは、カジュアルウェアはもちろん、ハイファッションの要素を取り入れた洋服を最短で2～3週間でつくり上げて販売する。最新ファッションは、高価格でしか手に入らないという状況を覆《くつがえ》したのだ。

日本のファストファッションの代表ともいえる「ユニクロ」の「ヒートテック」のTシャツ（P.186）。

日本に進出したファストファッション

1947年にスウェーデンでスタートした「**H&M**」。2010年度の年商は1兆円を超え、ファストファッションを代表するブランドとなった。1964年にはノルウェーを皮切りに世界展開を開始。欧米、中東、アジアと世界各国に店舗を拡大している。

日本では2008年9月、東京・銀座に1号店を開設し、これにより日本は本格的なファストファッションの時代に突入。2009年には原宿の「H&M」隣に、アメリカの「**フォーエバー 21**」が1号店を開設。イギリスの「**トップショップ**」も含め、明治通りはファストファッション通りとなった。

しかし、ファストファッションの製造は、低開発国の貨幣価値の差と不当搾取的な低賃金によって成り立っている部分もある。また、海外ファストファッションの品質は劣る場合も。衣料品の消耗品化は先進国にしかメリットがなく、長い目で見ると発展途上国の成長を妨げる面も抱えている。

激化していくファッション産業

日本勢でもファストファッション業態の開発に着手。セレクトショップを運営するユナイテッドアローズは「**COEN**《コーエン》」を、109系のバロックジャパンリミテッドは「**アズール・バイ・マウジー**」をオープンさせ、新しい客層の取り入れを目指している。

今後の日本には、国内外のファストファッションブランドが混在し、競争はますます激化していくと予想されている。

銀座にオープンした「フォーエバー 21」に並ぶ人びと。銀座にも、ファストファッションのショップが続々オープンしている。（撮影日：2010年4月29日）

「COEN」のシャツ3990円（税込）。メンズの定番商品であり、シーズン毎に色が変わる。ファストファッションとしては少々高価だが、セレクトショップに並ぶものよりは安価に設定されている。 写真提供 コーエン

日本の服飾文化を発展させた企業に訊く 3

ユニクロ

日本のファスト・ファッションの先駆者

グローバル企業として確固たる地位を築いた「ユニクロ」を展開するのが株式会社ファーストリテイリング（以下、FR）。フリースや保温性肌着・ヒートテック、ブラカップ付きキャミソールのブラトップなど、一大ブームを起こすほどのヒット商品を次々と開発する。高品質で手の出しやすい価格帯のユニクロ商品は、今や日常のコーディネイトに欠かせない存在だ。

ユニクロ大阪心斎橋店。世界で5番目となるグローバル旗艦店だ。

メンズ専門店からカジュアルショップへ

FRの創業は昭和24（1949）年。山口県宇部《うべ》市で柳《やな》井《い》等《ひとし》が男性向け衣料品を専門に取り扱う「メンズショップ小郡《おごおり》商事」という個人営業の店をスタートしたところから始まる。同社は昭和38（1963）年に小郡商事（平成3年、FRに商号変更）を設立し、昭和59（1984）年に息子である柳井正《ただし》がユニセックスカジュアル衣料品店「ユニーク・クロージング・ウエアハウス」（略称ユニクロ）1号店を広島市に開設した。ここからユニクロはジーンズカジュアル専門店として展開していくこととなる。

当時から倉庫風の建物内に映画ポスターやスターのポートレイトを展示し、特徴的な店舗だったユニクロ。また、中国の工場と提携し低価格で商品を調達できるモデルを構築し、メジャーになる前から業界筋の間では注目となる営業戦略を行っていた。

広島・中区にオープンしたユニクロの記念すべき1号店（現在この店舗は存在しない）。

フリースとはポリエチレンテレフタラートの一種で作られた、軟らかい起毛仕上げの繊維素材のこと。保温性が高く軽量で、ユニクロはこの素材を使ったジャケットなどを1900円で販売した。

ユニクロによるオリジナル商品のヒット

始めはジーンズカジュアル専門店として認知されていたユニクロ。しかし、平成10(1998)年の原宿店オープンで印象が大きく変化。そのきっかけとなったのが**フリース**である。豊富なカラー展開のフリースを大々的に打ち出し、ブームを創出したのだ。

これを機に、オリジナル商品の開発は加速する。ユニクロ商品は、「今までにない新しい価値をもつ服を創造し、世界中のお客様に満足をお届けする」ことをよりいっそう目指して開発するようになった。企画やデザイン、素材調達、生産、販売までを一貫して行うことで、消費者のニーズを加味《かみ》した品質のよい商品を適正価格で提供することをモットーとして商品展開を行っていったのだ。

現在、「ユニクロ」を代表する商品**ヒートテック**。これは、大手素材メーカーの東レと戦略的パートナーシップを組み、高品質で高機能な保温性肌着の素材を開発したものであり、大量生産も可能な商品である。

もともと、ヒートテックは平成15(2003)年に発売は開始しており、数年かけてブラッシュアップを図っていったものだった。平成19(2007)年からテレビCMを始めると一気に浸透し、前年比2倍の年間2000万点を売り上げた。平成20(2008)年は2800万点、平成21(2009)年5000万点、平成22(2010)年8000万枚と右肩上がりで成長を遂げている。

平成23(2011)年は、色柄の拡大や機能をプラスし、全世界で1億枚を販売する計画である。ヒートテックの売り上げの変化は、販売後もリサーチを続け、よりよいものを追求した結果が如実に出たケースといえる。

ヒートテックは、身体から蒸発する水分を吸収して熱エネルギーに変換する発熱機能と、熱を外部に逃さない保温機能を併せもっている。肌着としてだけでなく、1枚でも着られるのが人気の理由のひとつだ。

ユニクロのジーンズ。デニム生地の世界的企業であるカイハラから、ユニクロ仕様で紡績・染色したデニム生地を調達している。

都心形店舗へと形態も徐々に進化

都心型店舗への進出も進む。平成16(2004)年にはユニクロ初の500坪強の売り場面積をもつ大型店舗を大阪心斎橋に開設(平成22年閉店)。翌年には東京銀座に大型店、平成19(2007)年に東日本最大級となる900坪の東京・世田谷千歳台店をオープンした。

平成19年4月28日にユニクロ原宿店を改装し、Tシャツ専門店「UT《ユーティー》 STORE《ストア》 HARAJUKU.《ハラジュク》」をオープン。雑誌「東京グラフィティ」やゲーム「METAL《メタル》 GEAR《ギア》 SOLID《ソリッド》」とコラボレーションするなどして注目を集めている。また、平成22(2010)年には、日本初のグローバル旗艦店となる「ユニクロ 心斎橋店」をオープンしたほか、東京、大阪などの都心部への大型店の出店を進めた。

ユニクロ心斎橋店。地下1〜4階建てで、約800坪の面積を誇る。

2007年11月、イギリスのオックスフォードストリートにオープンしたグローバル旗艦店。現在イギリスでは12店舗展開されている。

グローバルブランドとして発展を目指す

「ユニクロ」の海外進出は、平成13（2001）年のイギリス・ロンドンからスタート。その後、中国やアメリカ、香港、韓国、フランスと世界市場開拓を進めている。

平成18（2006）年に開設したグローバル旗艦店と位置づけるソーホー ニューヨーク店は、「ユニクロ」のグローバルブランドとしての認知度を高める役割を果たした。安価で誰にでも受け入れやすい基本的なデザイン、またジーンズの裾上げ無料サービスなどが喜ばれ、海外出店は成功を収めている。

平成23（2011）年8月末時点で、海外店舗は183店舗、年間約50店舗のペースで出店している。今後は、中国や東南アジアを中心に年200～300店の出店を計画しているという。アジアの各国中心都市には、旗艦店も開設予定だ。

FRは、2020年に売上高5兆円を目標に掲げるが、それを実現するためにグローバル化を促進している。世界中どこの店舗でも「今までにない新しい価値をもつ服を創造し、世界中のお客様に満足をお届けする」ことを忘れず、発展を遂げていくという。

第7部

民族衣装

独特の進化を遂げた衣装

一部の民族や地域の伝統儀式の正装として着られている民族衣装。流行の影響を受けず、色、形、着付け方などには決まりを持っており、国独自で発展している。現代社会では失われつつある民族衣装だが、服飾の歴史を知るうえでは学ぶべきところが多い部門だ。個性あふれる衣装に込められた意味を見ていこう。

韓国の女性の民族衣装。上衣がチョゴリでスカートがチマと呼ばれる。

ベトナムの花モン族の伝統衣装。カラフルな刺繍が特徴的。

Turkey

インドネシア、シンガポールで着られているサロンクバヤ。素材はコットンで着やすい。

Saronkebay

写真提供 ユニフォトプレス

Kanga

東アフリカで衣類や風呂敷として広く使用される一枚布カンガ。

写真提供
ユニフォトプレス

Thai

タイの男女の伝統的な衣装。女性はパー・シンと呼ばれる腰巻きタイプのスカート。

写真提供 ユニフォトプレス

Ao dai

ベトナムの民族衣装。起源は18世紀に清朝から移入された旗袍《きほう》。

写真提供 ユニフォトプレス

第1章 民族文化が育てたアジアの服飾

東アジアの国々は、生活文化はもとより服飾文化においても、中国や欧米の影響を受けてきた。それを自国の風土や文化に合わせて改良し、各国独自の伝統衣装を創り出したのだ。

中国全土に暮らす少数民族の苗（ミャオ）族。タイやラオスなどにも暮らしており、そちらではモン族と呼ばれる。各地ごとに伝統衣装は異なるが、色鮮やかで美しい刺繍が施されていることは共通している。　写真提供 ユニフォトプレス

東アジアの伝統衣装

周辺国の服飾に影響を与えた古代中国で成立した漢服

古代から明代まで、蒙古族の元朝（1271～1368年）を除く4000年の間、中国を支配したのは漢民族であった。彼らの衣服は**漢服**《かんふく》と呼ばれ、朝鮮半島や日本を含む東アジアの服飾文化に大きな影響を及ぼした。

漢服の様式は、現代に残された多くの絵画や彫像などから知ることができる。男女共に様式は同じで、前開衣型の上衣は襟《えり》があり、左右の前身頃を重ねて帯で締めて着用する。その下に、**裳**《も》と呼ばれるスカート状の下衣をはく。着丈の長い、裾の広がったゆったりとした衣服であり、大きな袖とやわらかい全体の輪郭も特徴的だ。

ほかに、着丈が長く裾の広がった**深衣**《しんい》や、短い上衣と裳という**襦裙**《じゅくん》などの形式もある。深衣は春秋戦国時代（紀元前770～前221年）に男女を問わず着用したが、後漢の頃には女性服となった。また襦裙は主に女性が着ていた。

儒教の始祖である孔子《こうし》は、紀元前6～5世紀、春秋戦国時代の人。中国各地に残る孔子像は、袖の長いゆったりした漢服を着ている。

清朝末期作と伝えられる清皇后龍袍《りゅうほう》。袍《ほう》は外衣であり、龍袍は皇帝と限られた皇族が宮廷で着用した儀礼服のこと。黄色の地に、五爪九龍（５つの爪をもつ龍文が９個）と吉祥文様が織り出されている。
写真提供 ユニフォトプレス

満州族の民族服・旗袍が チャイナドレスの原型

漢民族の明《みん》朝が滅び、満州族が中国全土を支配した清代（1644～1912年）、大陸の服飾は大きく変化した。漢民族への支配を強化するため、清王朝は人々に満州族の習俗を強制。男性の髪型は弁髪《べんぱつ》に、衣服は男女共に満州族（旗人《きじん》）の服装である旗袍《きほう》を着るようになった。

旗袍は北方民族である満州族の生活にふさわしく、乗馬に適したデザインとなっている。手を保護する馬蹄形《ばていけい》の袖口をもつ筒袖に、丸襟で身頃は右脇で深く合わせ、裾には深いスリットが入っていた。女性の旗袍は時代とともに次第にスリムになっていき、現代の**チャイナドレス**の原型となった。第二次世界大戦前後の混乱で旗袍は廃れるが、1980年代から中国や日本で、チャイナドレスが一部に流行するようになった。

満州族女性の装い、旗袍《きほう》。初期はゆったりしたシルエットだったが、清朝末期から細身になっていった。
写真提供 ユニフォトプレス

女性のチョゴリは初期は臀部《でんぶ》に届くほどの丈があったが、朝鮮時代（1392～1910年）後期に短くなった。襟《えり》にはトンジョンという掛け襟をつけ、胸の装飾用リボンのオッコルムを結ぶ。

男性はチョゴリとパジの上に袖なしのベストを着て、その上に襟のない上着のマゴジャを着用する。ベストは西洋の洋服の影響で着るようになった。

写真提供 韓国観光公社

写真提供 韓国観光公社

チョゴリは時代によって、襟の幅や袖のふくらみ、丈などデザインも変わってきた。また色にもさまざまな意味がある。夫が生きている女性は小豆色の、息子がいる女性は紺色のオッコルムをつけることができた。結婚前の女性は黄色いチョゴリに赤いチマを着る習慣もあった。

現代も礼服として着用される韓国のチマ・チョゴリ

韓国の民族衣装は**韓服**と呼ばれ、現在も伝統行事をはじめ、正月や結婚式などの礼服として着られている。古代の朝鮮半島は、東西と南を海に囲まれ、北で歴代の中国王朝とつながっていたため、衣服のデザインや様式には北方中国の影響が見られる。

韓服は、新羅《しらぎ》・百済《くだら》・高句麗《こうくり》が鼎立《ていりつ》した三国時代（紀元前37年～後668年）には成立していた。古くは男女共に、チョゴリと呼ばれる上衣と、**パジ**と呼ばれるゆったりしたシルエットのズボン状の下衣をはいていた。時代が下るとともに、女性はパジに変わって、**チマ**と呼ばれるスカートをはくようになる。これが現代、韓国女性の伝統的な衣裳として知られるチマ・チョゴリの原型である。素材には絹や麻、木綿などが使われた。

韓国伝統の婚礼衣装。新婦はチマとチョゴリの上に、王族の宮中衣装に似た長い袖のウォンサムを着ている。新郎は紗帽冠帯と呼ばれる、朝鮮時代の下級官吏の服装に似た衣装を着る。紗帽は左右に装飾用の羽根がついている帽子のこと。

男性はジャンジュン・マルガイという正装用の帽子を被り、つま先の反り返ったブーツをはく。女性は長い飾り紐がついた丸い帽子を被った。

写真提供 ユニフォトプレス

厳しい気候と遊牧生活に適したモンゴルの伝統衣装デール

遊牧系騎馬民族であったモンゴル人の伝統衣装は、裾広がりの騎馬に適したデザインで、一般的に**デール**と呼ばれる。男女同型の上衣で、襟を合わせて右肩と脇をボタンで留め、ウエストを帯で締めて着る。下にはズボンをはく。部族ごとに少しずつ形は異なるが、立ち襟と長い袖、長い丈が共通の特徴で、防風や防寒のみならず、身体からの過度な水分蒸発を防ぎ、同時に毒虫の侵入も阻む効果がある。モンゴル高原という、寒暖の差が激しい乾燥地帯での生活に適したつくりになっているのだ。

デールは夏冬用があり、夏用は薄い裏地をつけただけだが、冬用は氷点下30 ~ 40度の寒さにも耐えられるように、内側全体に子羊の毛皮が縫い付けられている。大人用で約30匹分の毛皮が必要とされている。

ファッションこぼれ話

東アジアで愛された吉祥文様

東アジアの服飾文化では、縁起のよい動物や植物を描いた吉《きっ》祥《しょう》文様が、古くから愛されてきた。これらの文様においても、中国文明の影響は大きく、易《えき》や五行説、宗教上の信仰、歴史的な伝説に基づくものなどが数多く見られる。ヨーロッパでは忌《い》み嫌われる龍やコウモリといった動物も、中国では吉祥文様として古くから皇帝の衣服などに使われた。

吉祥文様は日本にももたらされ、独自の文様をつくり上げていった。日本人の愛する代表的な吉祥文様には、梅・菊・蘭・竹をモチーフにした四君子《しくんし》文様や、長寿の象徴である鶴亀文様がある。

五福臨門の文様。五福は全ての福を表し、長寿・富貴・健康と平和・功徳・善終を集めてくれる。

東南アジアの伝統衣装

タイやインドネシアの伝統の染織品を生かした衣服

バティックやタイシルクなど、東南アジアの国々では、各国独自の染め物や織物を伝統衣装に使っていることが多い。アジアの中でも高温多湿な気候の地域だけに、こうした染織品はほとんど布のままか、筒状に縫う程度で、風通しのよい巻衣型か筒型が中心となっているのも特徴である。

タイでは**パー・シン**と呼ばれる横縞《よこじま》柄が好んで用いられ、この柄の入った筒型の下衣そのものもパー・シンと呼ぶ。女性の昼間の正装は、**スアー**と呼ばれる薄手のブラウスを上衣として、下衣にパー・シンか腰巻型の**パー・ヌン**をつけた二部式となる。

女性の上衣は夜のフォーマルな場で着るサ・バイで、帯状の布。胸を覆いながら巻き付けて余りを垂らす。下衣はパー・シン。男性は上衣にスアーを着て、パー・チュンガベンと呼ばれるズボン状にはいた腰布をつけている。

この二部式衣服は、素材や形の違いはあるが、インドネシアやシンガポールでも用いられている。両国の女性の伝統衣装は**サロンクバヤ**と呼ばれ、サロン(腰巻布)の上にブラウスタイプの**クバヤ**という上衣を合わせて着用するスタイルである。

タイシルクは主に東北タイを中心とした地域で伝統的につくられていた。タイの蚕《かいこ》は主に野生の蚕で、太い糸を吐くことから光の反射が複雑になり、独特の美しい光沢を出すといわれている。

インドネシアの民族衣装の女性たち。腰布のサロン、上衣のクバヤ、スレンダン(帯)を締めている。サロンは木綿でインドネシアのバティックプリント(ろうけつ染め)が多い。

(写真左、上)写真提供 ユニフォトプレス

アオは衣装、ザイは長いというベトナム語で、アオザイは「長い服」の意味。身体の線を強調した、女性を美しく見せる服といわれる。下衣の長いズボンはクアンといい、主に白が用いられる。

写真提供 ユニフォトプレス

植民地時代の影響が残るベトナムやフィリピンの衣服

ベトナムの伝統衣装といえば**アオザイ**が知られている。一般的に女性用のイメージが強いが、ゆったりしたシルエットの男性用もある。アオザイは立ち襟《えり》のチャイナカラーで、丈の長いスリムな上衣には腰骨にかかるほどの深いスリットが入り、下衣には白いズボンをはく。原型は中国清朝の旗《き》袍《ほう》(P.193)だが、フランス植民地時代に現在のようなスリムな形に変えられた。

スペインとアメリカの植民地時代があったフィリピンでは、女性の正装は**テルノ**と呼ばれる、スペイン風の肩の大きく張ったドレスだ。男性は伝統織物**ピーニャ**でつくった**バロンタガログ**と呼ばれる上衣に、黒ズボンが正装となる。ピーニャはパイナップルの葉の繊維からつくられる、軽やかで上品な光沢をもつ織物で、繊細な刺繍が施されている。

ファッションこぼれ話

伝統衣装を愛する国、ブータン国王の結婚式

2011年に、国王のロイヤルウエディングで話題となったブータン。この国は、法律で民族衣装の着用を国民に義務づけており、国王も伝統の民族衣装で結婚式を挙げている。

ブータンの民族衣装は男性用がゴ、女性用が**キラ**と呼ばれる。ゴは前に打ち合わせる筒袖の服で、日本の着物によく似ている。女性のキラは一枚布を身体に巻き付けて、ワンピースのように着用するもの。露出する両腕は、**ケンジャ**というブラウスや**テュゴ**という上着をはおって覆う。礼装では、男性は**カムニ**、女性は**ラチュ**という肩かけをつける。

写真提供 ユニフォトプレス

2011年10月13日、結婚式のワンチュク国王夫妻。カムニとラチュをつけた正装で、その黄色は王の色とされている。

西アジアの伝統衣装

アラブ・イスラム圏の人々の環境と風土に適した衣服

中央アジアから西アジアの地域は中東とも呼ばれ、砂漠や山岳地帯の多い、乾燥した風土の地域である。ここはアラブ・イスラム圏の国々がほとんどで、その民族衣装は、かつて遊牧生活を送っていた当時の暮らしに適したつくりになっている。

男女共に基本形は、ゆったりとした寛衣型の丈長の上衣とズボン、そして被り物。長い上衣は、ラクダや馬に乗っての移動が多い遊牧生活でも着崩れの心配がない。またズボンは腰周りがゆったりとしているが、足首の部分は締まっている。それは、砂《さ》塵《じん》はもとより、サソリや蛇など砂漠に棲息《せいそく》する危険な動物の侵入を防ぐためだ。

また男女共に肌の露出が少ないのは、乾燥した砂漠地帯で汗の蒸発を防ぐという実用的な目的がある。もちろん、女性についてはイスラム教の戒律の影響もある。

砂漠と乾燥地帯が広がる西アジアでは、人々は今も、風土と信仰に基づく伝統的な服装で暮らしている。

19世紀のシリアの男性の衣装。ゆったりとした外衣はアバと呼ばれるマント。素材はシルクで銀糸の刺繍が施されている。
写真提供 ユニフォトプレス

20世紀初頭、伝統的な刺繍が施されたドレスを身につけた、パレスチナ自治区の西岸地区中部の都市ラマッラの女性。
写真提供 ユニフォトプレス

民族や地域ごとに特徴のある織りや刺繍で彩った女性服

西アジア地域における男性の衣服は、地域差が少ないことが特徴だ。基本的には、**トーブ**(またはソブ)と呼ばれる寛衣型の長衣の上に、寒暖に応じて外衣の**アバ**をはおり、頭部には被り布**クーフィーヤ**を被り、留め輪である**イカール**で押さえる。現在、西アジア地域でも洋服姿の男性は多いが、ビジネススーツで頭にはクーフィーヤとイカールという姿も珍しくない。

一方、女性の衣装は各民族や地域ごとの特徴がある。頭と身体を覆い隠すスタイルはどの国も大きな違いはないが、胸元や袖口、裾周りなどに装飾的な刺繍が施されることが多い。特に婚礼衣装には、もっとも豪華な染織や刺繍のドレスが用いられる。古代ローマ、ビザンティン帝国、オスマントルコなど大国の歴史をもつトルコの晴れ着は、金糸銀糸の刺繍や紋織などが施された華やかなものだ。

クーフィーヤの素材は木綿やウールで、赤×白や黒×白のチェック柄、白の無地などがある。

緞子《どんす》を指すダマスク織の語源となったシリアのダマスクスは、古代から絹織物の産地として栄えた。19世紀のダマスクスの若い女性の装い。

写真提供 ユニフォトプレス

ファッションこぼれ話

イスラムの芸術、ペルシア絨毯

イスラム美術のひとつである、美しい文様のペルシア絨毯《じゅうたん》。その歴史は紀元前500年代のアケメネス朝ペルシアにまでさかのぼる。

ペルシア絨毯の素材はウールとシルクの2つ。華麗な文様は、狩猟・庭園・唐草・メダリオン・生命の樹などが代表的で、部族や町、村により伝統的に受け継がれている。またイスファハンやタブリーズなど産地固有の文様もある。

ペルシア絨毯の意匠として典型的なメダリオン・コーナー・デザインの絨毯。中央にメダリオン、四隅に4分の1メダリオンが配されている。

第2章 南北で対照的なアフリカの衣服

アフリカ北部と熱帯地方の中央部では、歴史も人種も気候も異なることから、服飾文化も違う道を歩んだ。それぞれの衣服が成立した歴史的背景と、服飾の特徴を見てみよう。

チュニジアで毎年12月に開催される遊牧民の祭典、サハラ・フェスティバルでは、民族衣装姿のパレードも行われている。

写真提供 ユニフォトプレス

北・西アフリカのイスラミックな衣服

イスラムと西洋の影響を受けた北アフリカ独自の歴史と文化

広大なアフリカ大陸の中でも、モロッコ、チュニジア、アルジェリアなど北アフリカの国々は、西アジアと同様に、イスラム文化の影響を色濃く受けている。歴史的には7世紀末にアラブ人が侵入をして以来、北アフリカにはチュニジアを中心に、イスラム教が広がり、イスラム文化が栄えた。

アフリカのイスラム諸国は、西アジアの国々に比べると、戒律がそれほど厳しくないのが特徴だ。それはヨーロッパ世界との地理的、歴史的なつながりの深さによる。北アフリカとヨーロッパは、地中海を挟んでわずかな距離しか離れていない。またローマ帝国をはじめ、さまざまな民族の支配を受けてきた長い歴史は、他国の文化への寛容さを育んだ。19～20世紀にはフランスの保護領や植民地となり、ヨーロッパ文化の影響も大いに受けたのである。

服飾文化にしても、都市部ではヨーロッパと変わらない服装が中心となっている。一方で、モロッコの先住民族であるベルベル人のように、古い伝統をかたくなに守る人たちも少なくない。

北アフリカ最古の民族といわれるベルベル人の女性。黒のブルカで全身を覆い、目だけ出すイスラム教の服装をしている。

東西の融合と民族文化への誇り マグレブの多彩な服飾文化

アフリカ北西部のチュニジア、アルジェリア、モロッコの３ヵ国は、マグレブ（日の沈む地）と呼ばれ、イスラム文化とヨーロッパ文化の両方を受け入れている。

チュニジアはマグレブ諸国の中心として東西の文化を吸収し、**マグレブ様式**と呼ばれる独自のモードを育てていった。金糸やスパンコールなどを使い、精巧な刺繍を施した婚礼衣装は、イスラムとヨーロッパの文化が融合したモードといえる。

マグレブ諸国の中でも、オスマントルコの支配を受けなかったモロッコは、独自の民族文化を色濃く今に伝えている。男性の多くが着ているのが、**ジェラバ**と呼ばれるフード付きの長いガウン。ジェラバは生成《きな》りや茶の縞《しま》模様が多いが、素材や色は地域によってさまざまだ。女性は**ハンディラ**というフード付きのガウンを着るが、都市部ではあまり見られなくなってきた。

モロッコ男性の一般的な外衣ジェラバは、直射日光や風、砂塵を防ぐ実用的な衣服。ターバンを巻き、バブーシュという革製のサンダル姿が多い。

チュニジア南東部ガベスの婚礼衣装。
写真提供 ユニフォトプレス

19世紀のチュニジアの男性の服装。
写真提供 ユニフォトプレス

マサイ族がまとう赤い布は、マサイクロスまたはマサイシュカと呼ばれ、チェックやストライプ柄などがある。男性はマサイクロスを、女性は赤のカンガ（綿プリントの長方形の布）をまとう。

熱帯アフリカの布を巻く衣服

歴史と風土が生み出したアフリカ独特の服飾文化

熱帯エリアに分布するアフリカ諸国の服飾文化は、北アフリカ諸国のそれとは大きく異なる。人類発祥の地といわれる長い歴史の中で築き上げた独自の文化、そして厳しい風土から、服飾もオリジナルのスタイルを確立していったのだ。

基本的には、ケニアとタンザニアの先住民族であるマサイ族に代表されるような、大きな一枚布を身体にかけたり、巻いたりするスタイルが発達していく。この布は、必要に応じてエプロンになったり風呂敷になったりと、生活に根ざした便利アイテムとして活用されている。

ガーナの男性が儀式の際に着る**ケンテ**も、巻衣型の伝統衣装である。正式には赤、黄、緑、黒、青を基調とした10cmほどの手織りの綿布をつくり、それを24枚継ぎ合わせた一枚布を体に巻き付けて着る。またコンゴなどは腰巻型の民族衣装となっている。

ガーナの民族衣装ケンテを着た男性。ケンテはイギリスの植民地支配から独立した1957年のあとにできた、新しい民族衣装である。

写真提供 ユニフォトプレス

2枚の布でつくる好みの服と緻密なビーズアクセサリー

タンザニアやケニアなどのスワヒリ文化圏で衣服として用いられる**カンガ**は、発祥は９世紀といわれるが、19世紀後半から着用が始まり、20世紀以降、アフリカ各地に広まった。色合いも鮮やかな綿プリント素材で、幅は約110cm、長さは約160cmの長方形が定型サイズとなっている。着方は１枚か２枚を使い、巻きスカート型からケープ型、ワンピース型など多種多様で、洋服と合わせることもある。同じプリント布でも、厚手で複雑なデザインの**キテンゲ**や、シンプルな縞《しま》柄の**キコイ**などもある。

アフリカの装飾品としては、マサイ族のビーズワークが知られている。ビーズのアクセサリーは儀式や日常の装飾品としてだけではなく、社会的地位や身分の象徴としても使われている。

マサイ族が身につけるビーズは、白、赤、青が基本色。大きな円盤状の首枷《くびかせ》型や、ネックレス型、プレート状の垂れ飾りをつけたものなどがある。

写真提供 ユニフォトプレス

カンガにはスワヒリ語のことわざ、言い伝え、愛のメッセージが書かれている。女性は自分の気持ちを表す言葉が書かれたカンガを身につける。

写真提供 ユニフォトプレス

カンガは基本的に２枚で一組。１枚を巻き付けてワンピース風に着たり、２枚を上半身と下半身に巻き付けたり、着方は人それぞれだ。

イスラム教の女性の衣服

イスラム教の教えを形にした女性の衣服。国によって規律の厳しさはさまざまだ。時事問題のテーマになることも多いその衣服に注目しよう。

写真提供 ユニフォトプレス

チャドルに身を包んだイランの女性。

教義と気候から生まれた服装

2011年6月に行われた女子サッカーの試合で、FIFA（国際サッカー連盟）がイランの選手のユニフォームが規定に反していると判断した。このため、イランの女子サッカーチームは試合ができないという事件が起きた。問題になったのは、選手たちが頭に被っていたヘジャーブという伝統衣装。首に巻き付くなど、危険を伴う可能性があると見られたのだ。

スポーツの場でさえ着用が義務付けられているイスラム教の衣服。その背景にあるのはイスラム教の教えだ。

イスラム教の経典コーランでは、女性は自分の美しい部分を他人に見せないようにと書かれている。その教えが、肌を露出しない服装を生んだのだ。中央アジアなど日差しの強い砂漠地帯では、日差しや砂嵐を避けるための長い外衣や髪や顔を覆う服装があったと思われ、そこにイスラム教の教えが加わり、今のスタイルが誕生したことになる。

国によって異なる女性の衣類

国ごとに名称が異なることもあるが、イスラム教の女性が着用する衣類は、次のようなものだ。

サッカーの試合で話題になったイランでは、服装に関する規定は厳格。頭部を覆う布をヘジャーブといい、その種類には、全身を覆う長い上衣であるチャドル、頭や首を隠すスカーフであるマグナエ、三角形にして髪を覆うスカーフであるルーサリーがある。丈の長いコートを着て、ズボンもはき、とにかく身体のラインを見せないことになっている。

アフガニスタンには、女性の顔や頭から足元まですっぽり覆い隠す、大きな一枚布でできた伝統衣装のチャドリがある。顔の部分はメッシュになっていて、視野を確保できるようになっているが、外見からは個人を特定できないような服装だ。

エジプトでは、丈の長いガラベーヤという上衣と、スイルワールというズボンを着る。女性はイシャルブとタルハという2種類の布で頭部を覆う。顔を隠すために、目だけが表にでるニカーブという覆いをすることもある。

ファッションと宗教の境界にあるスカーフ

規律の厳しいイスラム教だが、その厳しさは国によって異なることも。女性のおしゃれ心を満たしてくれる国もあるのだ。

そのひとつがトルコで、ヴェールで顔を隠している女性が少ないという。これは、1923年のトルコ建国時から政教分離が徹底されているため。国民のほとんどがイスラム教徒でありながら、宗教は政治に介入せず、女性は服装の自由が認められているのだ。またマレーシアでは、トゥドゥンという色や柄が豊富な女性用スカーフがある。刺繍やスパンコールで装飾されたものもあり、自分好みのものを選ぶ楽しみもあるようだ。

アフガニスタンで着られるチャドリ

写真提供 ユニフォトプレス

エジプトで付けられるニカーブ

写真提供 ユニフォトプレス

第8部

日本
和から洋へ著しい変化

洋服が日常服となっている日本。今でこそ和服はまれにしか着用されないが、明治の文明開化までは誰もが着ており、流行も時代によってさまざまであった。鎖国されていた日本にあった素材は独特であり、現代の服飾に活かされている技術も多い。そんなかつての日本と、現在の日本で着られている衣装の変化を見ていこう。

養老の衣服令による命《みょう》婦《ぶ》礼服《らいふく》。奈良時代の女官が着用していた。

平安時代の公卿《くぎょう》の冬の束帯《そくたい》。11～12世紀の宮中の公卿の正装。

平安時代の公家女房晴れの装い。今日俗に十二単と呼ばれる服装。

土佐光起『源氏物語帖』17世紀。源氏物語が描かれた屏風。美しい十二単が見られる。

写真提供 ユニフォトプレス

- **400～** 貴族が大陸の影響の朝服《ちょうふく》を着用
- **1400～** 直垂装束《ひたたれしょうぞく》を着用
- **1500～** 南蛮服が渡来
- **1600～** 小袖《こそで》、羽織《はおり》、袴《はかま》が普及する
- **1800～** 鹿鳴館にバッスル・スタイルが登場
- **1900～** モダン・ガール登場
- **1960～** ミニスカートが流行
- **1970～** ヒッピースタイルが流行
- **1980～** DC ブランドの流行

第1章　日本の服飾史

日本人の衣服は飛鳥時代以降、外来文化を取り入れながらも、独自の服飾文化を創り出してきた。初めて衣服を用いた古代から、洋装が定着した昭和まで、その変遷を見てみよう。

『江戸名所　吉原桜之図』歌川（安藤）広重作の錦絵。広重は江戸末期を代表する浮世絵師で、『東海道五十三次』に代表される名所画を得意とした。吉原は江戸の新しい文化の発信地でもあり、女性の衣装や髪型などの流行は吉原から始まることが多かった。

写真提供 ユニフォトプレス

古代：縄文・弥生から飛鳥・奈良時代

『魏志倭人伝』に記された卑弥呼たち弥生人の衣服

今から１万年ほど前から始まった縄文時代の衣服は、初期には編布、後期になると織布が用いられ、青森から鹿児島まで、全国的な規模で普及していたと考えられる。

紀元前10世紀頃から始まった弥生時代になると、支配階級と庶民という身分の差が生まれた。中国の歴史書『魏志倭人伝』の記述から、当時の庶民の衣服は布の真ん中に穴を開けた貫頭衣だと考えられていた。しかし日本各地の遺跡から出土した織機を見ると、弥生時代の織布の幅は30cm前後であり、一幅で身幅を覆う貫頭衣の製作は難しかったはずだ。弥生人は２枚の布を合わせ、頭と腕の出る部分を残して脇で綴り合わせた服を着ていたと考えられている。

出土した織機から考えられている弥生時代の庶民の衣服。２枚の織布を左右の身頃として縫い合わせ、頭と腕が出る部分を残して脇も綴じている。素材は麻が中心であった。

写真提供 佐賀県教育委員会

大陸の影響を受けた胡服と色で位階を区別した飛鳥時代

3世紀後半頃から始まった古墳時代になると、大陸の影響を受けた**胡服**《こ》を着る支配階級と、弥生時代とほとんど変わらない服を着る庶民というように、服装や髪型がはっきりと区別されるようになる。

支配層の服装は男女共に、腰下丈で手首までの長さのある細い筒袖《つつそで》を着て、ズボン状で足首まである**褌**《はかま》をはいた。男性の髪型は、支配層は長い髪を三つに分けて縛る**下げ美豆良**《みずら》、庶民は耳の部分で小さくまとめた**上げ美豆良**だった。女性は髪を頭の上で縛り、髷《まげ》を中央で括っていた。飛鳥時代になると聖徳太子によって**冠位十二階**が定められ、位階ごとに冠の色が区別されるなど、色彩による衣服の区別が行われた。

推古朝の朝服

官人が朝廷に出仕するときに着用した衣服。縁飾りのついた筒袖腰下丈の袍《ほう》という上衣を着て、その中に内衣として下襲《したがさね》を着た。下衣はズボン形式の褌をはき、上衣と褌の間に褶《ひらみ》という襞《ひだ》のあるスカート状のものをつけた。冠を被るため、髪は頭上で髷を結っている。

写真提供 風俗博物館

冠位十二階の位階と色

604（推古11）年に聖徳太子によって定められた位階制度は、徳・仁・礼・信・義・智を大小に分けて12階とし、6色の濃淡で区別した。これは家柄に関係なく、優秀な人材を登用することを目的とした制度であった。なお、表の冠の色については『日本書記』にも記載はなく、五行思想に基づいて後世に推定されたものである。

位階		冠の色	
徳	大徳		濃い紫
	小徳		薄い紫
仁	大仁		濃い青
	小仁		薄い青
礼	大礼		濃い赤
	小礼		薄い赤
信	大信		濃い黄
	小信		薄い黄
義	大義		濃い白
	小義		薄い白
智	大智		濃い黒
	小智		薄い黒

推古朝の女官の朝服

朝廷に仕える女官の朝服は、ほとんど男性と同じ形式だが、下衣は襞のあるロングスカート状の裳《も》をつけていた。男性同様に、上衣と裳の間に褶をつけている。髪は束ねて後ろに垂らしていた。

写真提供 風俗博物館

唐風化が進む奈良時代、養老令で衣服の制度ができる

飛鳥時代の終わり頃、天武天皇の時代になると、遣唐使によって大陸の文化がもたらされ文化の唐風化が進む。このため冠位十二階は廃止され、新しい爵位《しゃくい》とそれぞれの朝服色(位色)が定められた。

奈良時代となった718(養老2)年には養老律令が完成し、男女の官人の衣服の規定も新たに定められる。もっとも大きな変革は襟《えり》の合わせ方で、それまでは左衽《ひだりまえ》が標準とされていたのを全国民に対して大陸と同様に右衽《みぎまえ》とし、それは現代まで続いている。

この時代、遣隋使や遣唐使によって、大陸から錦や綾などの新しい織物技術がもたらされていた。また宮内省の内染司《ないせんし》などの官庁によって、染色技術も発達した。

養老令で定められた文官の大礼服

唐の服制に倣《なら》って定められた文官の大礼服で、朝賀や即位の儀式で用いられた。筒袖《つつそで》の内衣の上に、文様を織りだした大袖の上衣を重ね、右衽となっている。下衣には袴をはき、褶《ひらみ》を腰に巻いて條帯《くみのおび》を締めている。足には鼻高沓《はなたかくつ》をはいた。

写真提供 風俗博物館

養老令で定められた命婦の礼服

命婦は女官のこと。大袖の上衣の中に同色の小袖の内衣を重ねる。文様を入れた裳を下衣として、裾の下に褶をつけて紕帯《そえひも》を締めている。肩にかけている領巾《ひれ》は、飾り用の布帛《ふはく》。髪は宝髻《ほうけい》というつけ髷《まげ》をつけ、金玉で飾りつけた。足には装飾的な沓をはいた。

写真提供 風俗博物館

ファッションこぼれ話

日本の喪服は白から黒へ

日本において喪服のもっとも古い記録は、古墳時代の後期に見られる。この時代の喪服は白あるいは生成《きな》りの素服であり、中国や朝鮮半島でも喪服として用いられていたものだった。

この喪服についても、養老令で新たな規定が定められている。天皇が二親等以内の親族の喪に服するときには、「錫紵《しゃくじょ》」という墨染めの浅い色を着用する、というもの。この時代、庶民はまだ白系統の喪服であったが、天皇の喪服が黒系統になったのは、唐の皇帝の喪服に倣ったことによる。ところが実際には、唐の皇帝の喪服である錫衰《しゃくさい》は白い上等の麻布であった。日本人はこれを勘違いして黒系統の喪服としてしまったのである。

以後、室町時代に一時的に白い喪服が復活するも、明治維新以降は欧米の習慣に倣った黒い喪服が定着した。

中世:平安から鎌倉・安土桃山時代

遣唐使廃止で国風化する雅やかな平安時代の衣服

平安初期の衣服は、奈良時代と同様に唐風のものであった。しかし894（寛平６）年、遣唐使廃止により大陸の文化が伝来しなくなると、衣服の国風化が進んでいく。

貴族の男性の主な装束は**束帯**《そくたい》、貴族女性は**唐衣**《からぎぬ》**裳**《も》**装束**となる。これらは現在の宮中でも、伝統行事における装束として着用されている。男性の束帯は、奈良時代の朝服が国風化によって形態を変化させたもの。一方で女性の唐衣裳装束は、家の中での衣服であった**袿**《うちき》が発達したものであった。

平安時代後期になると、男女共に装束の下に防寒用の下着として、袖口があまり開いていない**小袖**を着るようになる。これが、現代の着物の原型となっている。

公卿の束帯姿

上衣の袍《ほう》は袖口の広さを一尺二寸以下とされ、袴の広さも二尺を限度と定められた。下襲《したがさね》の後ろの長い裾《きょ》が袍の下から伸びている。これも長さを制限されたが、男性は下襲の裾の配色でファッションを楽しんだ。冠の下の髻は根元から紐で巻き上げて立てる、いわゆる「ちょんまげ」の形になった。

写真提供 風俗博物館

写真提供
風俗博物館

公家女房の唐衣裳装束

宮中に仕える女官（女房）の装束。丈の短い上衣である唐衣と、後ろに引く裳、表着《うわぎ》、打衣《うちぎぬ》、袿、単《ひとえ》、紅の袴が基本構成となる。唐衣と裳は一番上に着るため、女房たちは文様に趣向を凝らした。袿は重ねの枚数を増やして華やかさや趣向を競っていたが、のちに5枚と定められ、五衣《いつつぎぬ》と呼ばれた。袴は未婚女性は濃い紅、既婚女性は紅とされた。檜扇《ひおうぎ》を持つ。

武官の束帯姿

四位以下の武官が着る束帯。上衣の袍は闕腋《けってき》となり、袖付けより下の脇を縫わず、前身頃と後身頃が分かれている。袍の下にチョッキのような短衣である半臂《はんぴ》を着た。下衣は大口袴、表袴をはいている。冠は巻纓《けんえい》冠で、纓《えい》を上部で内側に巻き込んで挟み留め、頬の両側におこかけをかけている。

写真提供 風俗博物館

平安貴族たちの日常着 男性の直衣と女性の袿姿

上流貴族男性の私服は**烏帽子直衣**《えぼしのうし》姿である。烏帽子、直衣、衵《あこめ》(袿《うちき》)、単、指貫《さしぬき》、下袴で構成されており、直衣は束帯と同じ形であったが、私服であることから色や文様も自由であった。烏帽子は黒い絹や紗でつくった帽子。男性は髷《まげ》を露出することを恥としたため、眠るときも被っていたという。また、もともとは鷹狩りの際に着用していたことからその名がついた**狩衣**《かりぎぬ》は、平安中期以降は武士や下級官吏の普段着になった。

貴族の女性の私服は、唐衣と裳を省略し、袿の数を減らした袿姿である。改まった席では、袖幅や身丈を短く仕立てた**小袿**《こうちき》姿となった。貴族女性の身だしなみは眉引き、鉄漿《かね》(お歯黒)、長い黒髪であった。

公卿の烏帽子直衣姿

直衣は束帯と同形でも色や文様が自由であることから「雑袍《ざっぽう》」ともいわれる。おしゃれな平安貴族は、前身頃を長くした衵や袿の裾を直衣の下からのぞかせる「出衣《いだしぎぬ》」という着付けで、配色のおしゃれを楽しんだ。

写真提供 風俗博物館

烏帽子
衵
直衣
指貫

公家女房の袿姿

単の上に袿を着て、下着として小袖を着た上に紅袴をはいている。袿は数枚重ねることもあった。平安時代の小袖は、袖口は手首が通る程度しか開いていなく、中に綿が入ってるという、防寒に適した衣服であった。

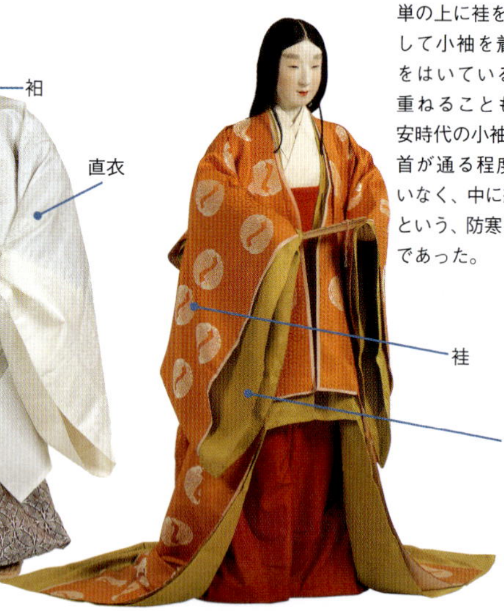
袿
単

写真提供 風俗博物館

萎烏帽子
直垂
小袖
括袴
褶だつもの

庶民の衣服

簡素な生地で仕立てた直垂と括袴の男性と、小袖に褶だつものを巻いている女性。女性の髪は腰丈ほどの垂髪を縛っていたり、短く切り揃えたりと、さまざまだった。

写真提供 風俗博物館

貴族の華美な装束と異なり 簡素な庶民たちの服飾

男性は狩衣に似た**水干**《すいかん》または**直垂**《ひたたれ》を着て、袴は膝下で縛った小袴や括袴《くくりはかま》をつけていた。頭には烏帽子か頭巾状のものを被り、貴族と同様に髷を覆っている。

女性は小袖を着流しにして、好みで腰布を巻いていた。また奈良時代の裳《も》の名残のような**褶**《しびら》**だつもの**をつけた姿もある。

ファッションこぼれ話

重ねの配色で美を競った王朝ファッション

裳
唐衣の下、表着の上につけて長く後ろに引いた。裳は正装の象徴であった。

引腰
腰の左右に飾りとして垂らした紐。

檜扇
数枚の檜の薄板を糸で綴じた扇で、冬に使われた。夏は紙を貼った蝙蝠扇《かわほりおうぎ》を用いた。

小腰
腰に結びつける紐と前に垂らす紐のこと。

表着
一番上に着る衣の意味。重ねを見せるため、小さめに仕立てられる。

打衣
砧《きぬた》打して艶を出した袷《あわせ》の紅衣で、衣装のアクセントになる。

五衣
単の上に基本的に5枚重ねた袿のこと。四季の重ねの色目でおしゃれを競った。

単
肌着として着た一重の衣服で、袿より大きく仕立てた。

袴
足が隠れる長袴で、未婚は濃い紅色、既婚は紅色とされる。

唐衣
上半身を覆うほどの短い衣服で、表着の上にはおる。高価な生地で仕立てられた。

平安時代の貴族の間では、衣服に季節感を表現した、重ねの配色遊びが教養とされていた。これが女性の衣服に表現されたのが唐《から》衣《ぎぬ》裳《も》装束、いわゆる十二単《じゅうにひとえ》である。

女性が表着の下に着た袿は、複数枚を重ね着した。この重ねの色目に王朝人は美意識を表したのである。たとえば春の「紅梅の匂い」の色目なら、薄紅梅から濃紅梅まで同色の濃淡やグラデーションで重ねる、というもの。初期には、季節感に応じて二組からそれ以上も重ねる者も多かったが、藤原道長のときに、五領(5枚)以上の重ね着が禁止された。以降、袿は5枚重ねが基本とされ、五衣とも呼ばれた。また、自らより高位の位色を使ってはならないという禁色も定められていた。

重ねの色目の例

季節	色目	表	裏	時期
春	梅重	濃紅	紅梅	11月から2月
	桜	白	赤	冬と春
	桃	淡紅	萌黄	春、3月
夏	杜若	二藍	萌黄	5月
	菖蒲	薄紅	青	4月から5月
	藤	薄色	青	4月

季節	色目	表	裏	時期
秋	菊	白	青	8月から冬至
	黄紅葉	萌黄	黄	9月から五節日
	萩	薄紫	青	6月から8月
冬	枯色	黄	青	10月から翌年3月
	雪の下	白	紅	冬から春
	椿	蘇芳	赤	五節から春

武家政権で簡素化した鎌倉・室町時代の服飾

鎌倉時代になると、それまでの貴族に代わり武士の世の中が到来。武芸を生業としてきた軍人である武士の衣服は、動きやすい簡素なものになっていく。当初、武士が幕府などに出仕する際の装束は狩衣《かりぎぬ》であったが、鎌倉中期には、庶民の実用着であった直垂《ひたたれ》が武士の正装とされた。

直垂は、袖の細い上衣と裾の短い袴で構成されていた。武士が台頭して政権を担うようになるにつれ、袖口や袴は広くゆったりとなる。烏帽子を被るのは前時代と同様だが、武士は丈の短い**折烏帽子《おりえぼし》**を用いた。

女性の唐衣裳《からぎぬも》装束は儀式用となり、小袖を着て袴をはき、袿を2 ~ 3枚重ねるような簡便な装束になる。室町時代になると、かつては下着であった小袖が表着となり、その上に打掛をはおるようになった。

侍烏帽子
直垂
袖括の紐
直垂の袴

写真提供
風俗博物館

鎌倉時代の武士

上衣と共裂《ともぎれ》で仕立てた下衣の袴を合わせて直垂といい、鎌倉時代の武士の常装だった。袖口についている紐の「袖括《そでぐくり》の紐《お》」は高貴を示すものである。足元は革足袋をはく。烏帽子は折烏帽子の一種である侍烏《さむらいえ》帽子《ぼし》で、武士の象徴とされた。

室町時代の武士

室町中期以降、直垂とほぼ同様の形をした素襖《すおう》が武士の常装となる。もとは下級武士の日常着だった。上衣・下衣・袴の腰も共裂で仕立てた。頭頂部を剃る露頂《ろちょう》(月代《さかやき》)は、室町末期以降、広まっていった。

素襖
素襖の袴

写真提供
風俗博物館

被衣にした
小袖
小袖

写真提供 風俗博物館

室町時代の武家の婦人

武家婦人が外出するときの略儀の姿。小袖を頭からかぶって被衣《かずき》とし、衣服も小袖を着ている。表着になった小袖は身幅が広く、色柄物や高級生地で仕立てられた。帯は細いくけ帯を結んだ。

表着の小袖が中心となった安土桃山時代の服飾

織田信長や豊臣秀吉が活躍した16世紀後半の安土桃山時代は、男女共に小袖を中心にした服装が定着。武士は小袖の上に袖のない**肩衣**《かたぎぬ》と袴をつける**肩衣袴**が標準となり、それまで用いられた直垂は、儀式の場で着る礼装となった。

武家女性の衣服は、**打掛姿**と**腰巻姿**が正装として確立する。打掛の下に白地の小袖を着て、その下に模様のある小袖を下着として重ねた。間着の上に、裾を引いた打掛をはおった。夏は打掛の上半身を脱いで腰に巻く、腰巻姿が正装とされた。

この頃、京都の**西陣**は外来染織品の製織法を得て、豪華な織物を生産し、高級織物の産地となっていた。また唐織や縫箔《ぬいはく》、辻が花染など、織物や染色技法が発達し、打掛や小袖には豪華な装飾が施された。

写真提供
風俗博物館

安土桃山時代の武将

武家の正装は前時代よりもさらに簡略化が進み、平素の服装であった小袖に肩衣袴姿が正装となる。肩衣は15世紀後半に登場し、簡略な武装などで用いられていた。この頃から烏帽子は衰退し、露頂が一般化された。

白地松鶴亀草花文繡箔肩裾小袖（泉大津市立織編館蔵）。天正11（1583）年銘のある小児用小袖。肩裾部を洲浜形に画し、刺繡と摺箔の技法を併用した繡箔で文様を表している。重要文化財。

安土桃山時代の武家の婦人

武家の婦人の夏の正装である腰巻姿。腰の位置で打掛を紐で結び、上半身は脱いでいる。小袖に結んだ帯は、男女共に幅の狭いものや、名《な》護《ご》屋《や》帯《おび》といわれる房付きの組紐を用いた。これを、前後左右の好みの位置で結んでいた。

写真提供 風俗博物館

近世：江戸時代

幕府によって制度化された大名・武士の装束

徳川幕府の安定政権が続く江戸時代は、「武家諸法度」をはじめとした幕府の制度や組織が整えられるとともに、大名や一般武士の服装に関する制度も定められた。

武家の最上位の礼装は束帯《そくたい》で、将軍家や大名家では、直垂《ひたたれ》、**大紋**《だいもん》、素襖《すおう》の着用が定められた。さらに広く一般的な礼装として、肩衣袴《かたぎぬはかま》の形を整えた**裃**《かみしも》が登場。**長袴**を合わせた**長裃**は将軍以下、大名や旗本など御《お》目見《めみえ》以上の武士にとって、素襖に次ぐ礼装となる。踝《くるぶし》丈の袴を合わせた**半裃**は御目見以下の公服として、また、身分の低い武士の礼装として用いられた。

日常着は、小袖の上に袴をつけて羽織をはおる**羽織袴**姿が定着。武家女性の服装にも、身分や年齢、季節、既婚・未婚などによって細かな制度が定められた。

写真提供 風俗博物館

大紋長袴の大名

上衣に大紋を着て、裾を長く後ろに引いた長袴をつけた姿は、五位の大名の武家礼装である。大紋は家紋を大きく染め抜いた直垂と同じ形の上衣。「忠臣蔵」の松の廊下で浅野内匠頭が着ていたのも大紋である。

長裃の上級武家

将軍に直接拝謁《はいえつ》できる資格をもつ、御目見以上の武士の通常礼装。肩衣と袴は共裂《ともぎれ》で仕立てた。江戸初期は金襴、緞子《どんす》、錦など高級絹織物も生地としたが、17世紀後半には麻製で、無地か小紋が主となった。裃の下に着た小袖は、腰のあたりに縞模様を織り出した熨斗目《のしめ》というものである。

写真提供 風俗博物館

写真提供 風俗博物館

小袖に提帯姿の大奥上臈

江戸後期の大奥上臈は、夏季には小袖に提帯という、結びの手の部分に芯が入った特殊な帯を締めた。結びの手に打掛の袖をかけて腰から下を覆い、腰巻として着用した。腰巻姿は旧暦5月5日から9月8日までと定められていた。

町人文化の隆盛とともに庶民の服飾文化は花開く

江戸時代の庶民の服飾は、武家と同様に、男性も女性も小袖に帯が定着。男性は小袖に袴や外衣として**羽織**を組み合わせる形式となり、女性は礼装でも日常着でも小袖に帯を締める形になった。

小袖は江戸初期には身幅は広く丈は身丈、袖幅は狭かった。だが徐々に身幅も身丈も袖幅も逆転し、身幅の狭いほっそりしたシルエットで、袖幅は広く、また丈は裾を引くほどの長さになる。こうして現代の着物のスタイルができあがってきた。

この時代、庶民の着物は紬《つむぎ》や木綿、麻などの素材のみとされ、高価な絹織物などは着用を禁じられた。しかし、町人が経済力をつけてきた17世紀後半からは、制度のすき間で豪奢《ごうしゃ》な服飾を楽しむ人々も現れ、町人文化がモードを牽引するようになる。

ことに江戸では、小紋や渋い縞《しま》、渋い色や黒色の流行など、**粋**《いき》という美意識が重視された。遊里《ゆうり》を中心に町人社会に広まった粋の文化は、服装だけでなく、髪型、髪飾りなどの装身具にも反映され、江戸特有の文化となった。

元禄時代の小袖姿の女性

元禄時代(1688～1707年)は、宮崎友禅斎の創案とされる友禅染が登場。多彩な色遣いと文様、絵画的な意匠の友禅染は、町人女性に流行した。女性も髪を結いあげる結髪が主流となり、公家や上級武家の女性以外は結髪となり、遊女や歌舞伎の影響でさまざまな髪型が流行した。

写真提供
風俗博物館

黒《くろ》麻《あさ》地《じ》几《き》帳《ちょう》に桐《きり》文《もん》様《よう》染《そめ》・繍帷子《ぬいかたびら》(奈良県立美術館蔵)。17～18世紀の作。帷子は麻布で仕立てられた単衣のこと。生地の透け感が黒の地色に爽快さを加え、夏季の衣料にふさわしい質感に見せている。

素材と仕立て方での小袖の区別

名称	特徴	着用時期
小袖(狭義)	絹製で裏地がついており、間に薄い絹綿を入れたもの	通年
袷	小袖から絹綿を抜いたもの	4月1日～、9月1日～
単衣	絹製で裏地がつかないもの	5月5日～
帷子	麻製で裏地がつかないもの	5月5日～
布子	木綿地の綿入れのこと・冬	9月9日～

近代〜現代:明治・大正・昭和

上流階級は鹿鳴館スタイル 庶民は和装の明治・大正時代

明治維新後の文明開化により、日本には一気に西洋の文化とモードが流入した。軍隊は動きやすさを重視して、もっとも早く洋服を導入し、男性の洋装化を進めた。また文明開化の象徴となったのが、男性の**断髪**であった。それまでの髷《まげ》が廃止され、男性はいわゆる**ザンギリ頭**となる。

女性はまだ和装が一般的であったが、明治16（1883）年に**鹿鳴館《ろくめいかん》**が開館、舞踏会が開かれるようになる。華族や外交官の令嬢などは、当時ヨーロッパで大流行をしていたコルセットで胴を締め、ヒップのふくらみを強調する**バッスルスタイル**で舞踏会へ参加した。これが**鹿鳴館スタイル**といわれた。

一方で庶民の女性たちは、以前と変わらず着物と日本髪がほとんどであった。その後、時代と共に庶民の間にも欧化主義が浸透し、女性の断髪と洋装が普及していく。

夜会巻きの束髪
夜会服

写真提供 風俗博物館

鹿鳴館スタイルの女性

鹿鳴館時代を象徴するバッスルスタイルのドレスに、夜会巻きといわれる流行の髪型。鹿鳴館は外国貴賓接待の場として、政府が東京・麹町に建てた社交クラブ。わずか5年間だったが、華やかな舞踏会が開かれ、欧化主義のシンボルとなった。

和洋混交の男性スタイル

幕末から、防寒着として洋装の外套《がいとう》であるトンビの着用が始まり、明治に入って袖なしコートにケープ（引廻し）を組み合わせた、二重廻しが登場。このマントに羽織、袴をつけ、西洋風の山高帽という和洋混交のスタイルは、昭和初期まで見られた。

山高帽
二重廻し
のマント
袴
靴

写真提供
風俗博物館

小袖
袴
靴

写真提供
風俗博物館

学問する女性のスタイル

明治時代の女子学生の姿。振袖を着て、紫色の袴をつけ、髪は稚《ち》児髷《ごまげ》であった。華族女学校（現学習院大学）は海老茶色の袴を用いた。女学生に定着した紫の袴は、その後の大正、昭和にも受け継がれている。

昭和8（1933）年頃の銀座。断髪に洋装姿のモダンガールが闊歩していた。　写真提供 共同通信社

昭和40（1965）年には帝人から、日本で初めてのミニスカートが発売される。　写真提供 共同通信社

1960年代半ばに、銀座みゆき通りに集まった「みゆき族」の多くは、アメリカのアイビーリーグの学生をイメージさせるアイビールックを着た。その中心になったのが「VAN」のジャケットだった。昭和41（1966）年の銀座。　写真提供 共同通信社

洋装の本格化と時代を象徴する若者ファッション

大正から昭和初期にかけ、流行の最先端をゆく男性は**モボ**（モダンボーイ）、女性は**モガ**（モダンガール）と呼ばれた。モガは断髪が最大の特徴であり、たとえ和服でも断髪ならばモガと呼ばれたほどである。しかし昭和16（1941）年に太平洋戦争が起こると、男性は国民服、女性は婦人標準服と呼ばれる簡素な服装が定められた。

太平洋戦争が終わると、若い女性は再び洋装を始める。戦後わずか3年で、なで肩に細いウエスト、長いフレアスカートの**ニュールック**が流行。映画『君の名は』のヒットで、**真知子巻き**が話題となる。

その後も若者は次々に流行をつくり出していく。高度経済成長期には『太陽の季節』のヒットで**太陽族**が登場。「VAN」の**アイビールック**が人気を得て、銀座のみゆき通りに集まる若者たちは**みゆき族**と呼ばれた。1970年代になると、ヒッピーやロックの文化が日本にも流入し、**ジーンズ**が日常着として定着した。

第2章 世界が注目する日本

さまざまなジャンルの服飾をミックスさせ、独自の進化を遂げる日本の「カワイイ」系ファッション。東京の若者によるファッションには何が起きているのだろうか。

原宿・竹下通りの入り口。休日だけでなく平日もごった返している。ファッションに敏感な若者が多く集まり、観光地としても有名。

ファッション都市日本の若者が着る洋服

個性あふれるストリートスナップ

世界から注目を集める日本のファッション。特に東京は、ファッション都市としてさまざまな新しい文化を創出してきた。ハイブランドとファストファッションが共存する日本だが、近年では日本独自の文化が世界的に話題となっている。

都内ではファッション誌に掲載するための一般人の**ストリートスナップ**などもよく撮影されている。一部ではこういった雑誌に掲載されることがステータス・シンボルとなっているため、休日は思い思いの服を着た若者が街にあふれるといった景色も珍しくない。さらに、こういった若者の中には、プレタポルテのみならず自分でアレンジを加えて服を着こなす前衛的な者もいる。

表参道のストリートスナップ。近年では「スカート男子」というように男性でもスカートをはきこなす人が現れた。

写真提供 ユニフォトプレス

年2回開催の東京コレクション

東京ファッションの代表格といえば、**東京コレクション**(以下、東コレ)。春夏向けが10月、秋冬向けが3月と年2回ショー形式で発表される。東京コレクション期間中に展示会を開催するブランドも多く、数多くのファッションイベントが行われる。

東コレの公式スケジュールに入るには、**東京ファッションデザイナー協議会**（以下、CFD）に加盟しなければならない。CFDはパリやニューヨークなど世界のファッション都市にならいデザイナーのためのデザイナー組織として1985年に設立した。現在は、100人弱のデザイナーが加盟している。

東コレがパリやミラノなどのコレクションと大きく異なる点は、カジュアル・ストリートブランドが力をもっていること。1980年代ではパリ・コレクションに参加し世界から注目されるようになった山本耀司「**ヨウジヤマモト**」や川久保玲「**コム・デ・ギャルソン**」、三宅一生「**イッセイミヤケ**」なども参加。90年代に入ると高橋盾《じゅん》「**アンダーカバー**」や宮下貴裕「**ナンバーナイン**」などが海外進出を果たしている。

2000年代では、廣川玉枝「**ソマルタ**」や宇津木えり「**メルシーボークー**」、武内昭・中西妙佳「**シアタープロダクツ**」などが実力を認められている。

東京コレクション2010

写真提供 ユニフォトプレス

写真提供 ユニフォトプレス

期間を短縮することで主要コレクションを目指す

当初東コレは、約１ヵ月にわたって開催されていたが、期間を短縮して世界のファッションカレンダーに合わせることで、東京をパリやミラノ、ニューヨークの次に主要なコレクションと位置づけるべく**東京発日本ファッション・ウィーク**（以下、JFW）を2005年から主催した。

しかし、デザイナーの輩出が遅れたこと、バイヤーとの成約数などがあいまいなため、民主党政権で話題となった事業仕分けの対象となり、国からの2010年度予算を前年度と比べて3分の1に減らされた。2011年10月開催のJFWは、初の冠スポンサーを立て「メルセデス・ベンツ ファッショ・ウィーク東京」と題しショーやイベントを開催した。

JFWは、経済産業省が日本のファッションビジネスの国際競争力強化を図るため、官民一体で東京にファッションの発信拠点を整備する取り組みでもある。

JFWの期間は7日間程度となり、海外からのジャーナリストやバイヤーの数も回を重ねるごとに増えた。

TOKYO GIRLS COLLECTION

TGCは、トレンドを反映した普段着を女性誌の人気モデルに着せて披露するスタイルをとる。有名モデルや俳優がモデルとして登場したり、人気アイドルやアーティストがライブをするもの支持を受けている一因だ。

人気モデルと今最もHOTなブランドの夢の競演!
TOKYO GIRLS COLLECTION
by girlswalker.com
2011 AUTUMUN/WINTER 公式デジタルマガジン
FREE!
2011.10.18 ISSUE
秋冬トレンドをこの1冊でキャッチして!

来場者は携帯電話、スマートフォンのECサイトを経由してモデル着用の服を購入できる。画像はスマートフォン専用アプリ「TGC2011 A/W公式デジタルマガジン」のトップ画面。

若者女性の憧れ 東京ガールズコレクション

「**東京ガールズコレクション**（以下、TGC）」は、10代～20代の若い女性向けのファッションショー。東コレ(P.221)は、ジャーナリストやバイヤーを対象に、そしてTGCは一般の女性を対象にそれぞれ**リアルクローズ**を提案している。

TGCは2005年にスタートし、春夏物が3月、秋冬物が9月に発表の年２回開催。携帯電話向け通販サイト**「ガールズウォーカー」**を運営するF1メディアが中心となった東京ガールズコレクション実行委員会が主催し、来場者は3万人を超える。

2007、08年は中国・北京、2010年は名古屋と沖縄でも開催し、一大ファッションイベントとして地位を確立した。現在、TGCによる１日の経済効果は40億円とも言われている。

一般的なゴスロリファッション

アクセサリー

ヘア・アクセサリーにはボンネットやカチューシャ、ヘッドドレスなどをあわせることが多い。指輪にはヴィヴィアン・ウエストウッドのアーマーリングが人気。薔薇のコサージュもゴスロリの定番アイテムである。使われる色は黒、白、赤、ピンク、紫、青など。

髪型

1840年代を彷彿とさせる縦ロールや、前髪を厚めにして切り揃え、左右の前髪につながるサイドの髪の部分を顎にあたる部分で切った姫カットが好まれる。縦ロールはセットが困難なため、ウィッグで代用することもある。

コルセット

女性らしい美しいラインを見せるという点では18〜19世紀に使用されたコルセットと似た目的を持つ。ただし、ゴスロリでは編み上げによるクラシックな様相がアウターとして人気となり、独特の存在感が出るアイテムとして使用されることがある。

レース・フリル

黒を基調とした服にはふんだんにレースやフリルまたはリボンなどが使われる。これらは衣服だけでなく、ヘッドドレスや靴下などにも多く用いられる。レースの色は白だけでなく黒や赤なども使われるが、一般的にパステルカラーは用いられない。

パニエ

ゴスロリのパニエの目的は「スカートを丸く膨らませること」である。また、かがんだときに裾が見えることを意識し、フリルやレースなどをあしらい、装飾目的のペチコートのように使用することも。

コアなファンをもつゴシック＆ロリータ

ニッチだが世界から注目を集める日本のファッションに**ゴスロリ**（ゴシック・アンド・ロリータ）ファッションが存在する。1990年代後半から台頭してきたスタイルで、近世のヨーロッパの貴婦人の服装のディテールを取り入れている。そして、レースやフリル、リボンなどを施した黒を基調にしたものが特徴で、非現実的な印象を与えがちである。

ゴスロリにもさまざまな切り口があり、バンドの追っかけギャルのV系、クラシックや古典美術などが好きな乙女系、ゴシックのイベントやクラブに参加するイベント・クラブ系、長年ゴスロリファッションを愛する1990年代的ロリータ、無所属などに分類されている。しかし、これらの境界線は曖昧でもある。

あらゆるファッションをミックスした裏原宿系

ニッチなリアルクローズのひとつに**裏原宿系ファッション**もある。大きめのサイズを着るB系とアメリカンカジュアル、古着をミックスしたスタイルが裏原宿系と呼ばれることが多い。裏原宿系の服を扱うブランドは原宿通りやキャットストリートに集まり、1990～2000年代は多くのブランドが台頭した。

裏原宿系の多くは、少数生産のため希少価値が高く、人と違うものを着たいという若者の心をつかみ一大ブームが起こった。人気ブランド「**バウンティーハンター**」の販売スタッフ、ヒカルを参考にするヒカラーなども現れた。

現在世界で活躍する高橋盾「**アンダーカバー**」やNIGO「**エイプ**」なども、裏原宿から大きく成長したブランドである。

休日の裏原宿通り。流行に敏感な若者たちが、ここでしか手に入らない服を求めて集まる。

2011年 Tune No.52

2011年 FRUiTS No.39

ストリートスナップは、ファッションの傾向や新製品の開発だけでなく、個人の着こなしのお手本という目的も果たしている。写真は左が男性、右が女性。

ファッション史を創るパイオニアに訊くⅤ

TAKEO KIKUCHI

メンズファッションの先導者

DCブランドブームの火付け役であり、メンズファッションの第一人者でもある菊池武夫氏。彼は普段の生活の中から感じたインスピレーションをデザインに生かしているという。等身大のものづくりが若者の心をつかみ、デザイナーとして約50年のキャリアを有するが、今でも「ステップアップしたい」という情熱を持つ菊池氏。流行に流されないスタンダードなスタイルを提案しつつ、時代を感じて新しい取り組みにも積極的に挑むバランス感覚に富んだデザイナーである。

モデルとして入ったファッション業界

——デザイナーを目指すようになったのはいつ頃でしょうか。

10代の頃から洋服に興味を持ち始め、美術学校へ進学したんです。そして、その頃慕《した》っていたフォトグラファーの立木義浩氏が所属する出版社・アドセンターに出入りするようになりました。いろいろと刺激があり、学べることが多いという理由で遊びに行っていたのですが、ある日突然「モデルをしてみないか」と誘われ、そのまま撮影をしたんです。それも衣装が用意されていたわけでなく、自分の服のままでの撮影です。驚きましたよ(笑)。今思えば、それがファッション業界と関わりをもったきっかけになるんですかね。

当時の男性の洋服は百貨店のオーダーが中心で、10代が好む洋服は多くなかったんです。だけど、普段着とはいえ、私は東京・銀座でシャツをオーダーするくらいに私服にこだわりがありました。そんなこともあって、私服を身にまとってモデルになることも多かったんです。それで、19歳のときに自分のデザインした服が店で販売されたのがきっかけで、デザイナーを目指すことにしました。

美術学校卒業後は、改めて洋服を勉強したいと考え、原のぶ子アカデミー洋裁(現専門学校青山ファッションカレッジ)に入学しました。当時では珍しかった女性ものの立体裁断が学べる数少ない学校で、自分の思い通りの服をつくるにはこの技術が必要だと思ったんです。学ぶことが多く大変でしたが、楽しかったのでやらされている感は少なかったですね。卒業したあとは東京・赤羽の団地の一室でアトリエを開設し、女性のオーダーメイドの洋服を取り扱い、最終的には麻布十番に移転し、約7年間アトリエを運営しました。

1970年代、素材メーカー主催のショーをプロデュースした菊池氏(中央)。

BIGI《ビギ》の設立とメンズラインの流行

——メンズウェアを手がけるきっかけはなんだったのでしょう。

昭和45(1970)年に大楠祐二氏(現BIGIグループ会長)と稲葉賀恵氏(ファッションデザイナー)とでBIGIを設立。レディスウェア「BIGI」の企画・生産・販売を行いました。私は、男性目線からの女性像を思い浮かべデザインしていましたが、実際の自立した女性と距離感を感じていたんです。そして、『やはり自分らしさが一番出せるのはメンズウェアだ』と思い、メンズラインを手がけ始めました。

そして、昭和49(1974)年に、テレビドラマ「傷だらけの天使」の主役である萩原《はぎわら》健一氏の衣装に採用され、BIGIのメンズラインが脚光を浴びました。

そこで翌年、単独ブランド「MEN'S《メンズ》BIGI《ビギ》」として新たなスタートをきったのです。これがいわゆる“DC《ディーシー》ブーム”の火付け役となり、昭和53(1978)年にはメンズウェアとしては、日本人で初めてパリに進出しました。当時、メンズファッションでコレクションを発表するデザイナーが多くなかったことから、現地の雑誌などで大きく取り上げられましたね。

これを機に拠点をパリに移し、ヨーロッパで店舗も開設、売り上げも好調に推移《すいい》しました。しかし、その反面に日本が手薄《てうす》となったため、帰国して「MEN'S BIGI《メンズビギ》」の再構築を図ったんです。

BIGIでのファーストコレクション時の写真。

「TAKEO KIKUCHI」という世界の始まり

――帰国後となる昭和59(1984)年以降の活動について教えていただけますか?

移籍のタイミングで自分の名を冠した「TAKEO KIKUCHI」を始めました。DCブランドのブームも追い風となって、百貨店を中心に店舗展開を拡大しました。「MEN'S BIGI」では遊び心のあるデザインをすることが多かったですが、「TAKEO KIKUCHI」ではより健康的に、等身大のデザインを意識してつくっていました。

しかし、次第に「TAKEO KIKUCHI」を求める人々と自分の年齢が離れてきたと感じ始めたんです。つくれなくなったというわけではなく、一般に求められる「TAKEO KIKUCHI」像をつくらなければいけない、という発想でデザインし続けることはポリシーに反することでした。そこで、2003年に一線を退いたんです。

（写真上）1986年に西麻布にオープンさせた複合商業施設「TKビル」。（写真右）1985年「TAKEO KIKUCHI」初の東コレの様子。

同世代をターゲットにしたブランド展開

——そして現在の新たな切り口で等身大の服づくりを再開するわけですね。

そうですね、1年半ほどゆっくり充電させてもらいました。でも、やっぱり服をつくりたくなってしまうので、今度は現在の自分とギャップがない等身大の服づくりを再開しようと思いました。それが“最高の贅沢を日常に”をコンセプトにした「40CARATS & 525《フォーティーカラッツアンドゴーニーゴ》」なんです。年齢を重ねた今だからこそ身についた美意識や価値観、ライフスタイルを投影したブランドで、私がディレクターとデザイナー、バイヤーを務めています。

もちろん、これまでのように自分で企画やデザインした洋服も揃えますが、ここでは私がセレクトした洋服や雑貨なども扱っています。店舗の商品構成は、オリジナルが60%、セレクトが40%くらいですね。

ターゲット層は、40代以上を想定しています。そのため、トレンド感のあるデザインでも体型変化に合わせたパターンを採用するなど、着心地にも徹底してこだわっているのがポイントのひとつですね。

ブランド名についている40CARATS《フォーティーカラッツ》は、ダイヤの石が由来となっています。ダイヤモンドの質にはピンからキリまでありますが、ファッションも同じだと僕は思うんです。日常生活の中でも流行のもの、ベーシックなもの、若い層と共通しているものなどを、自分と同じ世代の男性にも楽しんでもらえたら嬉しいですね。

（写真上）「40CARATS&525」フロアショー。
（写真右）「40CARATS&525」店内内観。フロアショーはこの店舗内でオープン後に行われた。

変化する感性と環境に適した服装

——時代の変化とともに、ファッションも大きく変わっていると思いますか？

これまでは、若い層がファッションをリードしてきた感がありますが、近年、ようやく上の層に広がってきたな、と感じています。おそらく、意図的にこちら側から何か仕掛けなくても、社会が変化しているんでしょう。従来と異なる感性が日本人にも生まれているようです。

だからこそ、「40CARATS & 525《フォーティーカラッツアンドゴーニーゴ》」では、ターゲットとする生活に余裕がある層に向けて、素材や技術を追求した商品とトレンドを反映した商品などバランスよく提案しようと考えています。日本では、「40CARATS&525」がターゲットとする層に向けたセレクトショップが皆無《かいむ》なため、生活感を主体とした商品構成の店舗を増やし、生活を楽しむ人がもっと増えてくれたら嬉しいですね。

——ファッションは時代を表すといいますが、近年の流行についていかがでしょう。

私は、トレンドに振り回され過ぎる必要はないと考えています。半年ごとにデザインの根底《こんてい》を変化させることはナンセンスなのでは。大切なのはバランスで、全員右ならえでスーツを着るのではなく、実社会に即した着こなしこそが重要だと思います。

その一例としてクールビズファッション

があります。私は、クールビズの発起人《ほっきにん》のひとりですが、高温多湿の日本はクールビズファッションが環境に即した対応だと思い推進しています。だいぶ浸透してきましたが、まだ改善の余地がありますね。現在、ビジネスシーンで取り入れられていないハーフパンツを採用させるための着こなし提案など、随時改善・改良を図っているところです。

尽きない情熱と夢を創りたいという想い

――今後もものづくりへの情熱は変わらないとお考えでしょうか？

メンズウェアの根底にあるものは、トラディショナルであることです。だからこそ、ベーシックな商品に関してより精度を高め続けることができるんです。メンズウェアはそんなアイテムだと私は思っているので、ものづくりでさらにステップアップしたいという気持ちや情熱はどんどん強くなっていますね。今は1970年代にBIGI《ビギ》を創設した当時の情熱に近いものがあります。現代は、世の中にものがあふれていますが、自分が生活の中で本当に必要とするものが少ないので、それを表現していきたいです。

――先生のデザインを生み出す力とはなんでしょうか。

私の仕事はとても直感的なので、日常生活で得たいろいろな情報を具現化することが大半です。長期的に捉《とら》えるとブレることなくものづくりに向き合っているのですが、短期的には飽きっぽい性質なんでしょうね。だから、こうやって今でも新しいブランドを立ち上げたりする。この性質が新しいことを生み出す力になっているんでしょうね。それに、現在は閉塞《へいそく》感が漂《ただよ》っていますが、私はその閉塞感を楽しいことに変化させていきたいんです。夢を創るのがデザイナーの仕事なんですよ。

「40CARATS&525」秋冬コレクションより。

profil

菊池武夫
（きくち・たけお）

昭和14年生まれ。東京出身。昭和36年文化学院美術科卒業、昭和37年原のぶ子アカデミー洋裁卒業。昭和39年オーダーメイドのアトリエ開設。コマーシャル用のコスチュームデザインやファッション写真の衣装制作も手がける。昭和45年BIGI設立、昭和50年MEN'S BIGI設立。昭和53年パリコレクション発表。昭和59年ワールドへ移籍し、「TAKEO KIKUCHI」スタート。平成15年「TAKEO KIKUCHI」から退き充電期間へ。平成17年「40CARATS&525」スタート。

Costume Data

袈裟に見る 各国僧侶の僧服

僧侶が身につける袈裟。日本や中国と、その他の国ではちょっとした違いがあるという。気候の違いも要因という、袈裟の変化を見てみよう。

日本の仏像からも僧侶の服装がうかがえる。

拾ったボロ布を縫ったのが袈裟《けさ》の始まり

僧侶が身につけている衣服は袈裟という。ただし、日本の僧侶とタイなどの僧侶を見比べると、同じ袈裟でも形が違ってみえる。タイなどの僧侶が身にまとっている黄色っぽい衣服も、日本の僧侶が左肩からかけている四角い布も同じ袈裟である。袈裟は、仏教がインドから日本に伝わる過程で、少しずつ形を変化させたのだ。

袈裟とはサンスクリット語のカーシャーヤ（混濁《こんだく》色の意味）に由来するという。その意味にもあるように、袈裟は誰にも使われず、捨てられていたボロ布を縫い合わせてつくったもので、糞掃衣《ふんぞうえ》とも呼ばれる。これは、一般の人びとが一色の布をまとっており、区別のためでもあった。

古代インドでは、チリやホコリから身体を守り、熱風から保護するという意味で袈裟を身にまとっていたという。出家した僧侶は小衣、中衣、大衣3枚の袈裟をもっていたという。小衣はシャツのように汗を吸い取るため、中衣は身体を覆うため、大衣は寒いときや寝るとき、また座るときの敷物として使用されていた。そしてこれに托鉢《たくはつ》用の鉢を合わせた三衣一鉢が、僧侶の持ち物とされた。

袈裟が五条、七条、九条などと呼ばれるのは、布をつないだ縦一列を一条と数えるためで、七条なら七列、五条なら五列となる。

写真提供 ユニフォトプレス

タイの僧侶

また、善行の種をまき功徳を得るとする福《ふく》田思想《でんしそう》にも由来する。

防寒対策で生まれた袈裟の下の衣

国によって多少の色の違いはあるものの、チベット仏教の最高指導者ダライ・ラマ14世が身につけている黄色の袈裟、タイの僧侶が身にまとう黄色の袈裟など、その色は確かに似通っている。ルーツはすべて同じ袈裟（カーシャーヤ）にあるのだ。

写真提供 ユニフォトプレス

古い日本の絵画にも袈裟が描かれている。

ただ、インドでは一枚で十分過ごすことができた袈裟も、仏教が中国や日本に伝播するなかで、それだけでは冬の寒さをしのげずに、袈裟の下に着る衣が必要になった。中国で誕生したのが上半身に着る偏衫《へんざん》と下半身に着用する裙で、これらを縫い合わせたものを直綴《じきとつ》という。日本では主に禅宗で直綴が用いられた。

仏像も着用している袈裟

仏教を広めた釈迦《しゃか》には多くの弟子がいたというが、特に優秀な弟子10人を十大弟子という。奈良の興福寺《こうふくじ》や京都の大報恩寺《だいほうおんじ》（千本釈迦堂）には十大弟子の立像があるが、その衣服を見ると、確かに袈裟を着ている。さらに、その着用方法に2通りあることが分かる。袈裟で両肩を覆う通肩《つうけん》と、左肩に衣をまとい、右肩は出したままの偏袒右肩《へんだんうけん》だ。相手に恭順の意を表する偏袒右肩には、不浄とされる左手を隠すという意味もあるという。

釈迦如来《にょらい》、阿弥陀《あみだ》如来など悟りを開いた如来像や、修行者である菩薩《ぼさつ》像を見ても、同じ袈裟を着ていることがうかがえる。

索引

英数字

あ行

か行

さ行

た行

な行

は行

ま行

や行

ら行

取材・撮影協力

株式会社三越伊勢丹ホールディングス
株式会社スチル
株式会社ビギ
株式会社ワールド
株式会社ヒロココシノ
森英恵事務所

写真・資料提供、その他協力

株式会社コーエン
レンズ株式会社
株式会社ユニフォトプレスインターナショナル
ヘネス・アンド・マウリッツ株式会社
株式会社ポーラ・オルビスホールディングス ポーラ研究所
文化学園服飾博物館
共同通信社
株式会社パン・アジア・ニュースペーパー・アライアンス
アッシュ・ペー・フランス株式会社
宇美町教育委員会
神戸市教育委員会
九州国立博物館
太平洋諸島センター
韓国観光公社
佐賀県教育委員会
風俗博物館
泉大津市立織編館
奈良県立美術館
株式会社ワコールホールディングス
株式会社ファーストリテイリング
東京ガールズコレクション実行委員会
KENZO Asia
株式会社ナイガイ
文化出版局
ボタンの博物館
井上常一

参考文献

『図解雑学　世界の歴史』(岡田功 著)ナツメ社
『知識ゼロからの世界史入門1部　近現代史』(菊池陽太 監修)幻冬舎
『知識ゼロからの世界史入門2部　近世史』(菊池陽太 監修)幻冬舎
『南北戦争の北軍ー青き精鋭たち』(フィリップ・キャッチャー、ロン・ボルスタッド 著／斎藤元彦 訳)新紀元社
『南北戦争の南軍ー灰色の勇者たち』(フィリップ・キャッチャー、ロン・ボルスタッド 著／斎藤元彦 訳)新紀元社
『ファッションの歴史』(千村典生 著)平凡社
『服飾関連専門講座<6> 西洋服装史(文化ファッション大系)』(文化服装学院 編)文化出版局
『西洋服飾史・図説編』(丹野郁 編著)東京堂出版
『ファッションの歴史-西洋服飾史-』(佐々井啓 編著)朝倉書店
『増補新装 カラー版 世界服飾史』(深井晃子 監修)美術出版社
『ファッションの歴史 上下』(J・アンダーソン・ブラック 著／山内沙織 訳)PARCO出版
『モードの歴史 ー古代オリエントから現代まで』(R・ターナー・ウィルコックス 著／石山彰 訳)文化出版局
『モードの生活文化史<1> 古代ローマからバロックまで』(マックス・フォン・ベーン 著／イングーリト・ロシェク 編／永野藤夫・井本晌二 訳)河出書房新社
『中世ヨーロッパの服装』(オーギュスト・ラシネ 著)マール社
『西アジア・中央アジアの民族服飾ーイスラームのヴェールのもとに(「世界の服飾・染織」ーアジア篇)』(文化学園服飾博物館 編)文化出版局
『世界の伝統服飾-衣服が語る民族・風土・こころ-』(文化学園服飾博物館 編著)文化出版局
『あのファッションは、すごかった！ーいっきに読める日本のファッション史』(遠入昇 著)中経出版
『日本のファッション 明治・大正・昭和・平成』(城一夫 著／渡辺直樹 イラスト)青幻舎
『日本衣服史』(増田美子 編)吉川弘文館
『古代ローマの日常生活』(ピエール・グリマル 著／北野徹 訳)白水社
『バビロニア都市民の生活』(S・ダリー 著／大津忠彦・下釜和也 訳)同成社
『エトルリア文明 700年の歴史と文化』(アネッテ・ラッチェ 著／大森寿美子 訳)遊タイム出版
『古代オリエントの世界』(古代オリエント博物館 編)山川出版社
『古代エジプト文化とヒエログリフ』(ブリジット・マクダーモット 著／近藤二郎 日本語版監修)産調出版
『カラーイラスト 世界の生活史<3> 古代ギリシアの市民たち』(福井芳男 著／ピエール・ミケル 著／木村尚三郎訳)東京書籍
『古代文化シリーズ バビロニア編』(エティエンヌ・モラン 著／西澤栄美子 訳)偕成社
『山川 世界史総合図録』(成瀬治・佐藤次高・木村靖二・岸本美緒・桑島良平 監修)山川出版社
『詳説世界史』(佐藤次高・木村靖二・岸本美緒 著)山川出版社
『二十世紀モード 肉体の解放と表出』(能澤慧子 著)講談社
『ヨーロピアン・モード 18世紀から現代まで』文化学園服飾博物館
『ファッションの歴史 西洋中世から19世紀まで』(ブランシュ・ペイン 著／古賀敬子 訳)八坂書房
『ファッションリーダース 繊維とファッションの教科書 10年版』(日本繊維新聞社 著)日本繊維新聞社
『ココ・シャネルーファッションデザイナー(こんな生き方がしたい)』(実川元子 著)理論社
『王妃マリー・アントワネット』(新人物往来社 著)新人物往来社
『ローズ・ベルタンーマリー・アントワネットのモード大臣』(ミシェル・サポリ 著／北浦春香 訳)白水社

●監修者略歴
能澤 慧子（のうざわ けいこ）
東京家政大学　服飾美術学科教授

1947年生まれ。1970年お茶の水女子大学家政学部被服学科卒業。1971年文化女子大学助教授を経て、1995年より現職。服飾史全般、特にヨーロッパ服飾文化史、19・20 世紀を専門とする。社会史、女性史、文化史、美術史など、多方面から服飾文化の理解を試みている。著書に「モードの社会史」（有斐閣）、「二十世紀モード」（講談社）、「ボタン博物館」（共著・東方出版）、翻訳に「パリのファッション・ビジネス」、「ポール・ポワレの革命」（文化出版局）、「ジェイン・オースティンファッション」（テクノレヴュー）など。

本書に関するお問い合わせは、書名・発行日・該当ページを明記の上、下記のいずれかの方法にてお送りください。電話でのお問い合わせはお受けしておりません。
・ナツメ社webサイトの問い合わせフォーム
　https://www.natsume.co.jp/contact
・FAX（03-3291-1305）
・郵送（下記、ナツメ出版企画株式会社宛て）
なお、回答までに日にちをいただく場合があります。正誤のお問い合わせ以外の書籍内容に関する解説・個別の相談は行っておりません。あらかじめご了承ください。

史上最強《しじょうさいきょう》カラー図解《ずかい》
世界服飾史《せかいふくしょくし》のすべてがわかる本

2012年3月12日初版発行
2025年4月1日第10刷発行

監修者　**能澤慧子《のうざわけいこ》**　　Nouzawa Keiko,2012
発行者　**田村正隆**

発行所　**株式会社ナツメ社**
東京都千代田区神田神保町1-52 ナツメ社ビル1F（〒101-0051）
電話　03（3291）1257（代表）　FAX　03（3291）5761
振替　00130-1-58661
制　作　**ナツメ出版企画株式会社**
東京都千代田区神田神保町1-52 ナツメ社ビル3F（〒101-0051）
電話　03（3295）3921（代表）
印刷所　**TOPPANクロレ株式会社**

ISBN978-4-8163-5195-2　　Printed in Japan
（定価はカバーに表示してあります）
（落丁・乱丁本はお取り替えいたします）